经 营 自 己

——高职生职业生涯设计

李 萍 著

ZHEJIANG UNIVERSITY PRESS
浙江大学出版社

图书在版编目(CIP)数据

经营自己：高职生职业生涯设计 / 李萍著. —杭州：浙江大学出版社，2008.8 (2016.3 重印)

ISBN 978-7-308-06134-6

I. 经… II. 李… III. 高等学校：技术学校—毕业生—职业选择 IV. G717.38

中国版本图书馆 CIP 数据核字(2008)第 115630 号

经营自己——高职生职业生涯设计

李 萍 著

责任编辑	张颖琪
封面设计	刘依群
出版发行	浙江大学出版社
	(杭州天目山路 148 号　邮政编码 310007)
	(网址：http://www.zjupress.com)
排　版	杭州中大图文设计有限公司
印　刷	富阳市育才印刷有限公司
开　本	710mm×1000mm　1/16
印　张	12.5
字　数	266 千
版 印 次	2008 年 8 月第 1 版　2016 年 3 月第 9 次印刷
印　数	23501—24500
书　号	ISBN 978-7-308-06134-6
定　价	19.50 元

写在前面

近几年，高职学生已逾全国大学生总数的一半，高职院校的定位也越来越清晰。根据教育部教高〔2006〕16 号文件《关于全面提高高等职业教育教学质量的若干意见》，高职院校的培养目标是培养面向生产、建设、服务和管理第一线需要的高素质技能性人才。高职学生如何经营自己，如何设计职业生涯，是高职教育不可忽略的一个重要内容。本书将围绕人生是一种经营的理念展开阐述。经营人生的几个基本问题是：你投资什么？经营什么？在何处经营？怎样经营？职业生涯设计是经营人生最重要的投资。探索自我，了解自己的生活目标、职业价值观、兴趣、能力以及个性特征，明确经营什么，探索并了解职业及职业环境，确定何处经营，最后确定职业目标及发展方向，通过选择和积累资源，进行有效的配置和利用，通过不断地提升自身价值、塑造个人品牌，以形成经营人生的基本模式。职业生涯设计可以使个人目标与企业、社会目标相吻合，可以使个人资源与企业、社会资源充分地、合理地、有效地进行配置与利用，达到个人利益与企业、社会利益的最大化，获得更多的人生成就感和幸福感。

2004 年下半年，我在杭州下沙高教园区开设了"大学生职业生涯设计"公共选择课。这是浙江省教育厅根据各高校资源共享的要求推出的，来自 14 所高校的学生选了这门课。上完这门课程后，我意外地发现三个现象：一是学生中针对就业有许多困惑和问题，对自己的人生发展非常迷茫。本书每一章后面的案例，都是一个个真实的个案。这样的个案数不胜数，而这些问题又是我们教育中一直忽视的内容。二是竟有如此之多的学生喜欢这门课，学习非常认真和投入，这使我很感动，给了我极大的鼓励。在这之前，我一直担任会计专业教师。说实在的，学生是否会喜欢，是否需要这样的内容，心里并没有十足的把握。三是能够产生良好的教学效果。从与学生的每一次互动中，我真正感受到自己是在做一件非常有意义的事，也给我带来了快乐和满足。

之后，作为杭州下沙高教园区互聘师资，我分别在杭州电子科技大学、浙江财经学院、浙江金融职业学院、浙江经济职业技术学院、浙江嘉兴职业技术学院、浙江湖州职业技术学院等学校开设该课程，或举办讲座。教学过程中，在投入共性指导的同时，注重个性指导，将共性生涯教育与个性生涯教育结合起来。

几年的职业生涯教育教学实践，让我强烈感受到：陪伴和帮助学生成长是一份非常享受的工作。我已经把教师这份职业当做一种生活方式，快乐、幸福、安宁，并充满感激。同时，也非常想把自己感受到的点点滴滴写出来让大家分享。

在写此书的过程中，我收获良多。陈社育老师的基于中国国情的职业兴趣和人职匹配研究，顾雪英老师的大学生职业指导思路，刘津老师编著的生存测试量表，还有许多无法一一列出。在此谨对他们给予我的支持和帮助表示深深的谢意。

此书的生成，我还得感谢我的儿子，是他帮助我一起成长，让我关注到职业生涯设计对一个大学生或准大学生来说是何等的重要。同时，也让我抓住了在这个过程中许多重要的细节，这些原本并不在意，也从未认为重要的但对一个孩子的成长以及对他一生的发展且影响重大的细节。还要感谢我的学生，每当我做讲座，或上专业课程时，是学生一双双互动的眼神，有时是无助的目光，与我在心灵上的沟通，深深地触动了我，让我产生一种动力去为他们做些事。还要感谢我可爱的朋友和同事们，每当我有点滴火花或产生一点遐想时，他们总是我最好的倾听者和支持者，在交流和沟通中，使我的想法逐渐趋向成熟。

最后，愿本书成为你职业生涯设计中的一盏灯，能顺利地翻开职业人生崭新的一页，并用你的智慧和勇气去描绘最丰富多彩的职业生涯蓝图。

衷心祝愿各位读者人生旅途一帆风顺。

李　萍

2008 年初夏于西子湖畔

目　录

经营自己，你投资什么？

——职业生涯设计

第一章

职业生涯设计是人生经营中最重要的投资

一、一个理念：人生是一种经营

如果把自己的人生当做一种经营，那么对自己的初始投资，也是最重要的投资，应该是设计自己的职业生涯。其实，每个人都在经营自己，只是每个人的投资规模、经营理念、经营方式不同。有些人投资早，力度大，明确自己最适合经营什么、何处经营、怎样经营，就像生产经营或资本经营一样，投资下去，其回收报酬就大。

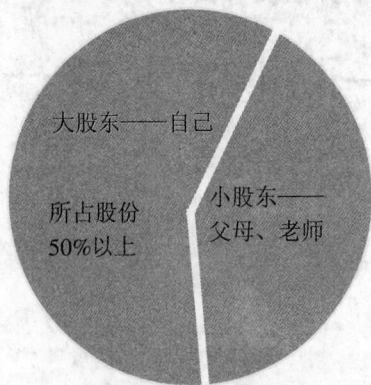

每一个个体，无论是谁，从事什么工作，都在经营自己的人生。人生是一种经营，你经营的这家公司的"大股东"是你自己。如果说所占股份在50%以上，那么，对于经营什么、何处经营、怎样经营等职业目标和人生的重大事件只能由你自己来选择，只能由你自己来决定，而且也只有你才能对自己所做出的选择承担起责任。而你的父母、老师和朋友只是你这家公司的"小股东"，他们所占的股份也许是10%、20%或30%。作为小股东，他们只是帮助你经营，帮助你成长，帮助你学会人生经营中的每一次选择。

图 1-1　每个人都在经营人生
　　——你经营的是你自己这家公司

作为"大股东"的你，在就职业目标和人生的重大事件做出决定时，要召开股东大会，听听"小股东"的建议，让"小股东"们献计献策。比如，在高考后填报志愿、选择学校和专业时，要召开股东大会，吸收父母、老师、朋友和在你的成长中对你有影响力的人的想法和意见；在寻找适合自己的职业或选择职业时，要召开股东大会，尤其是对你生命中的重要人物，可以用写信、发函等形式，告诉他们你的选择或将要做出的决定，听取他们的建议。因为这些"小股东"都是在你的生命过程中关心你、爱护你、帮助你的人。可以说，他们是无怨无悔、不求回报的股东。

我们可以选择自己喜欢的课程、选择学习自己感兴趣的内容、选择自己的职业目标和未来的发展方向，但人生中的选择不是儿时的游戏，每一次选择都是一次取舍，是一个分岔，长大了的你要为自己的每一次选择负责。

不同的选择决定不同的生活，为什么这样说？请看下列案例。

有3个人要被关进监狱3年，监狱长答应满足他们每人一个要求。美国人爱抽雪茄，要了3箱雪茄。法国人最浪漫，要一个美丽的女子相伴。而犹太人说，他要一部与外界沟通的电话。3年过后，第一个冲出来的是美国人，嘴里鼻孔里塞满了雪茄，大喊道："给我火，给我火！"原来他忘记了要火了。接着出来的是法国人，只见他手里抱着一个小孩，美丽女子手里牵着一个小孩，肚子里还怀着第三个。最后出来的是犹太人，他紧紧握住监狱长的手说："这3年来我每天与外界联系，我的生意不但没有停顿，反而增长了200%，为了表示感谢，我送你一辆劳斯莱斯！"

从这个故事中我们能感悟到，什么样的选择决定什么样的生活。人生的选择对于一个人一生的发展影响深远。

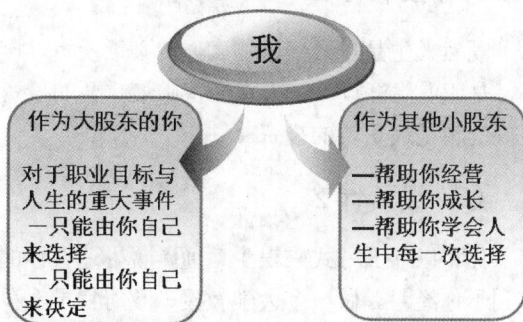

图1-2 你经营的公司——股东是谁

图1-3 面对人生的各种选择，我选择什么？

事实上，你在大学的三年时间中做出的不同选择同样决定你大学毕业后不同的机会和结果。有些学生毕业后是工作找他，就业机会很多，可以有自己选择的机会。而有些学生则找不到工作，更没有选择的机会。比如，某高职院校2005届一位毕业生，毕业时学院非常愿意她留在某系的实训中心做辅导老师，她的父母又非常想她回本地考公务员，她自己也找到一份待遇不低、环境较好，并在杭州市区内的大公司。当机会来临时，她毫不犹豫地选择了公司，放弃了许多同学都很向往的老师和公务员职业。而这样的机会不是每个人都能拥有，它只属于有准备的人。这个学生毕业时，不但取得了高等职业技术学院三年的会计专业学历，还获得了大学自学本科会计学历和学位，取得大学英语四级证书，培养和积累了各方面的综合能力。

在经济学中，微观经济学研究的基本问题，或者说经济组织的三个基本问题是：生产什么、生产多少；如何生产；为谁生产。而人生经营中我们也应该考虑到四个基本问题，也是人的一生必须做出的四项最重要的决定，即：投资什么、经营什么、何处经营、怎样经营。因为这些决定，将深深地改变你的一生，对你的幸福、收入和健康产生巨大的影响。

(一)投资什么

既然人生是在经营，那么你就必须投资。投资什么？是资金、是商品等资产吗？不，是职业生涯设计。人生经营中最重要的投资是职业生涯的设计，这是大学生目前最好的也是最重要的投资。

(二)经营什么

你将以什么方式来谋生？通常说，适合你的就是最好的，哪个职业适合你，就最有利于你经营。做一个大学教授、政府官员、科学家、木匠、心理医生，还是自由职业者？我们通常说："你是什么，就做什么。"也就是说，如果我们从事的职业是符合自己特点的，就更有可能获得成功和幸福。这就需要我们在确定职业目标时对自身的资源进行"清查盘点"。了解自己，具体可从以下几方面进行：

1. 了解自己想拥有的生活方式

你最想拥有什么样的生活方式，或者说你想追求一种什么样的生活目标，这是你在寻找职业目标时，首先要考虑的问题。因为一旦明确了自己的生活目标，你就可以在生活目标的指引下，果断地做出人生中的重大决定。

2. 了解自己的价值观

价值观是一个人的价值取向。比如拥有财富的多少、社会地位的高低、权力的大小、获得尊重、帮助他人、社会声誉与名望的高低、发挥创造潜能等等。

3. 了解自己的职业兴趣

兴趣是个体积极探究事物的认识倾向。兴趣使人对有趣的事物给予优先注意，积极地探索，并且带有情绪色彩和向往心情，也是在了解和探索事物的过程中愿意付出代价的极大动力。你可能对很多事物有不同程度的兴趣，但有些兴趣很短暂，有些则较长久，这需要看是什么需要引起的。

4. 了解自己的职业能力

能力可以分为一般能力和特殊能力。一般能力是指个体从事各种活动所必须具备的基本能力，如观察力、记忆力、思维力、想象力、注意力等。这里要特别注重你的知识与技能。能力是在顺利掌握知识与技能的过程中表现出来的心理特征，它预示着人在活动中可能达到的成就水平。而特殊能力则是个体的智能天赋，如语言能力、音乐能力、数学能力、体育能力等。

5. 了解自己的个性特征

个性不仅指一个人的外在表现，而且指一个人的真实自我。个性是一个统一的整体结构，是人的整个心理面貌，是一个人比较稳定的心理倾向和心理特征的总和。每一个人的个性都由独特的个性倾向和个性心理特征组成。个性还是社会性和生物性的统一。如果一个人的职业与他的性格类型相符合,就会激发他的兴趣和热情、积极性和创造性,不但心情舒畅,而且能获得更多的成功机会。

对自身的资源进行清查盘点后,你会清楚地了解自己拥有多少资源,如在成长过程中已获得的知识与技能、聪明才智、职业兴趣、自己的实力和优势,以及弱点和盲点,会形成一定的职业倾向,从而更准确地确定自己适合什么、经营什么,比如我想当一名大学会计教师,我想做一名管理者,我想当一名牙医,等等。

(三)何处经营

这个问题其实包含两层意义:一是指人生经营的地点;二是指人生发展的方向,也就是你朝什么方向发展。

在了解自己的基础上,形成自己的职业倾向后,要根据既定环境和社会条件、市场状况,了解市场、了解公司(雇主)、了解职业。

1. 了解职业

首先要了解市场上大的职业类别,如:政府管理、公务员;教学与研究;企业管理、经济实务、实业家;医疗与保健服务;农业、林业、渔业;军队等。然后了解每个职业类别中的具体职业,如律师、教师、医生、会计、木匠、海军、电工、摄影师、服务员、秘书、护士等。同时,了解从事某个职业必须具备的基本素质与能力。你形成的职业倾向可能只有一个,可能有几个、几十个。将你所选的具体职业分配到适合你的职业类别中去,因为一个职业类别有大量的具体职业。比如,我想当一名会计,那么,是选择在政府部门(公务员),还是在外商投资企业?在民营企业,还是在国营企业?还是到国外去发展?

2. 了解公司(雇主)

当你决定了职业方向后,接着要做的工作就是选择公司,并决定去哪家公司工作。可供你选择的企业有很多,你如何选择?每个企业在价值观、经营理念、企业文化、历史传统、规模和地理位置等很多方面不尽相同,在写求职简历之前,有必要对企业(公司)进行尽可能多的了解。许多大学毕业生没有这么做,结果在做第一份工作时感到有些失望。这是因为,他们理想中的公司与现实脱节。其次要了解雇主。要知道雇主们在寻找什么,要知道你未来的雇主是怎么样的。

3. 了解市场

了解人才市场供求状况、竞争程度以及从事该职业的准入标准。比如,考公务员,就应该了解哪些岗位需要本科学历,哪些需要硕士学位,以及从事该职业的收入和发展前程等信息。

(四)怎样经营

你将以什么样的方式经营人生?你的个人品牌和个人魅力以怎样的形式展现?这实际上是个经营模式问题,每个人都不一样。

经营自己是需要资源的，你可运用和支配的资源是什么，这将决定你经营的效益和成败。作为高职学生必须具备的资源是职业能力和职业素质。

1. 职业能力

职业能力指从事某种职业必须具备的，并在该职业活动中表现出来的多种能力的总和。它包括一般能力、专业知识与技能以及相关的综合能力，如学习能力、合作能力、人际交往与沟通能力、适应能力、思维能力、解决问题的能力、创新能力等。

高等职业教育中的能力指的是职业能力。职业教育中先后出现过三种不同的能力观：任务主义的能力观、一般素质的能力观和整合的能力观。任务主义的能力观把能力视为一系列的孤立行为，它与完成每一项任务相联系，可分解，可测量，适合于对学徒和技术工人进行职业任务技能的培训。一般素质的能力观视能力为一般素质，认为一般素质对于有效的工作表现是至关重要的，但往往忽视具体的工作情景，主要出现在一些培养专业性人才的高等院校。整合的能力观将一般素质与具体工作情景结合起来，把能力看作是个体在职业工作表现中体现出来的知识、技能和态度的整合，注重学生在具体工作情境中综合职业能力的培养，适合于培养各种技术应用型人才。

事实上，高等职业教育教授的是"实际的、技术的、职业的特殊专业课程"，是一种"定向于某个特定职业的课程计划"，意在使学习者获得在某一特定职业中立即投入工作所需的实用技术、专门技能、态度和认识。因此，无论是从理论上还是从实践上来看，高等职业教育注重职业能力，即着重培养学生胜任实际岗位工作的职业能力。

2. 职业素质

职业素质是指从事某一职业，或职业环境及职业角色变化时所具备的整体素质。它由自我认识、动机、价值观、态度、行为、个性特征等要素构成。包括正确地认识自我和认识他人、正确的价值观等；具有自信、积极、有勇气、有胸怀等态度；具有善于学习、合作沟通、人际交流等行为；具有强烈的社会责任感、敬业精神、责任意识、遵纪守法意识、崇尚正义、心地善良、意志坚韧等内在个性品质；具有创新精神、实践能力、就业能力和创业能力，成为一个和谐的社会人等内在动机。

如果从职业胜任力的角度理解职业能力和职业素质，其内涵是一致的。自我认识、动机、价值观、态度、行为、个性特征等各要素都是高职学生职业发展及和谐发展的基本素质。

每个人打造的个人品牌和经营模式是不同的。有的人聪明能干，敢于创新，积极向上，勇于拼搏，追求卓越；有的人则相反，消极畏惧，得过且过，投机取巧，甚至堕落。影响的因素很多，如智力与才华、智慧与情商、整合和利用资源的能力等等。

人生经营如何有效地配置和运用资源？这就需要了解自己，认识自我，明确自己是一块什么质地的材料，然后了解职业及职业环境，找到适合自己发展的环境，使自己的个人目标与企业、社会目标相一致，将个人的资源与企业、社会资源有效地进行配置与利用，实现个人利益与企业、社会利益的最大化。

二、职业生涯：如何设计与管理

(一)职业生涯教育缺失

我国的教育背景和成长环境等因素使得高职学生在选择和设计自己方面的能力和教育缺失。

体现在基础教育上，基础教育通常是注重学生的学习成绩和升学率，而忽视人生发展教育。基础教育阶段几乎没有机会让学生去尝试和体验自己的兴趣爱好，没有空间让他们思考或选择自己喜欢的专业以及适合自己的职业。在中学阶段，学校没有职业指导师和相关的专业教师，学生在高考后选择专业时显然是茫然的、无助的，甚至是无奈的。我们对一所高职院校 2006 级学生进行了问卷调查，在 18 个专业的 756 个学生中发放问卷。在问卷调查中关于"你目前就读的专业是：自己选择、父母帮助选择、经职业指导师或专家指导、调配服从志愿"这一问题中，选择"经职业指导师或专家指导"的比例只占 2.7%。香港的一些名校近几年在国内招生，面试时经常会问："你在国内能上顶尖大学为什么还要到香港读大学？"当学生回答在国内读不到自己理想的专业时，他们很是惊讶，问："难道你们学校没有职业指导师吗？"事实上，目前我国的中学确实没有职业指导师，中学关注更多的是升学率。

体现在高职教育上，尽管高职院校非常重视学生的职业生涯教育，但目前高职院校普遍缺乏这方面的师资，不能满足学生的需要。学生进入大学后，开始思考一些在中学阶段没有时间和机会去思考的问题，他们对专业、职业方向需要重新做出选择和调整，而学校由于受招生计划、教学管理、专业课程的设置等限制不能完全放开让学生自由选择专业。从调查问卷中获悉，大一的学生要求调换专业的比例达 34.35%，食品安全、酒店管理等 5 个专业要求调换专业的比例超过 50%。在职业教育中，以往一直比较重视专业理论基础而忽略专业技能和实践性教育，职业教育目标不明确。这与国外的学生相比是有区别的。国外的教育体制和学生的成长环境给学生提供了很多的选择机会和很大的发展空间，能够使学生的专业选择与个人的个性、兴趣基本吻合，能使他们的个性中潜在的优势充分发挥和展示出来，不需要更多地考虑学生的职业发展是否与职业岗位相匹配这个问题。

体现在社会教育上，一是家庭教育缺失。家庭是社会细胞，是所有孩子的第一所学校，家庭教育的内容几乎包含了社会教育的全部过程。在孩子的成长过程中，由于一般均为独生子女，家长对孩子除了缺乏最基本的生活技能、社会规范、公共道德情操、尊老爱幼、生活目标、培养兴趣、树立远大理想等教育外，更缺乏职业兴趣、职业意识的培养和教育。当孩子选择专业时，许多家长往往依据该专业是否好找工作，这份工作收入高不高、稳定不稳定，而很少依据孩子是否适合就读这个专业。二是在我国教育制度的安排中，缺乏学生与社会的接触和了解，学生很少有机会参加社区和社会公益等活动，缺乏社会实践。

从高职学生自身的角度看，他们在这一阶段正好处在成长的转折期，对自我的认识与对社会、环境和职业的认识存在偏差和误区。①体现在自我认识、自我了解等方面。比如对专业的选择，根据高考填报志愿现场指导信息反映，目前学生在选择专业时，很多学生不清楚自己想读什么专业，真正喜欢什么专业。一位新生在入学时做了一系列职业生涯测评后，一脸迷茫地说："有好多问题我从没考虑过。其实，不要说职业了，就是专业也是填志愿时爸爸妈妈帮助选的，我也不太清楚自己到底适合什么。"这段话是很具代表性的。②体现在自我管理与自我控制等方面。部分学生以为考上大学就万事大吉了，没有动力，也没有目标和方向。尽管有些学生学习很努力，但缺乏职业生涯规划意识，职业目标不明确，为职业准备不足。部分学生有清晰的职业目标，但当就读的专业与职业目标不符时，又不能积极主动应对，而只是消极、烦恼，甚至忧郁，出现程度不同的心理和生理问题，因不喜欢就读的专业而混日子，终于混到毕业，又找不到工作的现象。③对自我认识、自我管理、自我控制和自我推动的能力较差。从问卷调查的结果中可清晰地得到这一结论。针对问卷调查中"你是否喜欢目前就读的专业"这一问题，选择"很喜欢"的只占9.82%，"比较喜欢"的占41.3%，"说不清楚"的占38.21%，"不喜欢"的占12%。说明学生中对所学专业感到迷茫的占不小的比例。针对问卷调查中"你现在有清晰的职业生涯规划吗"这一问题，回答"有很清晰的规划"的只占8.17%，"有，但很不清晰"的占47.23%，"偶尔想过一点，但还没有规划过"的占35.31%，"没有想过"的占7.87%。从以上调查中发现，有近一半的学生没有规划过自己的职业生涯，说明学生对自己未来的职业很迷茫。

（二）设计职业生涯设计步骤

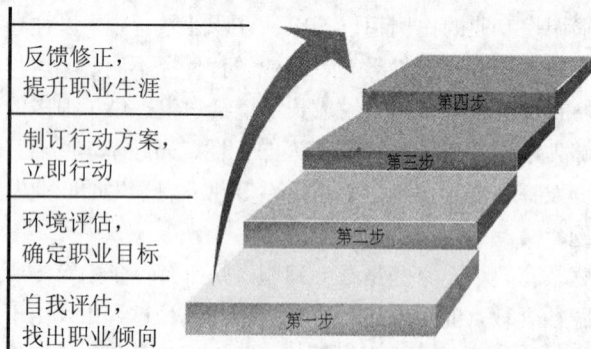

反馈修正，
提升职业生涯

制订行动方案，
立即行动

环境评估，
确定职业目标

自我评估，
找出职业倾向

图1-4　职业生涯设计步骤

1. 自我评估，找出职业倾向

对于高职学生来说，主要是了解自己的价值观、职业兴趣与能力，尤其是技能、个性职业倾向。自我评估可以通过自我剖析、职业测试和职业咨询，以及角色扮演等方法获得评估信息。在自我评估的基础上，了解自己后会产生一定的职业倾向。这时的职业倾向可能是一个、几个或十几个。

2. 环境评估，确定职业目标

对于高职学生而言，毕业后的趋向主要是就业，只有极少数学生会选择继续深造。所以，环境主要是职业、市场与用人单位。近年来，经济高速发展，科技日新月异，市场竞争加剧，职业快速变化，用人单位要求越来越高。这些环境因素对个人的发展产生了很大的影响。因此，在制定个人的职业生涯规划时，要分析环境条件的特点、环境的发展变化趋势、自身与环境的相关度、环境对自己提出的要求、自己的职业倾向与环境的差距以及可能性等，然后确定职业目标。这是职业生涯设计的核心内容。在自我评估和环境评估的基础上，明确自己的职业定位，确定职业目标和发展方向。

3. 制订行动方案，立即行动

高职学生要根据自身的实际情况和社会发展趋势，不断地设定新的可行性目标，包括短期目标、阶段目标和长远目标。三年后我要成为什么样的人？我要做什么？社会能够为我提供怎样的机会？要实现这些目标，在大学三年中要做哪些准备？大学一年级应该怎样做，二年级应该执行什么方案，毕业有什么具体举措？等等。方案制订后要马上行动，只有行动才能实施，实现职业目标。

4. 反馈修正，提升职业生涯

在职业生涯设计方案中，要加入反馈、修正的内容和相关措施。反馈、修正的主要内容包括：职业方向的重新选择、各阶段目标的修正、实施措施与初始计划的变更等等，使自己逐步向职业目标靠拢。

(三) 实施职业生涯设计方案

一个人的职业发展仅有想法和设计方案是不够的，更重要的是付诸行动，一点点地实施设计方案。针对我们的问卷调查中"你在为今后的就业做准备吗"这一问题，选择"在系统地有计划地进行中"的只占 8.82%，"做一点点，不全面"的占 52.43%，"想做，但还没有启动"的占 32.25%，"一点没有"的占 6.36 %。显然，有四成比例的学生没有行动。

40 多年前，美国有一个 10 多岁的穷小子，他自小生长在贫民窟里，身体非常瘦弱，却立志长大后要当美国总统。他该如何实现这样的抱负呢？年纪轻轻的他，经过几天几夜的思索，拟定了这样一系列的连锁目标：

——当美国总统首先要当美国州长

——要竞选州长必须得到雄厚的财力支持

——要得到财团的支持就一定得融入财团

——要融入财团就需要娶一位豪门千金

——要娶一位豪门千金必须成为名人

——要成为名人的快速方法就是做电影明星

——做电影明星前得练好身体，练出阳刚之气

按照这样的计划和思路，他开始步步为营。一天，当他看到著名的体操协会主席库尔后，他相信练健美是强身健体的好办法，因而有了练健美的兴趣。他开始刻苦而持之以恒地练习健美，他渴望成为世界上最结实的男人。3 年后，凭着发达的肌肉和健壮的体格，他开始成为健美先生。在以后的几年中，他成了欧洲乃至世界的健美先

生。22 岁时，他进入了美国的好莱坞。他花 10 年时间，利用自己在体育方面的成就，一心塑造坚强不屈、百折不挠的硬汉形象。终于，他在演艺界声名鹊起。他相恋 9 年的女友、赫赫有名的肯尼迪总统的侄女的家庭终于接纳了他这位"庄稼人"。57 岁时，他退出影坛，转而从政，并成功地竞选成为加州州长。你猜他是谁？他就是现任的美国加州州长阿诺德·施瓦辛格。施瓦辛格的职业设计及人生目标尽管离我们很遥远，但他实现人生目标的职业通道和立即行动的行为对我们的启发很大。

有不少学生反映，在上大学前，也曾想好好地设计和规划自己未来的大学生活，让自己成为自己想要成为的人。看看周围的环境，同学们不怎么努力，有的甚至整日沉湎于游戏；有的虽很努力，但只限于书本上的知识，死读书。自己很想改变现状，又不知道该如何改变，也不知道该怎样努力。这说明每一个学生是积极向上、努力想做好自己的，但在行动上既容易受环境的影响，又缺乏自我控制和约束力，缺乏自我推动力。怎么办呢？下面的故事发人深思。

这个故事讲的是一位台湾的农民，人很土，名字也很土，叫陈阿土。陈阿土从来没有出过远门，攒了半辈子的钱，终于参加一个旅游团出了国。国外的一切都是非常新鲜的，关键是，陈阿土参加的是豪华团，一个人住一个标准间。这让他新奇不已。早晨，服务生来敲门送早餐时大声说道"Good morning, Sir!"陈阿土愣住了。这是什么意思呢？在自己的家乡，一般陌生的人见面都会问："您贵姓？"于是陈阿土大声叫道"我叫陈阿土！"如是这般，连续 3 天，都是那个服务生来敲门，每天都大声说："Good morning, Sir!"而陈阿土亦大声回道："我叫陈阿土！"但他非常生气。这个服务生也太笨了，天天问自己叫什么，告诉他又记不住，很烦的。终于他忍不住去问导游，"Good morning, Sir"是什么意思，导游告诉他是"早晨好，先生"。天啊！真是丢脸死了。陈阿土反复练习"Good morning, Sir!"这个词，以便能体面地应对服务生。又一天的早晨，服务生照常来敲门，门一开陈阿土就大声叫道："Good morning, Sir!"与此同时，服务生叫的是："我叫陈阿土！"

这个故事告诉我们，人与人交往，常常是意志力的较量，不是你影响他，就是他影响你。而我们想要做好自己，想要成功，一定要培养自己的影响力，只有影响力大的人才可以成为超级强者。

三、职业发展：你处在哪个阶段

你处在哪个阶段？在这个阶段你的主要任务是什么？应该采取哪些应对策略？每一个理论都有不同的内涵和解释。在每个人的生命周期中都会伴随着一个职业发展的周期，认识这个周期的内涵和与其相应的任务，对你搜寻自己的职业生涯、理解职业对生活的重要性以及采取必要的应对策略是非常重要的。下面我们一起来了解几种职业发展的理论。

(一)依据金斯伯格的理论

金斯伯格(Eli Ginzberg)是美国著名的职业指导专家、职业生涯发展理论的先驱和典型代表人物。他将职业生涯发展分为幻想期、尝试期和现实期3个时期。他的职业生涯理论提示了就业前人们职业意识或职业追求的发展变化过程。

11岁之前是幻想期。此时期职业需求的特点是：仅凭自己的兴趣爱好，不考虑自身的条件、能力水平和社会需要与机遇，完全处于幻想之中。

11—17岁是尝试期。该阶段呈现的特点是有职业兴趣，更多地和客观地审视自身各方面的条件和能力，开始注意职业角色的社会地位、社会意义以及社会对该职业的需要。尝试期又可分为4个阶段：

兴趣阶段(11—12岁)，开始注意并培养其对某些职业的兴趣。

能力阶段(13—14岁)，开始以个人的能力为核心，衡量并测验自己的能力，并将其表现在各种相关的职业活动上。

价值观阶段(15—16岁)，逐渐了解自己的职业价值观，并能兼顾个人与社会的需要，以职业的价值观选择职业。

综合阶段(17岁)，将上述3个阶段进行综合考虑，并综合相关的职业选择资料，以此来正确了解和判定未来的职业生涯发展方向。

17岁以后是现实期。此时期所需求的职业不再模糊不清，已有具体的、现实的职业目标，表现出的最大特点是客观性、现实性、讲求实际。现实期又可分为3个阶段：

试探阶段，根据尝试期的结果，进行各种试探活动，试探各种职业机会和可能的选择。

具体化阶段，根据试探阶段的经历做进一步的选择，进入具体化阶段。

专业化阶段，依据自我选择的目标，做具体的就业准备。

(二)依据萨柏的理论

萨柏(Donald Super)是美国有代表性的职业管理学家。他把人的职业生涯发展划分为5个主要的阶段。

0—14岁是成长阶段。这个阶段属于认知阶段。这一阶段，个人通过对家庭成员、老师、朋友的认同及与他们之间的相互作用，逐步建立起自我的概念，并经历对职业从好奇、幻想到兴趣，再到有意识培养职业能力的逐步成长过程。这一阶段又具体分为3个成长期：

幻想期(10岁之前)：从外界感知到许多职业，对觉得好玩和喜欢的职业充满幻想，并进行模仿。

兴趣期(11—12岁)：以兴趣为中心理解、评价职业，开始做职业选择。

能力期(13—14岁)：开始考虑自身条件与喜爱的职业是否相符合——否，有意识地进行能力培养。

15—24 岁是探索阶段。这个阶段属于学习打基础阶段。这一阶段个人将认真地探索各种可能的职业选择，对自己的能力和天赋进行现实性评价，并根据未来的职业选择做出相应的教育决策，完成择业及初就业。具体又可分为 3 个时期：

试验期(15—17 岁)：综合认识和考虑自己的兴趣、能力与职业社会价值、就业机会，开始进行择业尝试。

过渡期(18—21 岁)：进入劳动力市场，或者进行专门的职业培训。

尝试期(22—24 岁)：选定工作领域，开始从事职业。

25—44 岁是建立阶段。这个阶段属于选择、安置阶段。这一阶段是大多数人职业生涯周期的核心部分，一般要经历 3 个时期：

尝试期(25—30 岁)：对初就业选定的职业不满意，再选择变换，也可能初就业就满意。

稳定期(31—44 岁)：最终职业确定，开始致力于稳定的工作。

职业中期危机阶段(30—40 岁)：这一阶段可能会发现并没有朝着自己的职业目标靠近或发现了新的目标，因而需要重新评价自己的需求和目标，处于一个转折期。

45—64 岁是维持阶段。这个阶段属于升迁和专精阶段。这一阶段的重点是维持家庭和工作的和谐关系，传授工作经验，寻求接替人选。

65 岁之后是衰退阶段。这个阶段属于退休阶段。这一阶段是平稳地过渡，规划好晚年生活。

(三)依据格林豪斯的理论

格林豪斯从人生不同年龄段，职业生涯发展所面临的主要任务的角度对职业生涯发展进行研究，并以此为依据将职业生涯发展划分为 5 个阶段。

0—18 岁是职业准备阶段。这一阶段的主要任务是：发展职业想象力，对职业进行评估和选择，接受必需的职业教育。

18—25 岁是进入组织阶段。这一阶段的主要任务是：在一个理想的组织中获得一份工作，在获取足量信息的基础上，尽量选择一种合适的较为满意的职业。

25—40 岁职业生涯初期。这一阶段的主要任务是：学习职业技术，提高工作能力；了解和学习组织纪律和规范，逐步适应职业工作，适应和融入组织，为未来的职业成功做好准备。

40—55 岁是职业生涯中期。这一阶段的主要任务是：需要对早期职业生涯重新评估，强化或改变自己的职业理想，选定职业，努力工作，有所成就。

55 岁之后至退休是职业生涯后期。这一阶段的主要任务是：维持已有职业成就，维护尊严，准备引退。

(四)依据施恩的理论

根据人的生命周期的特点及不同年龄段所面临的问题和职业工作的主要任务，美国著名的心理学家和职业管理学家施恩教授将职业生涯分为 9 个阶段。

0—21 岁是成长、幻想、探索阶段。在这一阶段所充当的角色是学生、职业工作的候选人、申请者。主要任务是：①发展和发现自己的需要、兴趣、能力和才干，为进行实际的职业选择打好基础；②学习职业方面的知识，寻找现实的角色模式，获取丰富信息，发展和发现自己的价值观、动机和抱负，做出合理的受教育决策，将幼年的职业幻想变为可操作的现实；③接受教育和培训，开发工作所需要的基本习惯和技能。

16—25 岁是进入工作世界阶段。这一阶段开始自己的工作生涯，充当的角色是应聘者、新学员。主要任务是：①进入职业世界，谋取可能成为一种职业基础的第一项工作；②学会如何寻找、评估和申请一项工作，并做出现实有效的第一项工作选择；③个人和雇主之间达成正式可行的契约，成为一个组织或一种职业的成员。

16—25 岁是基础培训阶段。这一阶段已经迈进职业或组织的大门，充当的角色是实习生、新手。主要任务是：①了解、熟悉组织，接受组织文化，克服不安全感，学会与人相处，并融入工作群体，尽快取得组织成员资格；②适应日常的操作程序，承担工作，成为一名有效的成员。

17—30 岁是早期职业的正式成员资格阶段。这一阶段是面对现实，争取取得组织新的正式成员资格。主要任务是：①承担责任，成功地履行与第一次工作分配有关的义务；②发展和展示自己的技能和专长，为提升或进入其他领域的横向职业成长打基础；③根据自身才干和价值观，根据组织中的机会和约束，重估当初追求的职业，决定是否留在这个组织或职业中，或者在自己的需要、组织约束和机会之间寻求一种更好的平衡；④寻求良师和保护人。

25 岁以上是职业中期。这一阶段开始进入职业的成熟期，充当的角色是正式成员、任职者、终生成员、主管、经理等。主要任务是：①选定一项专业或进入管理部门；②保持技术竞争力，在自己选择的专业或管理领域内继续学习，力争成为一名专家或职业能手；③承担较大责任，确认自己的地位；④开发个人的长期职业计划；⑤寻求家庭、自我和工作事务间的平衡。

35—45 岁是职业中期危险阶段。主要任务是：①现实地估价自己的才干、动机和价值观，进一步明确自己的职业抱负及个人前途；②就接受现状或者争取看得见的前途做出具体选择；③建立与他人的良好关系。

40 岁以后直到退休是职业后期。这一阶段充当的角色主要是骨干成员、管理者、有效贡献者等。主要任务是：①成为一名良师，学会发挥影响，指导、指挥别人，对他人承担责任；②扩大、发展、深化技能，或者提高才干，以担负更大范围、更重大的责任；③选拔和培养接替人员；④如果求安稳，就此停滞，则要接受和正视自己影响力和挑战能力的下降。

40 岁之后到退休期间是处于衰退和离职阶段。这时会因为各种原因使工作走向衰退或离职。主要任务是：①学会接受权力、责任、地位的下降；②基于竞争力和进取心下降，要学会接受和发展新的角色；③培养新的工作以外的兴趣、爱好，寻找新的满足源；④评估自己的职业生涯，准备退休。

退休阶段。在失去工作或组织角色之后，主要面临两大任务：①适应角色、生活方式和生活标准的急剧变化，保持一种认同感；②保持一种自我价值观，运用自己积累的经验和智慧，以各种资深角色，对他人进行传、帮、带。

(五)依据罗双平的理论

罗双平的职业生涯理论认为，以年龄为依据，每 10 年作为一个阶段比较合适，即：20 岁至 30 岁为一个阶段，30 岁至 40 岁为一个阶段，依次类推。

20—30 岁阶段：走好第一步。这一时期是从学校走向社会，是迈出事业发展的第一步。主要任务：选择职业，并树立良好的自我形象。

30—40 岁阶段：不可忽视修正目标。这一时期是一个人风华正茂，充分展现自己才能，获得晋升，事业得到迅速发展之时。主要任务：修正、调整与提升职业目标，向自己的职业目标靠拢。

40—50 岁阶段：及时充电。这一时期是人生收获的时期，不管你在事业上成功与否，都应该更清晰地认识自己，更客观地分析环境，并知道自己的不足和存在的差距。主要任务：继续充电，调整知识结构，及时补充与更新所需要的知识。

50—60 岁阶段：做好晚年生涯规划。这一时期是人生的转折期，如果你的生活目标与职业目标相一致，尽管你的职业生涯将结束，但生活仍然有意义。如果你把职业生涯当作生活目标，一旦你的职业生涯结束，某些有价值的东西也就逐渐消失。主要任务：规划好晚年生涯，向自己的生活目标靠拢，充实晚年生活。

你能为下列案例中的同学解答困惑吗？

敬爱的李老师：您好！我是电子科技大学的学生。经同学介绍，你是个非常好的老师，对人生有着自己独特的看法，所以我有些问题想请教您！

李老师，我现在是个大四的学生，是个女孩子，学的是材料成型与控制工程，通俗的说法即是焊接。我学了三年，却怎么也喜欢不上这个专业。我觉得这个专业不太适合自己。我们女生出来找工作也比较困难。我现在打算考研，我喜欢语言，我想学英语，可是英语专业研究生还需要另外一门外语，即日语或法语什么的，我却从未学过，肯定考不上。考本专业有一些把握，但我却实在不喜欢。我现在很困惑，不知该如何选择。

请李老师给我一些建议。学生感激不尽。

知彼解己

个案：我到底适合做什么？

　　我是经贸学院信息技术系电子商务班的一名学生，毕业至今已经工作两年了。在这两年里工作也换了两份，先是做电脑维修，发现自己对维修不感兴趣，后来又换了一份做电脑销售方面的工作。不知是大的环境变化还是我工作中的问题，在我接触的客户中，开始的过程也都是令人满意的，但涉及最后的签约，总是达不成协议。我觉得自己是在以真诚与人打交道，但不知为什么没有回报，是不是我与人沟通有问题，我无法确定问题出在哪里？在最近的工作中越来越感到自己没有办法去集中精力做好工作。对于自己未来的发展方向也越来越迷茫，工作中也缺少了以往的积极和热情，更无法感受到工作应给我带来的乐趣，因此对工作产生了厌倦情绪。面对工作我很困惑，我不知道自己喜欢做什么，自己到底适合做什么。因为不知道自己适合做什么，所以要重新选择工作也很烦恼，网上那么多的工作，我却不知道如何去选择。曾经想过做外贸，可是我的英语不过关，我明白自己不适合做销售，因为我不是很会讲话，但是现在的工作大部分都是销售。从9月份辞职后就一直没找到好的工作，所以很着急，自己也很烦恼，不知道该怎么办，希望老师能帮助我解决困惑，万分感谢！

　　案例分析：

　　在毕业后工作一两年期间，很多人或多或少会有这样的感受，对所从事的工作感到不满意或困惑，只是程度不同而异。出现这样的问题和感受，分析其原因大致有下列几个方面：

　　1. 大上学前没有认真地思考过自己要选择什么专业，选择的专业与个人兴趣爱好和性格特质是否相符。

　　2. 选择专业时往往依据该专业是否好找工作，这份职业稳定不稳定、收入高不高等因素来决定。

　　3. 对专业或职业是有兴趣的，但在学习的过程中又不肯投入时间和精力，甚至在遇到一点点困难时就退缩，是态度上的问题导致能力或技能欠缺，无法胜任工作。

　　4. 光凭个人兴趣，对具体职业岗位缺乏了解，一旦工作，就会出现岗位任职能力缺乏或有一定困难等问题。

　　5. 从事的工作适合自己，也有能力胜任职业岗位，但就是很难融入新的工作环境，与团队中的人员或同事总是格格不入，也不接受企业的文化和管理理念等。

　　很多人在找工作时也考虑到个人的兴趣爱好和性格特质等因素，但工作后发现现实与想象有很大的差距。为什么会这样呢？其实，一方面是你对自己的了解是不清晰的，有时还有假象，似乎对自己很了解。另一方面是你对实际工作中的具体岗位还不熟悉，没有经验，尤其是对新的环境、新的问题不知道该怎样去应对。所以，在大学期间，要学的东西很多，包括专业知识与技能的学习，学习能力、应变能力、适应能力、沟通能力、合作能力等的学习，更重要的是要先学会做人，然后学会做事。在刚工作的头几年，不能一味地追求与自己性格爱好相符的职业。更要注重自身技能和素质的提高，多学点技能，增加自己的社会阅历，积累各种资源，包括人脉资源、工作经验等。

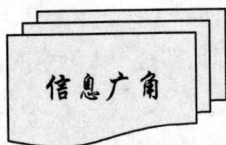

信息广角

你是否是你想要成为的人

主试者：小约翰·爱默里克
测试目标：自我实现与自我控制

测试说明

你是一个成功和充实的人吗？你是一个可以自由支配自己时间和意愿的人吗？你是一个善于发挥自己潜能的人吗？以下列举了一些你可能希望考虑的问题。对与之相对应的答案，我们给出了分值，这样你便可以加出总分数，以衡量在这些问题上你所处的等级。

测试题

1. 你觉得你生活中遇到的许多事和每天所发生的情况都不在你的控制之中吗？
   A) 几乎没有　　　　　　　　B) 偶尔　　　　　　　　C) 经常

2. 在你看来，你只有更努力地工作，工作的时间更长，才能满足人们对你的期望。
   A) 几乎不必　　　　　　　　B) 偶尔　　　　　　　　C) 经常

3. 人们对你提出的好主意会给予批评吗？
   A) 几乎不　　　　　　　　　B) 偶尔　　　　　　　　C) 经常

4. 与他人谈话后，你感到比谈话前还糟吗？
   A) 几乎没有　　　　　　　　B) 偶尔　　　　　　　　C) 经常

5. 当你希望把话讲下去时，有人打断你吗？
   A) 几乎没有　　　　　　　　B) 偶尔　　　　　　　　C) 经常

6. 当你与他人交往时，你通常会感到生气或者灰心丧气吗？
   A) 几乎没有　　　　　　　　B) 偶尔　　　　　　　　C) 经常

7. 你知道怎样才能真正了解一个人需要什么吗？
   A) 经常　　　　　　　　　　B) 偶尔　　　　　　　　C) 不一定

8. 别人把混合在一起的信息提供给你时，你会注意到吗？你知道怎样处理这些信息吗？
   A) 经常　　　　　　　　　　B) 偶尔　　　　　　　　C) 不一定

9. 在生活中，你觉得得不到重要人物的赏识吗？
   A) 几乎没有　　　　　　　　B) 偶尔　　　　　　　　C) 经常

10. 在群体中或会议上你觉得常受到他人的谴责吗？
    A) 几乎没有　　　　　　　　B) 偶尔　　　　　　　　C) 经常

11. 在谈话中，你感到对方总是高你一筹吗？
    A) 几乎没有 B) 偶尔 C) 经常

12. 他人怎样评价你处理人际关系的技巧？
    A) 超凡 B) 一般 C) 糟糕

13. 在下列领域，你取得了相似的成功吗？事业、经济、家庭、健康、浪漫的关系、友谊、身体的成长、精神。
    A) 平衡发展 B) 大部分是平衡发展 C) 不平衡

14. 当你与别人开始谈话时，你总是希望在谈话中能得到你所喜欢的东西，还是仅仅谈什么算什么？
    A) 知道什么是你想要得到的 B) 两者的因素都有 C) 谈什么算什么

15. 当你与他人谈判或达成协议时，你的注意力是集中在满足于你的成果呢？还是满足于对方的成果？
    A) 自己的和对方的均等 B) 主要是自己的 C) 主要是对方的

16. 当你与某人的意见不一致时，你能说服对方考虑一下你的观点吗？
    A) 经常 B) 偶尔 C) 几乎不能

17. 人们与你谈过话后会感到目的明确吗？
    A) 经常是 B) 偶尔 C) 几乎不是

18. 你知道在什么时候你会屈服于侮辱吗？
    A) 是的 B) 不太知道 C) 实际上不知道

19. 你觉得改变和改进某种状况得用很长时间吗？
    A) 在有些条件下 B) 在许多条件下 C) 在大多数条件下

20. 你是与他人协作完成更多的工作还是主要靠自己单干？
    A) 主要是与他人协作 B) 两者都有 C) 主要靠自己

21. 你觉得你的感情无法控制吗？
    A) 几乎不是 B) 偶尔 C) 经常

22. 你为何读些书？
    A) 个人的原因 B) 因为这看起来是件好事
    C) 出于其他某些原因

23. 当你想办法去与他们交往和说服别人时你清楚你在干什么吗？
    A) 经常 B) 偶尔 C) 几乎不

分数为 3 倍的问题
24. 在生活上你是胜者吗？
    A) 毫无疑问 B) 并不像自己应该做到的那样
    C) 根本不是

25. 你觉得你自己怎样？
    A) 非常棒而且自豪 B) 相当好 C) 没有信心

分数为 4 倍的问题

26. 你觉得你有能力使你的生活变得像你所希望的那样吗？

　　A) 完全有　　　　　　　　B) 很有　　　　　　　　C) 不完全有

评分方法

	1	2	3	4	5	6	7	8	9	10	11	12	13
A	3	3	3	3	3	3	3	3	3	3	3	3	3
B	2	2	2	2	2	2	2	2	2	2	2	2	2
C	1	1	1	1	1	1	1	1	1	1	1	1	1

	14	15	16	17	18	19	20	21	22	23	24	25	26
A	3	3	3	3	3	3	3	3	3	3	9	9	12
B	2	2	2	2	2	2	2	2	2	2	6	6	8
C	1	1	1	1	1	1	1	1	1	1	3	3	4

根据表中各题答案的计分，将你的总分相加。

测试分析

超过 92 分，为最有效。表明你在生活上很可能是一个成功和充实的人，在感情上你相当轻松自由，在时间上你可自行支配，因而你能随自己的心愿去做自己想要做的人。

76—92 分，有效。你可能是个胜者，但你必须通过学习其他技巧而获益。你可能在感情方面具有相当的自由，你可随意支配自己的时间，不过你在取得成功方面，仍存在着潜在的能力。

62—75 分，相对有效。在有些领域你可能获得了成功，但在其他领域则面临着挑战。或许你的感情并不丰富，而且在生活中不能总是真正控制周围环境。

46—61 分，效果欠佳。在至少一个或许几个领域中，你很可能正面临着重要的挑战。你或许在赢得你所需要的感情自由方面正面临着困难，并且发现你自己正在任生活摆布，而不是在享受生活的美妙。

46 分以下，没有效果。在你生活的许多领域，你可能都有很大的问题。你可能会觉得你的生活失去了控制，而且觉得有人或者一些组织正在给你制造多余的麻烦。对你来说，为你自己承担责任很可能是你所面临的最大的挑战。

　　　　　　（"信息广角"内容摘自刘津编著的《生存测试手册》，谨表感谢。）■

第二章 职业生涯设计与成功人生

一、职业生涯设计与职业定位

假如你要出门远行，你必须知道你要去的目的地，然后了解你要经过哪些城市，走哪些路线，使用什么交通工具，才能既经济又便利，同时还能满足你旅行的目的和要求。通常，我们一天中要做什么事很清楚，一个星期中要干什么也知道，但问你10年以后你在做什么，一般的人就无从回答。在我们的教学中，经常会问学生："40岁的时候你在做什么？"很多学生都说不知道。有的学生还反问老师："我怎么知道我40岁在做什么呢？40岁太遥远了。"如果说你一天的行程、一个星期的行程错了是容易调整的，但是，如果你走了十年的行程却发现南辕北辙，再调整路线就没有那么容易了，而且调整的机会成本很大。职业生涯设计就是要你在职业的出发点明确你要去的职业方向，明确职业定位。柏拉图曾经说过，我不知道哪条道路肯定能通向成功，我只知道有一条路肯定会导致失败——这就是未谋而先动。

职业定位就是你将从事什么职业、到哪里去发展，按照这个路线要做哪些准备、如何去做、如何形成长远规划才能达到目的。对于高职学生来说，在进大学以前就应该有自己的职业方向，以便在大学里为未来的职业做准备。

职业生涯设计是个人依据职业生涯发展的主客观条件及制约因素，对已经确认的职业起点，结合职业生涯发展的阶段，提出相应的职业生涯发展目标，拟定实现目标的工作、教育、培训计划和行动方案，并赋予确定的时间期限。

为了更好地理解职业生涯，我们引入美国学者施恩的外职业生涯和内职业生涯概念。外职业生涯是指经历一种职业的通路，包括招聘、培训、晋升、解雇、退休等各个阶段。外职业生涯的构成因素通常是由别人给予的，也容易被别人收回。外职业生涯因素的取得往往与自己的付出不符，尤其是在职业生涯初期。有的人一生疲于追求外职业生涯的成功，但内心极为痛苦，因为他们往往不了解，外职业生涯发展是以内职业生涯发展为基础的。内职业生涯更多地注重于个人所取得的成功或满足主观感情以及工作事务与家庭义务、个人消闲等其他需求的平衡。内职业生涯各项因素的取得，可以通过别人的帮助而实现，但主要还是由自己努力追求而得以实现。与外职业生涯的构成因素不同的是，内职业生涯的各构成因素内容一旦取得，别人便不能收回或剥夺。

内职业生涯的发展是外职业生涯发展的前提，内职业生涯发展带动外职业生涯的发展，它在人的职业生涯成功中起到关键性的作用。因而在职业生涯的各个阶段，我们都应重视内职业生涯的发展。

在我国还有学者把职业生涯分为客观定义和主观定义。客观定义又称职业发展，指一个人遵循一定的道路(或途径)，去实现所选定的职业目标。它不因一个人在某一组织中谋得一职务而始，离开该组织而终，它是一个人的一生中所占据的一连串不同职位而构成的一个连续的终生的过程。主观定义就是一个人从幼年至老年，他的态度、价值观、需要与激励的变化过程。

如果把生涯、生活、生存分成三个层面，生涯就如同生命，是人生的最高层面，生存则是最低的层面。所以，生涯如果从广义的角度理解，是指社会个体在其整个生命活动的时空中所经历的以接受教育(培训)与职业转换为主轴的一切活动的总和。从狭义的角度理解，既可以指社会个体在其某一段生命活动的时空里所经历的以教育(培训)与职业转换为主轴的一切活动的总和，也可以指社会个体在其某一生命活动的时空里所经历的以非教育(培训)与职业转换为主轴的一切活动的总和。

生涯与生活、生存不同。通常当我们谈到生涯的时候，总觉得有太多的不可把握性，潜藏着很多的未知数。其实，一个人的生涯就是追求和事业发展的过程，它可以掌握在你自己手中，是可以规划和设计的，它是一个动态的、可以不断提升的过程。它并非想象中那般神秘莫测。所以，职业生涯设计也应该是动态的、不断调整并提升的系统工程。

二、职业生涯设计与生涯教育

生涯教育(Career Education)源于20世纪后期的美国。1971年，当时的美国联邦教育署署长马尔兰德(Mar-land)正式提出"生涯教育"一词。该词是职业指导长期发展的产物。以往的职业指导所关注的焦点是人的知识技能与其所从事职业的匹配问题，诸如进行职业分析、为求职者提供就业信息和职业介绍服务等。后来随着心理学的发展，尤其是心理测量的广泛采用，职业指导才开始注意求职者的心理特征，不过注意力主要还是放在就业安置的范畴框架之内。第二次世界大战以后，职业指导作为充分利用人力资源、发挥人才作用的重要手段，开始与教育紧密结合起来。生涯教育特别强调对学生的职业观和价值观的教育，由原来的就业指导扩展到对整个人生的职业指导。1984年，美国"国家职业指导协会"(1913—1983)易名为"国家生涯发展协会"，为这种变化做了一个很好的注脚。生涯教育的核心是人的生命历程中的事业发展，旨在解决教育与现实生活、工作劳动相脱节的问题，消除普通教育与职业教育相脱节的问题，使教育贯穿于人的整个一生，改善人们的升学和就业状况，以适应现代社会的发展和科技进步。生涯教育的实施模式有4种：以学校为基础的模式、以雇主为基础的模式、以家庭为基础的模式和以边远地区为基础的模式。生涯教育的主要内涵有以下几个方面：生涯教育是一种连续不断的教育过程，一种系统的完整教育构想，它通过生涯认知、生涯安置、生涯进展等步骤，培养学生的生涯能力，以发挥学生的天赋才能为目标，其重点放在人的全部生涯上，使个体从幼儿园直到成年能逐渐形成自我引导的能力，最终目的是让每位学生过上适合自身特点的美满生活。

对于生涯教育的概念有很多的观点，马尔兰得认为：所有的教育都是生涯教育。其四大要点如下：①强调职业教育是生涯教育的核心。②每位从中学毕业的学生均具备继续升学或参与职业活动的准备。③有关工作的教育与为工作而准备的教育，可运用各种不同的教育模式而达成。④教育应为个体拓展生涯选择的机会。[①] 这个观点既是生涯教育概念的原初形态，也是对该概念的经典阐释。赫依特(Hoyt)认为：生涯教育应包括个体一生的教育历程。这个历程包含对工作的认知、试探、准备与专精。其基本特性有：①生涯教育系关切所有的工作而设置的教育。②自我认知、试探与对工作世界的认知、探索同等重要而且关系密切。③生涯教育的主要目标在于增进个体生涯选择的机会，以促进个体适应工作，感觉工作有意义、有价值，并经工作获得成就感。④个人的观念与态度定型于幼年时期。所以生涯教育应始于小学，并且由于个人工作与环境不断转变，因而生涯教育必须终生持续地进行。⑤生涯教育计划必须涵盖整个社会及学校教育课程的每一部分。[②] 该观点从微观角度，深入到生涯教育过程的内部结构去探索其教育的内容与功能，强调生涯教育的持续性。台湾许永熹认为，生涯教育或称生涯辅导、生计辅导，其主要内涵是协助个体认识实际的工作世界并探索自己可能的**发展形态**，以便于对工作做较佳的抉择、规划与准备，而使个体在各阶段都过得适应与满足，并达成自我与社会实现。该观点是目前比较普遍的对生涯教育的理解。

从生涯教育的内涵、发展过程、各类观点及教育实施模式可见，我们可以比较清晰地了解生涯特点有如下方面：

(1)独特性。生涯是每个人的人生理想，为实现自我而逐渐开展的独特生命历程，不同的人有不同的生涯。

(2)终生性。生涯是包括一个人就业前、就业中与退休后的整个经历与活动，即个人终生发展的过程。

(3)发展性。每个人的生涯都是一个动态发展的过程，在不同的发展阶段有不同的企求，得到不断的蜕变与成长。

(4)综合性。由于个人所从事的工作或职业，往往会决定其他的生活形态，因此，生涯涵盖人生整体发展的各个层面，而非仅限于工作或职业。

我国的生涯教育起步比较晚，近几年发展很快。各高等院校都纷纷构建了职业生涯教育平台，为学生的生涯教育提供了基础。但与美国等发达国家相比有很大的差距。所以，我们也在不断地努力，在职业生涯教育方面做了探索与实践，把就业指导与职

---

① 沈之菲编著. 生涯心理辅导. 上海：上海教育出版社，2000. pp. 28—29.

② 李金碧. 中学生生涯发展教育及课程设计研究(硕士学位论文). pp. 8—9.

业生涯指导结合起来、把共性指导与个性指导结合起来、把理论分析讲解与实践操作应用结合起来。

三、职业生涯设计与成功人生

职业生涯设计与成功人生有何关系，一般的人都不能理解。其实，两者的关系密切。

1. 职业生涯设计与成功人生

职业生涯设计可以使你(请从下列内容中找到你最佳的选择)：

A) 可以帮助你更好地了解"你是谁"。

B) 可以减少在生活中不知该干什么的困惑、迷惘与挫折感。

C) 可以帮助你更好地发现自身优势，自我感觉更好，更充满自信。

D) 可以使你的人生更有方向感，实现你的生活目标。

E) 可以使你的心智更成熟，激励你更好地利用现有的学习机会。

F) 可以最终增加你的收入。

G) 可以使你的生活更美好，提高你的生活质量。

H) 可以使你更有成就感和幸福感。

上述选项中，你的选择可能与别人不一样，请不要着急。这是因为你处在不同的人生阶段。假如你现在正处在大学阶段，对前三项选择感受更深，后面的选项感觉离你很遥远。如果你进入职业轨道，事业蒸蒸日上，你会选择中间或后面的几项。如果你事业有成、家庭幸福，你对最后几个选项一定会感触最深。

职业生涯设计给予人的是一种逻辑思考。我想成为一个怎样的人？要成为理想的我，必须做什么？现在要做什么？怎样做才能实现目标？其实，每一个人都想成为自己想要成为的人。首先就要定位，这是重要的逻辑起点。我的人生目标是什么？我想拥有的生活方式是什么？这个目标建立在了解自己、建立在对社会结构与生存环境认识的基础之上。有了目标，当你在遇到困惑、迷惘时就不会丢失方向，当你遇到困难、挫折，甚至失败时，也不会丧失意志。第二要成才，这是成就事业的物质基础。根据人生目标，要制定长期目标计划、阶段目标计划和短期目标计划，步步为营。在计划中明确自己需要学习什么，掌握什么，培养什么样的品质和素养。由于高职教育的定位是培养面向生产、建设、服务和管理第一线需要的高素质技能型人才，因此高职学生应以高素质技能型人才的要求努力培养自己，积累职业发展所需的资源。高素质对人生的成功尤为重要。比如情商，一个人100%的成功，80%是由情商决定的。近几年许多著名企业在招聘时，越来越注重情商的高低，在面试中就能体现出来。如请你举一个例子，说明在完成一项重要任务时，你是怎样和他人进行有效合作的；当面对一个新的环境时，你如何尽快融入新的团队；当团队中的成员与你发生冲突时，你如何与他沟通；当曾经伤害过你的同学或同事发信息告诉你他找到一份好工作或晋升时，你的感受如何；等等。最后要立志，这是成功人生的内在动力。有了目标，光有计划不行，只有行动才能使计划成为现实。

在这个过程中更需要意志、坚韧和不断的努力。有志者事竟成，胸无大志者不可能成其事。立志可以增加动力，可以克服困难，可以排除障碍，立志是成才的必要前提。

从这个意义上讲，职业生涯设计是迈向人生成功的第一步。合理的职业生涯设计方案是一个人职业生涯成功的开始。第一，职业生涯设计可以发掘自我潜能，增强个人实力。一份行之有效的职业生涯设计方案将会引导你正确认识自身的个性特质、现有的与潜在的资源优势，帮助你重新对自己的价值进行定位并使其持续增值；引导你对自己的综合优势与劣势进行对比分析；使你树立明确的职业发展目标与职业理想；引导你评估个人目标与现实之间的差距；引导你前瞻与实际结合的职业定位，搜索或发现新的或有潜力的职业机会；使你学会如何运用科学的方法采取可行的步骤与措施，不断增强你的职业竞争力，实现自己的职业目标与职业理想。第二，职业生涯设计可以增强发展的目的性与计划性，提供和创造更多的成功机会。职业生涯发展要有计划、有目的，不可盲目地碰运气，很多时候我们的职业生涯受挫就是由于生涯设计没有做好。好的计划是成功的开始，《礼记·中庸》篇中说，凡事"预则立，不预则废"，就是这个道理。第三，职业生涯设计可以提升应对竞争的能力。社会的快速发展，竞争加剧。物竞天择，适者生存。要想在激烈的竞争中脱颖而出并立于不败之地，必须设计好自己的职业生涯，这样才能早定位，早准备。未雨绸缪在就业形势越来越严峻的当前未必是件坏事。人生无处不规划，只要你用心去规划自己，成功就离你很近，你也一定会走向成功。

对于成功的理解，一般比较认可的说法是，第一，成功是要达到一定的目标。对个人来说，成功实际上就是一个人设定了某种发展方向和目标，在经历和付出了不断的努力之后取得了成就，达到了自己的预期目标。第二，成功是得到社会和他人的认同。因为成功不是一个人自我认识、自我评价的全部内容，而是需要社会和他人的评价。第三，成功是满足高层次的心理需求。按照马斯洛需求层次理论，即满足了"受尊重"和"自我实现"的需求。第四，成功是个人的生活美好、有品质、有幸福感，事业有成就感。

人们都在追求成功，每个人都想自己成为成功的人，但每个人对成功的理解和认识都各不相同。在当今社会观念中，人们往往把成功定义在一元化，即地位和财富的满足上，而忽略对个人成就感和幸福感的认同，以至于有的人因为没有达到这个成功人士的社会标准而烦恼、灰心丧气，甚至觉得自己的人生好失败。其实，成功是不可复制的，每个人都有自己的成功方式，成功是多元化的，关键是"认识你自己"。希腊先哲苏格拉底在 2000 多年前就说出了这句箴言，我们都没有放在心上。现在，越来越多的人走进了成功的误区，怀抱着所谓的成功规则，踩着成功人士的脚印，小心翼翼地向前迈进，结果没有靠近理想，反而越走越远。人的性格、环境、智商、情商、机遇、身份都不一样，怎能拷贝成功。如果说成功有规律可循，那么便是认识你自己、创造你自己、成为你自己。李开复说得好，成功就是不断超越自己，就是做最好的自己。换言之，成功就是按照自己设定的目标，充实地学习、工作和生活，就是始终沿着自己选择的道路，做一个快乐的、永远追逐兴趣并能发掘出自身潜能的人。而"做最好的自己"是通向多元化成功的必然途径，只有一元化的成功才会强迫人们复制他人的成功模式。

2. 职业生涯设计与成功教育

成功教育是追求学生的潜能发现与发展的教育，是主张人人都能成功的教育，是注重学生自我教育能力提高的教育，是为每个学生创造成功机会的教育。职业生涯设计正是实施成功教育的有效载体。从高等职业学院的特点与性质看，通过职业生涯设计实现成功教育，是以培养职业能力和素质为切入点，着眼于高职学生的职业可持续发展的能力。

高职学生的职业可持续发展是指有足够的能力和资源胜任专业对口的职业岗位或职业岗位群、具有一定的发展和提升的空间，以及能主动应对职业变化和职业迁移的挑战。可持续发展是人类未来长期的发展战略。近几年，学生的职业变化非常快，2年、3年、5年不等就要转换职业。根据我们对杭州下沙高教园区一所高职院校毕业3—5年的6个专业795名学生进行跟踪调查的统计结果，跨专业从业的学生人数比例较高，其中计算机为60.87%、电子商务为67.84%、酒店管理为61.63%、会展广告专业为53.03%、会计专业为26.06%、国际贸易专业13.45%。除了国际贸易和会计专业有70%以上的学生在从事自己专业对应的职业岗位，计算机、电子商务、酒店管理、会展广告等专业的职业变化率高达60%以上。职业的快速变化要求高职学生具备职业可持续发展的能力。该院以学生职业可持续发展为基础，对职业生涯教育进行不断的探索与创新，形成了三个着力点，即：专业群建设以职业生涯群为依据，注重职业技能与素质教育，将授课、咨询与实践的职业生涯教育融合的教育实践与探索。

一是专业群建设以职业生涯群为依据，拓宽学生职业适应面。该院把所有的专业归类并为6个专业群，它们分别为：财务会计、市场营销、电子商务、国际贸易实务、生物技术、会展和酒管。其中，财务会计专业群有会计、企业税务、投资理财、信用管理、金融保险等专业；市场营销专业群有企业管理、市场营销、物流管理、连锁经营、汽车营销等专业；国际贸易实务专业群有国际经济与贸易、应用英语、应用日语等专业；电子商务专业群有电子商务、软件技术、计算机、动漫设计等专业；生物技术专业群有食品安全、食品营养、生物技术、生物制药等专业；会展和酒管专业群有酒店管理、会展广告、文秘等专业。同时，把它们称为职业生涯群，各专业群的课程设置与教学以职业生涯群为依据。

职业生涯群是在学生自主选择专业的基础上，形成职业群或职业发展方向。学院根据专业群设置的具体情况，实行专业群招生，在大学一年级不分专业，开设一个专业群共同需要的课程，以及专业群的专业公共课和专业基础课。允许学生在大一下学期有重新自主选择和调整专业的机会，因为经过近一年的大学生活，大部分学生开始了解专业、了解职业、了解就业状况，发现自己的兴趣、个性特征，了解自己喜欢什么、适合什么以及职业发展方向，学生会根据自身的情况、就业状况等诸多因素进行一次理性的选择。这样能够使学生的专业选择与个人的个性、兴趣基本吻合，能使他们的个性中潜在的优势充分地发挥和展示出来。在大学二年级，根据学生自主选择的专业，分专业进入专业教学和岗位训练，使职业教育与职业岗位需求在实际上、操作层面上达到真正的衔接。所以，我们把专业群称为职业生涯群。

以职业生涯群为依据的职业教育，不是将专业或课程建立在某一种职业需要的基础上，而是建立在一个职业群的职业共同需要的基础上，使学生能够获得一个职业群所包括的多种职业的相同知识和技能，从而使学生获得更多的就业机会。

二是注重职业素质培养，为学生的职业发展奠定基础。具备任职岗位的知识和技能，是寻找职业的基础，固然非常重要，但任职能力并不代表职业的胜任力和职业发展的能力。该院注重职业素质培养，在校训"厚德崇商"教育上下工夫。校训是一所学校的文化传统和文化精神最直接的体现，体现了学校在长期办学实践中积累和凝练的思想成果的精华，体现了主导和统领学校教育的核心理念，代表着学校强化办学特色的文化价值取向。该院以弘扬"厚德崇商"，创新培养模式，培育浙商新人为办学特色。弘扬"厚德崇商"，就是要坚持"育人为本，德育为先"的方针，让"浙商精神"成为最基本的教育元素，融入育人活动的方方面面，让校园成为浙商精神的聚集地、共振区、辐射源，让学校成为传播浙商文明、弘扬浙商文化的精神高地。培养浙商新人，就是要按照经济建设和社会发展要求，培养新一代具有"诚信务实的职业道德、敢为人先的创业精神、以小致大的经营理念、技湛商慧的从业本领"为基本特质的高技能人才。

对"厚德崇商"的教育通过三个途径来实现：①在专业教学中渗透"厚德崇商"的教育，把"厚德崇商"融入专业知识与技能和实践性教育之中；②加强对显性课程的建设，构建与校训、校园文化相结合的课程，比如开设"商文化"课程等；③通过校园物质文化、制度文化和精神文化的建设，以及开展形式多样的校园文化活动等。

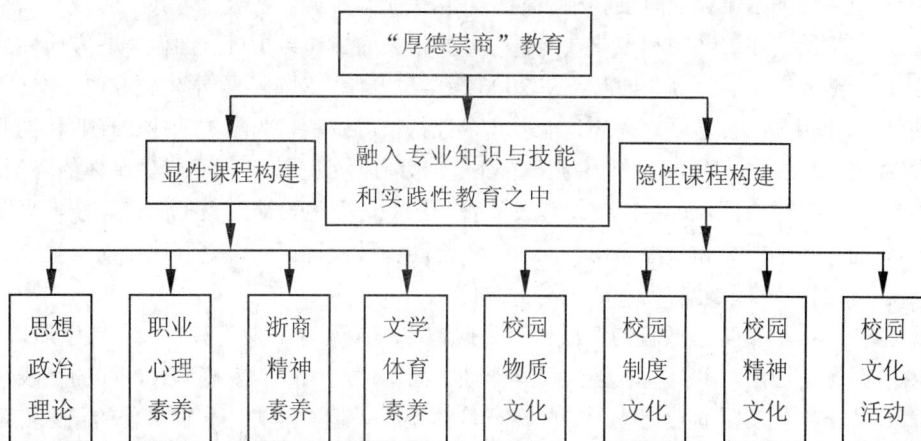

通过"厚德崇商"教育，能够使学生正确地认识自我和认识他人，树立正确的价值观，具有诚信的价值观等；具有自信、积极、有勇气、有胸怀等态度；具有善于学习、合作沟通、人际交流等行为；具有自我控制和强烈的社会责任心、敬业精神、责任意识、遵纪守法意识、崇尚正义、心地善良、意志坚韧等内在个性品质；具有创新精神、实践

能力、就业能力和创业能力，成为一个和谐的社会人等内在动机等。这种素质决定着高职学生在动态变化的职业生涯中的综合能力。无论是在与专业对应的职业岗位还是当职业岗位发生变更或者职业环境发生变动的时候，都不会因为原有专业知识和技能的老化或尚未学过而束手无策，而是能在变化了的职业和工作环境里积极寻求自己新的坐标起点，从而获得新的知识和技能，而且还会有一个更大的发展和上升的空间。

三是将授课、咨询与实践的职业生涯教育融合，开发一体化课程。该院职业生涯教育是将授课、咨询与实践融合为一体，开发一体化课程。授课是一种普及型的公共教育，自 2002 年开始，该院就开设"大学生职业生涯设计"课程。这对于生涯教育缺失的高职学生来说是非常必要的。

如果说授课是一种共性教育，是注重"面"和"量"，咨询则是一种个性教育，是注重"点"和"质"。他们将共性生涯教育与个性生涯教育结合起来，将"面"和"点"结合起来，将"量"和"质"结合起来。职业生涯设计具有明显的个性化特征，生涯是每个人的人生理想，是为实现自我而逐渐开展的独特生命历程。

他们在"面"和"量"的生涯教育基础上，更注重"点"和"质"的教育。在"点"上，针对学生的个体情况，由学校专门的职业指导师，帮助学生个体发现自己的优势、特长和亮点，搜寻自己的生活目标，了解自己的价值观、职业兴趣、能力和个性特征，找出职业倾向，确定职业目标，设计职业通道，为学生实现职业目标提供帮助。比如，学生小夏是学物流专业的，通过职业探寻和咨询，其职业选择是做会计，并想去外企。他给自己设计职业通道，计划在校期间取得会计上岗职业资格证书；在学历上要通过自考，或毕业后通过专升本获取大学本科学历；在外语水平上要提高，达到大学英语四级甚至六级的水平；同时要利用假期积累相关工作经验。在大二、大三阶段可以有计划地在学历、知识结构和专业技能、与职业相关的工作经历等方面做一些方向性的安排、调整、充实和提高。同时，从 2006 级学生开始，对每一个学生建立电子文档，记录与职业相关的价值观、兴趣、能力和个性特征等资料，为学生就业、择业和创业积累提供信息。在"质"上，把生涯教育工作一步步落到实处，对于学生个体的咨询，通常要通过多次交流，还专门组织和设计管理游戏、角色扮演和模拟面谈等技术来发现学生的兴趣、能力和个性倾向。同时，还借助各种测评工具，更好地帮助学生分析和了解自己，找准职业方向，明确职业定位。

他们非常注重生涯教育的实践性。为此，专门编写《职业生涯设计实践手册》，注重实践操作应用，并具有较强的可操作性。同时，利用高职院校形式多样的实践性教育，让学生在实际职业岗位上寻找自己价值观、兴趣、能力、个性最佳的结合点，发现和探索适合自己的职业方向。对于学生来说，在这个阶段这些因素所指向的职业类型并不完全一致，这就必须均衡各种因素，找到最佳结合点，以此确定适合自己的职业目标和发展方向。

经过这几年的生涯教育实践和探索，使他们更加清楚：只有当高职学生有明确的职业目标，有过硬的职业技能和综合的职业素质时，高职生涯教育只有着眼于综合能力的培养，着眼于人生教育与职业发展时，才能使学生拥有职业可持续发展的能力和潜力。

综上所述，职业生涯设计无论是从学生的成功职业发展还是从成功教育实施，都是至关重要的。

四、职业生涯设计越早越好

职业生涯设计从何时开始最好？日前，"中国杭州"政府门户网站和 12345 市长公开电话受理中心联合推出网上接待室，邀请嘉宾和网友，通过现场、电话和网络等多种渠道，共同探讨杭州市应届高校毕业生就业问题。其中有位网友对大学生毕业后的就业问题的看法是："这项工作应该放在高考填志愿书时就考虑。现在到大四快毕业了，学校再来搞什么就业指导、职业测评就太迟了，当自己发现，自己的专业不适合自己的时候，自己也不可能再去读一次大学。因此，建议就业指导应该早点开始。"这位网友说到点子上了，大学生选择专业尤其重要。下面是 2004 年 6 月 24 日《钱江晚报》刊登的几位大四学生教给准大学生们的招术。

林××：浙江大学电子信息工程专业
毕业去向：读研
对大学所学专业的满意度： ☆☆☆
理由：比较喜欢理工科电子类，特别是做一些硬件类的东西，而且当时家里人也认为通信电子类发展前景不错，实用性也强。经过 4 年学习，觉得专业课程设置比较基础，不够深入，但毕竟是 IT 电子类专业，自己的动手能力得到锻炼，就业前景比较好，自己在将来出去工作时会更加自信。

  对高三考生填报志愿的建议：

1. 个人兴趣固然重要，但不能只考虑自己的追求，忽视了社会实用性。如果大学毕业想到机关事业单位的，可以选择管理、人力资源等专业；如果以后想从事技术性工作，可以选择技能性较强的专业。从事行政的也大有人在，但文科类就鲜有转行做技术的。

2. 不要盲从，多向一些过来人取经，特别是一些大学生，他们有着最切实最深刻的感受。到一些大学生就业网站去看看，多了解动态信息，看看哪些专业的就业前景会比较好。

吴×：浙江中医药大学公共事业管理专业
毕业去向：待业
对大学所学专业的满意度： ☆
理由：当时报浙江工商大学差一分，就调档去了中医药大学，本来想学校挺好，念管理自己也比较喜欢，就没有再做别的打算。可念了一个学期，发现该专业与我的期望有距离，心里很后悔。

对高三考生填志愿的建议：

1. 分数不够，即使调档也千万不能盲目，学校和专业一定要综合考虑，而且对学校的专业特色绝对要先去了解一下。

2. 如果家里经济条件不是很理想，不要觉得读民办学校不好，前期的投入，以后还是有回报的。

王×：浙江工商大学外国语学院英语专业

毕业去向：英国莱斯特大学

对大学所学专业的满意度：☆☆☆

理由：选这个专业是因为对英语有浓厚兴趣，英语成绩好，也为自己出国做准备。感觉自己的英语水平确实有很大提高，参加一些大型经验交流会时也确实派上了用场，和外国人沟通已不是问题，对西方文化也有初步了解。虽没有像工科学生那样具备一定的技术能力，但由于学的英语专业为外贸方向，学到了很多商科知识。

对高三考生填报志愿的建议：

1. 本着自己喜欢的原则进行选择。

2. 把眼光放远，并不是热门就一定热，冷门就一定冷，多考虑所报专业是否具有实质性用途、对自己有帮助并且真正适合自己。

多听前辈的意见总没错，他们都是过来人，可以提供很多值得借鉴的经验。

毛××：浙江理工大学服装设计工程专业

毕业去向：凯喜雅国际股份有限公司

对大学所学专业的满意度：☆

理由：高考的成绩没有指望，只好填了这个专业。所学甚广，但没有特别突出的重点，不够深入。当自己在实践中想专注于做某一事时，就发现自己了解的东西多而不精。

对高三考生填报志愿的建议：

1. 清楚地了解自己将来要做些什么，喜欢做什么，根据自己的兴趣爱好来选择，兴趣浓厚了才会更加积极地学习这门专业的知识。

2. 选择专业时还是要强调慎重，填"专业服从"有时也许就是一个误区，并不是每个人入校后都可以更换专业的，要视学校具体规定而定，因此，对学校全面了解很重要。

李×：浙江财经学院人力资源管理专业

毕业去向：某公司文员

对大学所学专业满意度：☆☆

理由：读这个专业是经过学校调配的。经过几年学习，觉得学校的专业课程设置多少有不成熟的方面，但总的来说还是受益的。这个专业比较适合社会发展趋势，自己本身性格和专业特征也蛮相符的。

对高三考生填报志愿的建议：

1. 全面了解自己，知道自己性格是属于外向型的、善于沟通的还是偏向文静的，再结合专业特点和要求来考虑。

2. 今后的发展固然要考虑，但兴趣还是该放第一位，自己不喜欢的专业就不会那么用心去学，对自己的要求也会降低。这样一来，专业再好而不合胃口也没有用。

姚×：杭州电子科技大学计算机科学与技术专业

毕业去向： 余姚爵禹集团

对大学所学专业的满意度： ☆

理由： 当初是我爸让我报这个专业的，我只想把计算机作为一种工具，不是说现在后悔，是一开始就后悔了。因为我有排斥情绪，在校也没好好学，度度日子，所以我只能说后悔。

对高三考生填报志愿的建议：

1. 不要听什么热门冷门，今天热门谁知道明天是不是热门，冷门的专业不一定不好，只要能学好，就一定可以找到工作，会有发展，专业冷热并不绝对。

2. 兴趣是最好的老师，你主观上都不喜欢，专业再好又有什么用呢。父母的意见虽然要听，但不能盲目听从，毕竟去学习的是你自己不是父母。

叶×：浙江大学竺可桢学院计算机专业

毕业去向： 读研

对大学所学专业的满意度： ☆☆☆☆☆

理由： 自己对计算机专业比较感兴趣，当时填报的时候，这个专业又热门。另外，这些年计算机发展比较快，要学的东西也比较多，所以在校学习比较充实，学习也有动力。而且学习过程非常有挑战性，把学到的每一个知识点运用到实际操作中，很有成就感。

对高三考生填报志愿的建议：

1. 根据自己的兴趣选择专业，因为学校的选择在很大程度上取决于分数，所以自己对专业的兴趣很重要，虽然这个专业不一定成为以后的职业，但学习过程中的快乐也很重要，这也是掌握技术的关键之一。

2. 对热门专业，虽然不能盲从，但也不能不考虑，毕竟好的专业就业面会比较广，工作比较好找，但是对"热门"也要有一个理性的认识。

浙江财经学院的一位大二学生，在给我的电子邮件中这样写道："我是浙江财经学院的学生，很快就要开始大三的生活了。可我觉得自己身上问题很多，自从上周四您来我们学校讲授后，我留了您的联系方式，一直想请您指点指点。我是学信息管理与信息系统的，本来一开始就不大喜欢自己的专业，特别是计算机编程。但想着有条件大二时可以转专业，所以那时候读书挺用功，想有个好成绩，可是或许不够尽力来刻苦学习自己不喜欢的东西吧，成绩不好，机会走了。大二的课程更趋向专业化了，我开始反感、堕落，信心也不足了。直到现在，再过两个月大二也混出头了。老师，大学为什么如此不实际，这些科目学过了就学过了，可能以后真没什么用，但真正喜欢的人就通过这些学科成就了自我，而有的只能被此耽搁一辈子！像我这样所有正规的渠道(如转专业)都错过以后，该怎么办呢？我真的很迷茫！"

我给这位大二学生的回答是：如果你在上大学时能选择一个适合你职业生涯的专业，你今后的职业发展会越走越宽广，越走越顺心，你将要付出的成本也越少。

财经学院的另一位大三学生，在给我的电子邮件中这样写道："以前我不知道还要去规划自己的职业选择，只是盲目地学习。听了您的讲座，觉得有种忽然清醒的感觉。我想这对我以后的发展非常有用。"

我给他们提醒是：如果你现在还没有开始设计你的职业生涯，那就赶快行动吧！职业生涯设计越早越好，这是一项最好的也是最重要的投资。

你和下列同学有同感吗？

李老师：您好！我是金融职业学院的大二学生，就是昨天下午来您办公室咨询过您的那个女生，从走出您办公室的那一刻起，我感觉到这么久以来从未有过的快乐，真正的快乐。回来的时候，我与我的好同学在一起分享的过程中，发现原来也有和我感受相同的人。您给我们的感触很深。和许多人一样，我对于自己所要走的路有时会充满很多不确定、迷茫……陷在其中，真想会出现一双有力的手，在关键的时候能够拉我一把，或者仅仅安抚以示温暖，可是没有人能给我。他们似乎都很忙碌，对于我的疑惑没空理会，或者事不关己，简单地敷衍。也许他们不懂我在想什么，我真的很想在成长的路上有老师的陪伴。您能在我们需要陪伴的时候一直陪伴我们吗？我一点都不怀疑，如果在成长的路上有您的陪伴，将是我人生的又一次重要转折。

个案：两个就业机会我应该选择哪个？

知彼解己

我是一名应届高职会计专业的毕业生。最近由于工作的去向问题，我很苦恼，不知道该怎样来做出选择。目前有两个单位给我机会：一个是在杭州市区的一家进出口公司，另一个是在城郊结合部的信用社。在进出口公司我直接就能做会计，负责公司加工业的会计业务工作，适合我的专业。在信用社我得从柜台做起，在相当长一段时间内会从事比较简单的工作，对长远的发展不是很明确。就我个人来讲，我对金融比较感兴趣，但不知道进信用社发展前景如何，感觉上做会计的前景似乎更好一些。现在我难以选择，希望能得到您的指导。

案例分析：

这两份工作是有紧密联系的，并不矛盾。如果现在选择会计职业，也可以为你今后从事银行工作或其他相关的工作打基础。同时，在这个工作过程中，你也可以了解和熟悉进出口业务，而这块业务又是银行业务中重要的内容之一。而且你有了这样的工作经历，应聘的职位起点可能比你现在的职业岗位起点要高。所以，从事会计工作对你将来无论从事什么工作都有帮助，还会给你将来的职业发展打下一个好的基础，选择的面会更广、机会会更多。尽管你比较喜欢金融，但你对信用社的发展前景并不了解，对自己将来往什么样的方向发展也不清晰。这个职位就目前来说，涉及面广一些，有各种不同的企业、客户，内容也比一个公司的业务多，与企业会计工作是有区别的。如果选择信用社工作，相信你也能学到很多东西。

信息广角

测测你的成功商数

主试者：拿破仑·希尔

测试目标：获得成功的因素

测试说明

为了帮助你了解自己，我们准备了一张个人问题分析表，此表已帮助许多人正确地了解自己。你也许进行过许多测试——智力、才能、性格、词汇量以及其他等等。但是这个测试和其他的测试是有区别的，我们称之为"成功商数分析"。它基于 17 项成功原则，这些原则是对世界各领域杰出人物有价值的成就的总结。这个测试主要有以下目的：

1. 指导你的思想进入你所希望的渠道。
2. 指明你在成功的路上现在所处的位置。
3. 帮助你确定你该去往何处。
4. 估量你到达你所向往的目的地的可能性。
5. 指明你现在应有的抱负和其他特点。
6. 激励你用积极的心态去行动。

现在我建议，你立即尽力回答下面测试题中的问题，尽量做到准确和真实，不要愚弄自己，只有真实地回答每一个问题，这个测试才能有效。

测试题

一、积极的心态

1. 你已确定了一生的主要目标吗？　　　　　　　　　　　　是□　否□
2. 你已定下了达到那个目标的时限吗？　　　　　　　　　　是□　否□
3. 你制订了达到那个目标的具体计划吗？　　　　　　　　　是□　否□
4. 你规定了那个目标将给你带来什么一定的利益吗？　　　　是□　否□

二、明确的目的

5. 你知道积极心态的意义是什么吗？　　　　　　　　　　是□　否□

6. 你能控制你的心态吗？　　　　　　　　　　　　　　　是□　否□

7. 你知道任何人都能用充分的力量去控制的唯一的东西是什么吗？　是□　否□

8. 你知道怎样去发现你自己的和别人的消极心态吗？　　　是□　否□

9. 你知道怎样使积极的心态成为一种习惯吗？　　　　　　是□　否□

三、"多走些路"

10. 你是否养成了一种习惯：使你所付出的劳动比你所得的报酬更多？　是□　否□

11. 你知道职工何时才有资格多得报酬吗？　　　　　　　是□　否□

12. 你是否听说过有人在某种职业中取得了成功，而他做的事并不比他得的报酬所要他做的事更多？　　　　　　　　　　　是□　否□

13. 你是否认为任何人都有权要求增加工资，只要他付出的劳动超过他所得的工资？　　　　　　　　　　　　　　　　　　是□　否□

14. 如果你是你自己的雇主，你会对你现在作为一个雇工所做的服务感到满意吗？　　　　　　　　　　　　　　　　　　　是□　否□

四、正确的思想

15. 你是否把不断学习有关你的职业的更多知识作为你的职责？　是□　否□

16. 你是否有一种习惯：对你所不熟悉的问题发表"意见"？　是□　否□

17. 当你需要知识时，你知道如何寻找吗？　　　　　　　是□　否□

五、自我控制

18. 当你生气时，你能沉默不语吗？　　　　　　　　　　是□　否□

19. 你习惯于三思而行吗？　　　　　　　　　　　　　　是□　否□

20. 你易于丧失耐心吗？　　　　　　　　　　　　　　　是□　否□

21. 你的性情一般是平和的吗？　　　　　　　　　　　　是□　否□

22. 你习惯于让你的情绪控制你的理智吗？　　　　　　　是□　否□

六、集体心理

23. 你总是通过影响别人来使自己达到目的吗？　　　　　是□　否□

24. 你相信一个人没有别人的帮助也能成功吗？　　　　　是□　否□

25. 你相信一个人如果受到他的妻子或其他家庭成员的反对，他在工作中也能很容易地取得成功吗？　　　　　　　　　　　是□　否□

26. 雇主和雇工融洽地在一起工作有好处吗？　　　　　　是□　否□

27. 当你所属的团体受到赞扬时，你感到自豪吗？　　　　是□　否□

七、应用信心

28. 你相信你有无穷的智慧吗？　　　　　　　　　　　　是□　否□

29. 你是一个正直的人吗？　　　　　　　　　　　　　　是□　否□

30. 你相信你有能力去做你决定要做的事吗？　　　　　　是□　否□

31. 你是否合理地摆脱了下列 7 种基本恐惧：　　　　　　是□　否□

①恐惧贫穷　　　②恐惧批评　　③恐惧健康不佳　④恐惧失去爱

⑤恐惧失去自由　⑥恐惧年老　　⑦恐惧死亡

八、令人愉快的性格

32. 你有令人讨厌的习惯吗？　　　　　　　　　　　　　是□　否□

33. 你有应用"金科玉律"的习惯吗？　　　　　　　　　是□　否□

34. 同你在一起工作的人喜欢你吗？　　　　　　　　　　是□　否□

35. 你常打扰别人吗？　　　　　　　　　　　　　　　　是□　否□

九、个人的首创精神

36. 你能按计划工作吗？　　　　　　　　　　　　　　　是□　否□

37. 你的工作有计划性吗？　　　　　　　　　　　　　　是□　否□

38. 你在工作方面具有别人所没有的卓越才能吗？　　　　是□　否□

39. 你有拖延的习惯吗？　　　　　　　　　　　　　　　是□　否□

40. 你有力图将计划制订得更完备，以提高工效的习惯吗？是□　否□

十、热情

41. 你是富有热情的人吗？　　　　　　　　　　　　　　是□　否□

42. 你能倾注你的热情去执行你的计划吗？　　　　　　　是□　否□

43. 你的热情会干扰你的判断吗？　　　　　　　　　　　是□　否□

十一、控制注意力

44. 你习惯于把你的思想集中到你所做的工作上吗？　　　是□　否□

45. 你易于受外界的影响而改变你的计划或决定吗？　　　是□　否□

46. 当你遇到反对时，你就倾向于放弃你的目标和计划吗？是□　否□

47. 你能排除不可避免的烦恼而不断地工作吗？　　　　　是□　否□

十二、协作精神

48. 你能同别人和谐相处吗？　　　　　　　　　　　　　是□　否□

49. 你能像你随便要别人给予帮助那样，给予别人帮助吗？是□　否□

50. 你经常同别人发生争论吗？　　　　　　　　　　　　是□　否□

51. 你认为同事间的友好合作有巨大的好处吗？　　　　　是□　否□

52. 你知道一个人不和他的同事合作会造成损失吗？　　　是□　否□

十三、从失败中学习

53. 你遇到失败就停止努力吗？　　　　　　　　　　　　是□　否□

54. 如果你在某次尝试中失败了，你能继续努力吗？　　　是□　否□

55. 你认为暂时的挫折就是永久的失败吗？　　　　　　　是□　否□

56. 你从失败中学到了什么教训吗？　　　　　　　　　　是□　否□

57. 你知道如何将失败转变为成功吗？　　　　　　　　　是□　否□

十四、创造性的想象力

58. 你能运用你的建设性的想象力吗？　　　　　　　　　是□　否□

59. 你具有决断力吗？　　　　　　　　　　　　　　　　是□　否□

60. 你认为只能照章遵命办事的人比能提出新主意的人更有价值吗？　是□　否□

61. 你是创造发明型的人吗？　　　　　　　　　　　　　是□　否□

62. 你能就你的工作提出行之有效的主意吗？　　　　　　是□　否□

63. 当情况令人满意的时候你能听从合理的忠告吗？　　　是□　否□

十五、安排好时间和金钱

64. 你能按固定的比例节省你的收入吗？　　　　　　　　是□　否□

65. 你花钱不考虑将来吗？　　　　　　　　　　　　　　是□　否□

66. 你每夜都睡得很充足吗？　　　　　　　　　　　　　是□　否□

67. 你是否养成了利用业务时间研读自我修养书籍的习惯？　是□　否□

十六、保持身心健康

68. 你知道保持健康的五要素吗？　　　　　　　　　　　是□　否□

69. 你知道良好健康的起点吗？　　　　　　　　　　　　是□　否□

70. 你知道休息与健康的关系吗？　　　　　　　　　　　是□　否□

71. 你知道调节健康所必需的四要素吗？　　　　　　　　是□　否□

72. 你知道"忧郁症"和"心理病"的意义吗？　　　　　是□　否□

十七、个人习惯

73. 你养成了你所不能控制的习惯吗？　　　　　　　　　是□　否□

74. 你已戒除了不良的习惯吗？　　　　　　　　　　　　是□　否□

75. 近来你培养了良好的新习惯吗？　　　　　　　　　　是□　否□

评分方法

1. 下面的 21 题都应答"否"：

   12，13，16，19，20，22，24，25，32，35，37，
   39，43，45，46，53，50，55，60，65，73，

2. 其余 54 题都应答"是"。

3. 答对了的题，每题计 4 分，答错不得分。

4. 计算得分数，并从"测试分析"中查出你的成功商数等级。

测试分析

0—99 分：极差(下等)；　　　100—199 分：较差(中下)；　200—274 分：一般(中等)；
275—299 分：优良(中上)；　　300 分：极优(上等)。

　　　　　　　　("信息广角"内容摘自刘津编著的《生存测试手册》，谨表感谢。)∎

你经营什么？

——探索自我

第三章

探索自我及自我评估(上)

探索自我、了解自己是职业生涯设计的第一步。因为一个有效的职业生涯设计，必须是在充分并正确地认识自我与相关环境的基础上进行的。对自我及环境的了解越透彻就越能做好职业生涯设计。因为职业生涯设计的目的不只是协助你达到和实现个人目标，更重要的也是帮助你真正了解自己。

了解自己不是一件容易的事。《圣经》中有这样一段话：愿上帝赐我平静，接受我无法改变的事。愿上帝赐我勇气，改变我能改变的事。愿上帝赐我智慧，明辨是非。这段话在《问题背后的问题》一书中被改为：愿上帝赐我平静，接受我无法改变的人。愿上帝赐我勇气，改变我能改变的人。愿上帝赐我智慧，了解我自己这个人。所以，了解自己，认识自我，是人类对一切社会事物认识的最高智慧。

对自我的探索是一个连续的、动态的过程，也是一个交织着快乐与痛苦的过程。了解自己的目标是为了更好地选择适合自己的职业，规划与设计自己的职业生涯。

怎样了解自己呢？让我们一起先做个热身运动：

我是一个——	认识我的人对我的看法是——
我最大的优点是——	我最大的期望是——
我最喜欢的是——	我最关心的时刻——
我最大的限制是——	我最需要的是——
	我最憎恶的是——
	在我人生中最痛苦的时刻——
	我最重视的是——
	对我来说，人生是——
	我最遗憾的是——
	对我来说，爱情是——
	我最害怕的是——
	对我来说，家庭是——
	我最大的成就——
	工作和事业，对我来说是——
	展望未来五年——

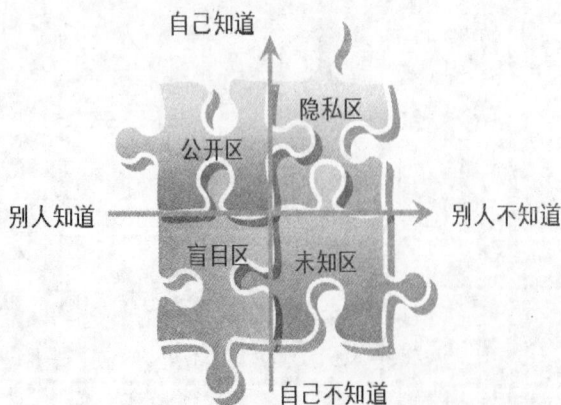

图 3-1   自我剖析——橱窗分析法

与其他比较，我觉得——

这个破冰运动是一种了解自己的方法和途径。除此之外还有一些方法和途径，比如，自我剖析——橱窗分析法，让父母说说他们眼中的你，同学眼中的你等。通过不同的方法和途径了解自己。

一、生活目标探索

(一)生活目标

有一位学生在就业面试时的回答让人印象深刻，使我难以忘却。这个学生是一所本科院校国际经济与贸易专业的学生，在大四年级校园招聘中向一家著名大公司投简历，他的求职岗位是市场营销，不久就接到了面试通过的消息。在面试过程中当他回答了一系列的问题之后，面试官抛出了这样一个问题："你的终极目标是什么？你知道自己最想拥有的生活方式是什么？"由于这个学生在他的心目中早已有了目标，而且已经为树立的目标努力拼搏，因此在回应时很自信地对答如流道："我要做公益事业，帮助社会上需要帮助的人。基于这个目标考虑，我必须很有钱，要有实力才能帮助更多的人，才能做好公益事业。所以，我想从做营销开始，营销是原始积累最快的……"其实，这个目标是很远大的，听起来似乎很遥远，但反映了这个学生的价值观、人生态度、情商的高低等内在品质。最终，这个学生与这家著名企业签了约。这个问题也是近几年用人单位在招聘员工时，抛出频率较高的面试题。

你想拥有什么样的生活方式，或者说，你的生活目标是什么？生活目标实际上反映了一个人的人生目标。微软全球副总裁李开复曾这样说道："人生只有一次，我认为最重要的就是要有最大的影响力，能够帮助自己、帮助家庭、帮助国家、帮助世界、帮助后人，能够让他们的日子过得更好、更有效率，能够为他们带来幸福和快乐。"他把"影响力"当做自己的人生目标。

现实的生活目标是非常实际而可行的。比如创造财富，让家人过上衣食无忧的生活；从事一个使其他人快乐的职业；把所学的知识和积累的经验传授给他人，帮助他人学习和成长；让自己有更多的闲暇时间来做自己喜欢的事情；能够和心爱的人朝夕相处，造就快乐的家庭；等等。

生活目标不是凭空想象的，也不是一句口号，而是你一生的最好智囊。它可以帮助你解决人生途中遇到的各种困惑和难题。一旦确定了生活目标，它们就可以为你的人生指引方向，为你的日常生活注入活力，日常生活中也因此而拥有更多的精神与物质财富，使你感到生活有滋味，工作有奔头，并有明确的行动方向，能果断地做出人生中的重大决策。当你自觉不自觉地产生行为或做出选择时，你会发现与你的生活目标是那样地吻合。

当然，每个人的生活目标都是独特的。最重要的是，你要主动把握自己的人生目标，千万不能操之过急，更不能为了追求所谓的"崇高"，或为了模仿他人而随便确定自己的目标。同时，生活目标也不是一成不变的。在每一个成长阶段都会冒出一个新的目标来，新目标有强有弱，那些强有力的目标会时常显露出来。经过不断的反思与重建，那些曾经是强有力的目标又会转弱，甚至会被其他目标所取代。

很多人的职业目标与生活目标是不一致的。总是听到有人抱怨：我这辈子就想当老师，但偏偏让我做公务员；我真的好想进机关当公务员，偏偏又考不上，只能去公司；我这辈子做的不是我想做的工作，但偏偏做了一辈子，有什么法子呢。

职业目标和生活目标是双向的。对一些人而言，职业目标可以发展成为生活目标。我自己就是一个很好的案例：

记得当年大学毕业后，分配到学校当老师不是最吃香的职业，也几乎没有同学愿意当教师。我也只能服从分配，因为不服从分配会被取消分配资格，这在当时的背景下就意味着失业。近 30 年的教师生涯，教师的职业已成为我的生活目标，使我感受到了当教师是一份非常享受的职业，这份职业已经成为我的一种生活方式。帮助和陪伴学生成长的过程是幸福的、快乐的、安宁的、充满感激的，这些感受已存在于我生活中的每时每刻。自己也因此成为一个受学生喜爱的老师。

当然，生活目标也会引导一个人走向成功的职业生涯。在我的职业咨询中，有这样一个案例：王俊是一位专业型的业余乒乓球高手，从小就立志要当一名运动员，长大后事与愿违，阴错阳差地成为一名公务员，一晃就是 20 年。公务员在其他人的眼中可是铁饭碗，可对他来说，就好像是啃鸡肋，嚼之无味，弃之可惜。如果是早 20 年，他可以重新选择，但毕竟是 40 出头的人，要放弃这份稳定而收入不错的工作，确实是个很伤脑子的问题。可对目前的工作没有激情，心情越来越沉闷，这是事实。有一个机会，一家俱乐部邀请他当业余教练，他一下子感觉找到了自我，找回了他的生活目标。最终，他经过权衡决定放弃公务员，从事乒乓球教练工作。现在，这份工作给他带来无穷的欢乐和成就。他的生活目标已引导他走向成功的职业生涯。

一个职业目标与生活目标相一致的人是幸福的。职业生涯设计实质上是追求最佳职业生涯的过程。

那么，应该怎样去发现自己的生活目标呢？其实只有一个人能告诉你人生的目标是什么，那个人就是你自己；只有一个地方能找到你的目标，那就是你心里。

通过做游戏或通过量表测试可以帮助你发现自己的生活目标，如"拍卖你的生涯"游戏。"拍卖你的生涯"游戏是这样的：

游戏概述：

"拍卖你的生涯"是一个流传已久的游戏项目，对于中学生、大学生和在职员工搜寻或发现自己的生活目标，以及与职业生涯的联系，有很大的帮助。这个游戏可以让你在第一时间里感受到自己潜意识中的那个目标。

人数、时间：

全体同学参加；项目完成时间：90—120 分钟。

场地器材：

1. 可以在教室进行，也可以在户外进行，如果在户外草坪上进行效果更好。

2. 每人一张纸、一枝笔。

3. 假设每人的所有财富是 1 万元人民币。

4. 指定两个人主持拍卖。

操作程序：

把你的目标或者生涯写在纸上，然后进行拍卖。

游戏规则：

不署名；自己不能买自己的；毕生的财富是 1 万元人民币；可以买一个或几个；当你叫价后主持人数一下、二下、三下，没有人再跟叫时，那生涯就属于你了。

游戏目的：

1. 可以在第一时间里捕捉到你潜意识中的那个目标。帮助你搜寻或发现自己的生活目标。

2. 可能进一步了解同学的生活目标、价值观和人生态度等。增进同学之间的交流和沟通。

回顾总结：

1. 首先请一位同学说说你卖出的是一项什么生涯，是谁买走了你的那项生涯，建议他们是否应该拥抱一下，并找个地方坐在一块。

2. 再请一位同学说说你买进的是一项什么生涯，寻找一下这项生涯的原主人是谁，同样建议他们拥抱一下，并坐在一起。

3. 就个别生涯项目给予鼓励和肯定。比如有个学生卖出的生涯是做一个有爱心、有责任心的爸爸和丈夫，买进的生涯是造一座福利院，让享受不到幸福的老人和儿童都到他的福利院去。这个学生的人生目标和价值观应该给予鼓励和肯定。

看看你想拥有什么样的生活方式，不妨看看《生活方式量表简明版》①。

下面描述了 13 种生活方式，它们是不同的人在不同时间里所提倡并遵循的。根据你对它们的喜欢程度，请将它们进行排序，1 表示你最喜欢的方式；2 表示你其次喜欢的方式；如此类推，13 表示你最不喜欢的方式。这里不是问你现在过着什么样的生活，或你认为在我们的社会中应该过什么样的生活，也不是问你认为别人过何种生活，仅仅是问你个人喜欢过什么样的生活。

方式 1： 个人应积极地投身于其社区的社交生活中，主要不是要改变它，而是要理解、赏识，并保存人已取得的最好成就。生活应当有清晰度，平衡、优雅及节制。

方式 2： 个人应在大部分时间里单独行动，有很多属于自己的时间，强调自给自足、内省和沉思及了解自己，应在自我内心发现生活的中心。

方式 3： 这种生活方式以同情地关心他人为中心。避免任何会妨碍人们发出同情的爱的因素，因为这种爱才是使生活具有意义的东西。人应该变得有感受性，有

---

① Dempsey, P. & Dukes, W. F. Judging complex value stimuli: An examination and revision of Morris's "Paths of Life." *Educational and Psychological Measurement*, 1966(26). pp. 871—882.

鉴赏力，并愿去帮助他人。

方式 4：生活应像是过节日，而不像是工厂或进行道德训练的学校；生活是供人享受的东西，是在感官上的享受，轻松而无拘无束地享受的东西。放任自己，听任事物和人们影响自己，这比让自己去做或者做好更重要。

方式 5：个人应将自己融入社会群体之中，享受合作和伙伴的快乐。为实现共同的目标，要坚定地与他人一起合作。生活应将有活力的群体活动以及合作的群体欢乐融合起来。

方式 6：我们应该强调现实地去解决所出现的具体问题，并注重改进控制世界和社会的技术。要控制威胁我们的力量，就必须坚定而持久地努力工作。

方式 7：我们应该在不同时间，用不同方式接受来自所有其他生活方式的一些东西，而不对任何一种方式专一。我们必须培养灵活性，承认我们之间的差异，接受由差异所产生的紧张与冲突。

方式 8：享受简洁并容易得到的快乐是生活的基调：包括生存的快乐、美味佳肴的快乐、舒适环境的快乐、与朋友谈话的快乐以及休息和放松的快乐。

方式 9：生活中美好的事物不能通过不屈不挠的行动，或参与混乱的社交生活中找到。人应该停止提出要求，在接受中静待，接受让能养育他自己的力量进入自己，并与之配合。人在得到了这种力量的支持时，就会懂得欢乐与宁静的意义。

方式 10：自我控制应当是生活的基调。不是从世界中隐退出去的那种轻而易举的自我控制，而是机警、坚定、果断地控制生活在世界中的自我。人应该坚持崇高的理想，并且不为由舒适和欲望所产生的诱惑所屈服。

方式 11：沉思的生活是美好的生活，这种生活是有益的。理想、感性、感觉、幻想、自我了解所组成的丰富内心世界才是人真正的家。

方式 12：运用身体的能量是有益生活的秘密。生活不是在谨慎的预见、轻松的自在中得到满足。令人满足的其实是积极的、适合于现实的、勇敢而冒险的行动。

方式 13：人应当让自己被利用。被别人在成长中所利用，被宇宙伟大客观的目的所利用。人应该是一个宁静、自信、安静的人，受一个静静的、不可抗拒的在实现其目的的伟大及可靠力量所支配。

(二)生活目标与职业目标的关系

有生活目标的人，生活有质量，工作有激情。如果你的职业目标与生活目标是一致的，那你就是一个最快乐、最幸福的人。在新浪网举行的"你快乐吗"的人文调查中，"不知道人生目标在哪里"成为网民最不快乐的原因。也许你的第一份工作就与你的生活方式相距甚远，可能是迫于生存的原因，可能是家庭的压力，也可能是受周围环境的影响。但渐渐地你会意识到、感觉到，你会在机会来临时，尽可能地调整职业，向你的生活目标靠拢。美国哈佛大学 30 年前曾对当时在校学生做过一项调查，发现没有目标的人占 27%，目标模糊的人占 60%，短期目标清晰的人占 10%，长期目标清晰的人只有 3%。25 年后追踪结果表明，第一类人几乎都生活在社会的最底层，长期在失败的阴影里挣扎；第二类人基本上都生活在社会的中下层，他们没有多大的理想和抱负，整日只知为生存而疲于奔命；第三类人大多进入了白领阶层，他们生活在社会的中上层；只有那 3% 的人不懈地朝着一个目标坚韧努力，他们为了实现既定的目标，几十年如一日，努力拼搏，积极进取，百折不挠，最终成了社会的精英和行业领袖。

如果哈佛的例子离我们有点遥远的话，那么，在我们身边也有很多这样的例子。

案例 1：读高职投资理财专业的小谢，从小受当会计的父亲的影响，一心就想长大后也当一名会计。毕业前她获得了两个实习机会，一个是一家银行的信用卡业务员，一个是一家会计事务所的会计。银行给出的待遇不错，还有机会签约。而事务所很明确，一丝签约机会也没有，完全是实习，而且实习期间不给任何补贴和待遇。在她的目标驱动下，她考虑到会计事务所的业务涉及面广，可以接触更多的企业和不同的经济业务，对自己专业技能和业务水平的提高很有帮助，虽然没有签约的机会，但这个实习经历给了她更多的就业和择业机会，尤其是大的企业和公司更看重这样的工作经历。最终她选择了去会计事务所实习。

案例 2：盛雷的生活目标很明确，是帮助他人，做公益教育事业。一个学市场营销专业的高职学生要从他的生活目标来搜寻职业目标似乎有难度，而且关系不大，他为之付出了很长一段时间的努力，终于在一次中学的公益活动中举办了一个讲座。这个讲座是他准备了很久的，内容暂且不论，但他的热忱和激情感动、感染了所有的师生。此后，他全身心投入了公益教育事业，受益面从中学、职业高中扩大到高职院校、大学以及企业员工培训等，还成立了专门的机构，在当地有了一定的影响力。

案例 3：周邦一直是一个崇尚自由的人。在大学读书时就显露出他的自由自在，我行我素。尽管读的是会计专业，但他又是那样地出乎同学的意料，因为他的风格与会计的严谨和规范是那样地不相称。而他读得很投入、很轻松，不像其他同学读得很死板、很累人。毕业后，同学们都纷纷到大公司和机关求职，而他竟没有找工作，一直待在家里，先是做股票，后来做证券经纪人，现在是做房地产、股票、债券、基金等投资。十几年过去了，他目前是所有大学同学中资本实力最强的一个。同学聚会时，大家给予他的称号是"牛哥"。

案例 4：李明最想的是要快速创造一笔财富，为自己的创业打基础。尽管他读的是高职税务与会计专业，但创业是他的梦想。从进大学后，他一直为创业做准备，无论是专业知识的学习，还是与创业相关的能力培养，从各种创业大赛的活动到实践经历与经验积累，都全方位地投入。毕业后，他经过几年的摸爬滚打，磨炼出一身的好功夫，成立了一家集加工销售于一体的绿色食品有限公司，生意红火。

案例 5：李怡是一个喜欢生活有规律且比较安逸的人。自己一生想要从事的职业是进机关做公务员，生活朝九晚五，有规律，很稳定，生活不需要怎么奔波折腾，也不需要创新与创意。而她读的专业偏偏又是广告设计专业，这与她的爱好格格不入。毕业后要考公务员也有难度。她的生活目标驱动她要在大学期间重新选择专业，为今后的职业做准备。在大一年级她就毅然决定读大学自考本科的行政管理专业。她规划着高职三年毕业时，不但要拿到高职学历，还要拿到本科学历和学位。她把自考课程分解为六个学期，每一学年考哪些课程，大学英语在哪个学期考，每个学期必须考出几门课程，成绩必须在多少分以上，每个学期中的每个月要安排哪些课程的学习，每个星期必须完成哪些学习任务，每天必做哪些事等都计划得清清楚楚。毕业后，她如愿地获得了大学本科学历和学位，顺利通过了公务员的考试，成为一名司法部门的公务员。

案例 6：在一次亲子教育的活动中，碰见了以前的一位学生。这时，她已经是一位亲子教育的培训师了。她毕业后工作了几年，她的目标就是要成为一个好妻子、好母亲。待结婚有儿子后她放弃了原来的工作，全身心地投入到养育孩子中去。每天在家带孩子可不是件容易的事。为了带好孩子，她报名参加了亲子教育培训班，在培养和教育孩子的过程中，她自己也在成长，学到了很多关于儿童心理学和教育学的知识和方法，等到儿子上幼儿园后，她也成了一名有经验、懂方法的亲子教育老师了。她现在专门从事亲子教育工作。

生活目标与职业选择之间有一定的关联性，关联系数的大小因人而异。上述案例与你比较相似或相近的案例是哪几个？你最能认同的案例是哪几个？

很多人难以找到适合自己的职业的一个主要原因，就是从来没有把自己的职业目标与生活目标联系起来，没有形成长远规划。就像你要外出旅行，就要知道自己去的目的地，然后计划选择哪条路线，经过哪些地方，使用怎样的交通工具最合适。在出发前至少要有一个目标，哪怕是尝试性的目标。尽管尝试性的目标不是你真正想要去的地方，但最起码能帮助你找到当前最好的职业生涯设计方案。对生活目标的明确和发现可以帮助你选定适当的职业生涯。

你选择什么样的生活方式？现在就请你写下来：

1. 最喜欢的生活方式是：＿＿＿＿＿＿＿＿＿＿＿＿＿＿＿＿＿＿＿＿＿＿

2. 其次是：＿＿＿＿＿＿＿＿＿＿＿＿＿＿＿＿＿＿＿＿＿＿＿＿＿＿＿＿＿

3. 第三是：＿＿＿＿＿＿＿＿＿＿＿＿＿＿＿＿＿＿＿＿＿＿＿＿＿＿＿＿＿

你能为下列案例中的同学解答困惑吗？

我是杭州师范大学的大二学生，我学的是幼教专业。通过系统地学习"大学生职业生涯设计"这门课程，我觉得这门课程对我们大学生非常有帮助，可以帮助我们找到自己的"去处"，认识自我，确立方向和奋斗目标。虽然我通过学习，基本上了解了自己的职业倾向：今后做一名教师。但我似乎又不甘心做一辈子的幼教，总想去尝试一下新的、有跨度的职业，如做管理、营销之类的职业。人们常说，人生就是要不断去尝试，只有尝试过了才能丰富自己的人生。但心里又没有底：我行吗？希望老师给我的想法提点建议，如果有可能再给我深层次地寻找一下，我是否具有其他方面的潜能。

二、职业价值观探索

(一)价值观

不同的价值观会做出不同的选择。无论是行为选择还是职业选择都无一例外。

有这样一个场景：假设你一个人外出旅游，来到了一个峡谷，发现几米深的地方有一个手提包，而且手提包是打开的，里面明显装着一沓钞票。同时，你还发现，在悬崖边有一些看起来长得不是很牢固的树根，这树根可以帮助你到达手提包的位置，拿到这笔意外的财富。当然，你更有可能因此而被摔断脖子。当这个场景出现在你眼前时，请问：你选择离开还是靠近？

场景改变：如果那个装钱的手提包换成一个失足落下的小男孩，他此时奄奄一息地发出求救的呼唤。当这个场景出现在你眼前时，请问：你选择离开还是靠近？

提出问题：面对相同的环境，相同的危机，相同的后果，你们却做出了不同的选择，这是为什么？也许你会说：因为目标不同，一个目标是为了取得财富，一个目标却是为了营救生命，相比较当然生命要比财富重要。

答案：只是因为个人的价值观不同，所设定的目标也就不同。

如果进行选择是一个程度问题，一个关于智慧、有效性和效率的问题。那么，谁是善择者？他从哪里来？他有怎样的成长环境和生活史？我们能传授这种技巧吗？什么东西能帮助这种抉择？什么东西会损害这种抉择？

马斯洛在《人性能达的境界》一书中讲到：如何使你成为一个善择者？必须具有下列内在价值与存在价值：[①]

> ➤ 真：诚实、真实；坦率；单纯；丰富；本质；应该；美；纯；洁净和未掺假的完全。

> ➤ 善：真正；合乎需要；公正；仁慈；诚实。

> ➤ 美：正直；形态匀称；活泼；单纯；丰富；完整、完善；完全；独一无二；诚实。

> ➤ 完整：统一；整合；倾向单一；互相联结；组织；结构；秩序；不分离；协同。

> ➤ 二歧超越：接受、坚持；二歧、两极、对立面、矛盾的整合或超越；协同，即对立转化为统一、敌对者转化为相互合作或相互鼓励的伙伴。

> ➤ 活泼：过程；不死气沉沉；自发；自我调整；充分运转；改变着又保持原样；表现自现自身。

> ➤ 独特：特有的风格；个人的特征；不能类比；新颖。

> ➤ 完善：没有多余的；不缺少任何东西；一切都在合适的位置上；无须改善；

[①] 马斯洛著. 林方译. 人性能达的境界. 昆明：云南人民出版社，1987. pp. 135—145.

　　恰当；适宜。

- ➤ 必需：不可免；必须正像那样。
- ➤ 完成：完结；终局；合法；已经完成；目的实现；全体；终止；顶点。
- ➤ 公道：公平；适宜；成体系的性质；无偏袒。
- ➤ 秩序：合法则；正确；完善安排。
- ➤ 单纯：忠实；坦率；本质；抽象；无误；无修饰；没有多余的东西。
- ➤ 丰富：分化；复杂；错综；全体；无缺失或隐藏；都在眼前。
- ➤ 不费力：自如；不紧张；不力争；或无困难；优雅；完美的运转。
- ➤ 娱乐：玩笑；欢乐；有趣；高兴；幽默；生气勃勃。
- ➤ 自足：自主；独立；自我决定；超越环境；分立；依据自己的法则生活；同一性。

　　什么人在什么条件下选择或不选择存在价值？存在价值更经常被充满人性的、自我实现的"健康人"所选择，也被占压倒优势的最伟大的、最受人赞美的、最受人爱戴的人物所选择，这是全部人类史的记载；选择者内部固有的本性，即人格特征，是主要的决定因素；社会压力、人格的独立性、年龄的成熟度、力量和勇气、知识和素养等也是影响的因素。

　　生涯应该从属于一个人的价值观。价值观是一只看不见的手，是每个人判断是非善恶的信念体系，它不但引导人们追寻自己的理想，引导人们在纷繁复杂的情境中做出选择，还决定人们的行为方式。在这个意义上，我们的任何行为都是自身价值观的流露。在一个人的成长和发展过程中，价值观决定了人生的成败。价值观对人的行为和生活选择有着不可估量的影响，像一只看不见的手在不知不觉中就决定了人们选择以什么样的方式度过一生。价值观决定你的态度和行为，决定你的一生。

　　美国心理学家洛特克在《人类价值观的本质》一书中提出了13种价值观：

　　成就感：提升社会地位，得到社会认同，希望工作能受到他人的认可，对工作的完成和挑战成功感到满足。

　　美感的追求：能有机会多方面地欣赏周围的人、事、物或任何自己觉得重要且有意义的事物。

　　挑战：能有机会运用聪明才智来解决困难，舍弃传统的方法而选择创新的方法处理事物。

　　健康：包括身体和心理，工作能够免于焦虑、紧张和恐惧，希望能够心平气和地处理事物。

　　收入与财富：工作能够明显、有效地改变自己的财务状况，希望能够得到金钱所能买到的东西。

　　独立性：在工作中能有弹性，可以充分掌握自己的时间和行动，自由度高。

　　爱、家庭、人际关系：关心他人，与别人分享，协助别人解决问题，体贴、关爱，对周围的人慷慨。

道德感：与组织的目标、价值观、宗教观和工作使命不相冲突，紧密结合。

欢乐：享受生命，结交新朋友，与别人共处，一同享受美好时光。

权力：能够影响或控制他人，使他人按照自己的意思去行动。

安全感：能够满足基本的需求，有安全感，远离突如其来的变动。

自我成长：能够追求知识上的刺激，寻求更圆满的人生，在智慧、知识与人生的体会上有所提升。

协助他人：认识到自己的付出对团体是有帮助的，别人因为你的行为而受惠颇多。

浙江大学心理与行为科学系硕士研究生洪芳在大学生职业价值观与职业选择的研究中，把职业价值观分成6个因子。调查中发现，这6个因子的重视程度依次是：物质、安全、培养、发展、关系、声望。具体的职业价值观为：

物质——收入丰厚，有便捷舒适的生活设施，工作舒适，工作生活地社会治安好，工作能够让自己有一种快乐的生活方式，能为家人提供更多的幸福。

安全——工作相对稳定，单位有良好的发展前景，有公平竞争的环境和机会。

声望——工作能提高自己的知名度，工作能使自己容易成名，工作能提高自己的社会地位，能够成为工作权威，自己的工作是别人羡慕的。

发展——自己的才能可以得到充分发挥，能充分发表自己对工作的想法，对管理工作有发言权并有机会实际参与管理工作，社会能肯定自己的工作，工作中能显示有组织他人的能力。

关系——领导公正，有一个能够提供指导可以依靠的领导，有自己接受欣赏的企业文化，能受到尊重，有归属感。

培养——有提供培训深造的机会，工作中有独当一面的机会，工作内容丰富多样，工作能挑战自己的智力与能力。

李开复先生把诚信价值观作为成功的源头和根基。他认为诚信是植根于一个人灵魂深处的价值观的一种，成功源于诚信的价值观。无论是个人还是企业都要有诚信的价值观。就个人而言，诚信是做人的基本准则，做事先做人。否则，你再优秀，就算具备了能够成功的素质，你也未必会得到他人的尊敬，更不会得到成功企业的重视。因为，在用人单位眼中，员工最需要具备的素质是诚信，而不是高智力。诚信比才干更重要。就企业而言，诚信价值观是成功企业的灵魂。诚信会给企业带来财富和成功，诚信本身就是一笔巨大的无形资产。

(二)价值观与职业的关系

人与人之间的差别就在于价值观和思维方式的不同，而价值观是起关键性作用的。价值观是影响生涯决策的因素之一，在进行职业选择时，也是优先考虑的因素。如果你了解自己的价值观，并与职业选择一致时，你就获得了一种即将快乐和成功的信号。比如，你想有更多的闲暇和自由支配的时间，你应该考虑选择一个限制较少，可以自由支配时间与空间的职业，选择做教师或自由职业者就比较适合，显然当公务员就不那么适合。价值观与随后的工作满意度水平有关,当你依照自己的价值观生活时,会有最大程度的幸福感和自尊。

就价值观与职业选择的关系这一问题,浙江大学心理与行为科学系硕士研究生洪芳对杭州在校的大学生和已就业的大学生各150人进行了问卷调查,其结果显示:

职业	公务员	科研人员	自己创业	教师	一般事业单位	自由职业	外企	国企	民企
在校大学生	20.3%	18.7%	16.6%	10.6%	4.2%	6.3%	15.5%	2.2%	1.7%
已就业大学生	10.7%	10.0%	21.3%	17.3%	3.1%	5.3%	15.3%	3.3%	5.3%

其调查结果还显示了价值观对职业选择有一定的影响作用,选择公务员的一般是声望需求较高的,声望需求高的选择公务员职业是声望需求低的学生的 1.481 倍,即具有高声望需求的大学生倾向于选择公务员;发展需求高的学生一般是选择自己创业,发展需求高的选择自己创业是发展需求低的学生的 1.566 倍,即具有高发展需求的大学生倾向于选择自己创业。当然,家庭教育、知识结构、经济状况、性别、年龄、教育背景等因素也会直接影响职业选择。

每个人对自己的价值观的认识有一个过程,对于目前还不清楚认识自己价值观的人来说,你不防感受一下这几个阶段:第一,选择一个价值观,包括你自由地选择一个价值观,不考虑他人的压力,也不考虑其他的价值观,然后思考每一个选择的后果。第二,珍视你的价值观,包括珍爱和喜欢你的价值观,愿意在合适的时候向他人公开声明自己的选择。第三,依照你的价值观行动,包括做出一些与你的选择有关的行为,不断以一种与价值观选择相一致的模式行动。思考一下你自己的重要的职业价值观,看看是否能使你的价值观更清楚。当你对自己的价值观能够清楚地认识时,你就能比较明确自己需要什么,同时应该放弃什么。了解你的价值观吧,因为它能告诉你,哪些是你职业选择中所注重的因素。

关于价值观与职业选择的关联性,有研究表明,有效的生涯决策与一个人对自己的价值观的辨析程度有关,我们对自己的价值观越清楚,生涯设计的过程就越容易。明尼苏达重要性问卷(MIQ)就是用来审视职业需要和价值的测试工具,旨在衡量利他、舒适、自立、地位以及成就这5大职业价值和20种由这些价值衍生而来的职业需求。这种书面评估问卷分成配对问题形式和排序形式。配对问题形式:即在问卷上,关于职业需求的陈述成组成对地出现,被试者可以从每一对陈述中选出认为最重要的需要。排序形式:即由每组都有5个关于职业需求的陈述而组成的若干组陈述问卷,被试者根据自己心目中每个陈述的重要性,把每组5个陈述依次排序,从而确定自己的价值取向和职业价值观。

心理学家马丁·凯茨找出了 10 种与工作有关的价值观,它们可以帮助一个人澄清在某个工作中所能得到的回报和满足。在 20 世纪 60 年代末,凯茨就不厌其烦地研究了大约 250 种职业,以便确定这些职业在这 10 种职业价值观上是如何被评定的。

这 10 种价值观包括：①高收入：指除足够生活的费用之外还有可以随意支配的钱。②社会声望：指是否受到人们的尊重。③独立性：指可以在职业中有更多的自己做决定的自由。④帮助别人：愿意把助人作为职业的重要部分，帮助他人改善其健康、教育与福利。⑤稳定性：在一定时间内始终有工作，不会被轻易解雇，收入稳定。⑥多样性：所从事的职业要参与不同的活动，解决不同的问题，不断变化工作场所，结识新人。⑦领导力：在工作中可以控制事情的发展，愿意影响别人，承担责任。⑧在自己感兴趣的领域中工作：坚持所从事的职业必须是自己感兴趣的领域。⑨休闲：把休闲看得很重要，不愿意让工作影响休闲。⑩尽早进入工作领域：涉及一个人是否在意进入工作领域的早晚，是否希望节省时间和不支付高等教育的费用而尽早进入工作领域。在凯茨的价值研究中，"在你感兴趣的领域中工作"实际上是把自己感兴趣领域中的工作当做一种价值观。他坚信，在生涯决策中价值观比兴趣更加重要。

问题是很多人在职业选择中对自己的职业价值观是不清楚的，如果对自己的职业价值观越清楚，对选择职业和生涯决策就越容易。《职业价值观自测量表》能更好地帮助你了解自己的职业价值观。

下面有 52 道题目，每个题目都有 5 个备选答案，请根据自己的实际情况或想法，在题目后面圈出相应字母，每题只能选择一个答案。通过测验，你可以大致了解自己的职业价值取向。

A—非常重要；B—比较重要；C——一般重要；D—较不重要；E—很不重要

1. 你的工作必须经常解决新的问题。　　　　　　　　A　B　C　D　E

2. 你的工作能为社会福利带来看得见的效果。　　　　A　B　C　D　E

3. 你的工作奖金很高。　　　　　　　　　　　　　　A　B　C　D　E

4. 你的工作内容经常变换。　　　　　　　　　　　　A　B　C　D　E

5. 你能在你的工作范围内自由发挥。　　　　　　　　A　B　C　D　E

6. 你的工作能使你的同学、朋友非常羡慕你。　　　　A　B　C　D　E

7. 你的工作带有艺术性。　　　　　　　　　　　　　A　B　C　D　E

8. 你的工作能使人感觉到你是团体中的一分子。　　　A　B　C　D　E

9. 不论你怎么干，你总能和大多数人一样晋级和长工资。　A　B　C　D　E

10. 你的工作使你有可能经常变换工作地点、场所或方式。　A　B　C　D　E

11. 在工作中你能接触到各种不同的人。　　　　　　　A　B　C　D　E

12. 你的工作上下班时间比较随便、自由。　　　　　　A　B　C　D　E

13. 你的工作使你不断获得成功的感觉。　　　　　　　A　B　C　D　E

14. 你的工作赋予你高于别人的权力。　　　　　　　　A　B　C　D　E

15. 在工作中你能试行一些自己的新想法。　　　　　　A　B　C　D　E

16. 在工作中你不会因为身体或能力等因素，被人瞧不起。　A　B　C　D　E

17. 你能从工作的成果中知道自己做得不错。　　　　　A　B　C　D　E

18. 你的工作经常要外出、参加各种集会和活动。　　　A　B　C　D　E

19. 只要你干这份工作，就不再被调到其他意想不到的单位和工
    种上去。 A B C D E

20. 你的工作能使世界更美丽。 A B C D E

21. 在工作中不会有人常来打扰你。 A B C D E

22. 只要努力，你的工资会高于其他同年龄的人，升级或长工资
    的可能性比干其他工作大得多。 A B C D E

23. 你的工作是一项对智力的挑战。 A B C D E

24. 你的工作要求你把一些事物管理得井井有条。 A B C D E

25. 你的工作单位有舒适的休息室、更衣室、浴室及其他设备。 A B C D E

26. 你的工作有可能结识各行各业的知名人物。 A B C D E

27. 在工作中能和同事建立良好的关系。 A B C D E

28. 在别人眼中，你的工作是很重要的。 A B C D E

29. 在工作中你经常接触到新鲜的事物。 A B C D E

30. 你的工作使你能常常帮助别人。 A B C D E

31. 你在工作单位中，有可能经常变换工作。 A B C D E

32. 你的作风使你被别人尊重。 A B C D E

33. 同事和领导人品较好，相处比较随便。 A B C D E

34. 你的工作会使许多人认识你。 A B C D E

35. 你的工作场所很好，比如有适度的灯光，安静、清洁的工作
    环境，甚至恒温等优越的条件。 A B C D E

36. 在工作中你为他人服务，使他人感到很满意，你自己也很高兴。 A B C D E

37. 你的工作需要计划和组织别人的工作。 A B C D E

38. 你的工作需要敏锐的思考。 A B C D E

39. 你的工作可以使你获得较多的额外收入，比如：常发实物，常
    购买打折扣的商品，常发商品的提货券，有机会购买进口货等。 A B C D E

40. 在工作中你是不受别人差遣的。 A B C D E

41. 你的工作结果应该是一种艺术而不是一般的产品。 A B C D E

42. 在工作中不必担心会因为所做的事情领导不满意，而受到训
    斥或经济惩罚。 A B C D E

43. 在工作中你能和领导有融洽的关系。 A B C D E

44. 你可以看见你努力工作的成果。 A B C D E

45. 在工作中常常要你提出许多新的想法。 A B C D E

46. 由于你的工作，经常有许多人来感谢你。 A B C D E

47. 你的工作成果常常能得到上级、同事或社会的肯定。 A B C D E

48. 在工作中，你可能做一个负责人，虽然只领导很少几个人，
    你信奉"宁做兵头，不做将尾"的俗语。 A B C D E

49. 你从事的那种工作经常在报刊、电视中被提到，因而在人们
的心目中很有地位。 A B C D E

50. 你的工作有数量可观的夜班费、加班费、保健费或营养费等。 A B C D E

51. 你的工作比较轻松，精神上也不紧张。 A B C D E

52. 你的工作需要和影视、戏剧、音乐、美术、文学、艺术等打
交道。 A B C D E

评分与评价：上面的 52 道题分别代表 13 项工作价值观。每圈一个 A 得 5 分，B
得 4 分，C 得 3 分，D 得 2 分，E 得 1 分。请你根据下表中每一项前面的题号，计算一
下每一项的得分总数，并把它填在每一项的得分栏上，然后在表格下面依次列出得分
最高和最低的三项。

评 价 表

得分	题号	价值观	说　明
	2, 30, 36, 46	利他主义	工作的目的和价值在于直接为大众的幸福和利益尽一分力
	7, 20, 41, 52	美感	工作的目的和价值在于能不断地追求美的东西，得到美感的享受
	1, 23, 38, 45	智力刺激	工作的目的和价值在于不断进行智力的操作，动脑思考、学习以及探索新事物，解决新问题
	13, 17, 44, 47	成就感	工作的目的和价值在于不断创新，不断取得成就，不断得到领导与同事的赞扬，或不断实现自己想要做的事
	5, 15, 21, 40	独立性	工作的目的和价值在于不断能充分发挥自己的独立性和主动性，按自己的方式、步调或想法去做，不受他人的干扰
	6, 28, 32, 49	社会地位	工作的目的和价值在于所从事的工作在人们的心目中有较高的社会地位，从而使自己得到了他人的重视与尊敬
	14, 24, 37, 48	管理	工作的目的和价值在于获得对他人或某事物的管理支配权，能指挥和调遣一定范围内的他人或事物
	3, 22, 39, 50	经济报酬	工作的目的和价值在于获得优厚的报酬，使自己有足够的财力去获得自己想要的东西，使生活过得较为富足
	11, 18, 26, 34	社会交际	工作的目的和价值在于能和各种人交往，建立比较广泛的社会联系和关系，甚至能和知名人物结识
	9, 16, 19, 42	安全感	不管自己能力怎样，希望在工作中有一个安稳局面，不会因为奖金、长工资、调动工作或领导训斥等经常提心吊胆、心烦意乱
	12, 25, 35, 51	舒适	希望能将工作作为一种消遣、休息或享受的形式，追求比较舒适、轻松、自由、优越的工作条件和环境
	8, 27, 33, 43	人际关系	希望一起工作的大多数同事和领导人品较好，相处在一起感到愉快、自然，认为这就是很有价值的事，是一种极大的满足
	4, 10, 29, 31	变异性	希望工作的内容应该经常变换，使工作和生活显得丰富多彩，不单调枯燥

得分最高的三项是：1. ＿＿＿＿＿＿；2. ＿＿＿＿＿＿；3. ＿＿＿＿＿＿。
得分最低的三项是：1. ＿＿＿＿＿＿；2. ＿＿＿＿＿＿；3. ＿＿＿＿＿＿。
从得分最高和最低的三项中，你可以更清楚地了解自己的职业价值取向。

（资料来源：朱冽烈、胡军生等编著的《大学生求职测评手册》，谨表感谢。）

你看重的价值观是什么？现在请你把它们写下来：
1. **最喜欢的生活方式是：** ＿＿＿＿＿＿＿＿＿＿＿＿＿＿＿＿＿＿
2. **其次是：** ＿＿＿＿＿＿＿＿＿＿＿＿＿＿＿＿＿＿＿＿＿＿＿＿
3. **第三是：** ＿＿＿＿＿＿＿＿＿＿＿＿＿＿＿＿＿＿＿＿＿＿＿＿

你能为下列案例中的同学解答困惑吗？

我是嘉兴职业技术学院的一名大二学生，专业学的是电子商务。昨天听了您的精彩报告，我想了很多，感觉您说得很对，我们不知道怎样珍惜我们所拥有的一切，不会好好利用学校为我们所创造的一切条件。但令我感受最深的一点，就是学校里没有一种学习气氛，很惭愧，我也是受影响的一员。当您说起自考的时候，我恰好也参加过，报的是劳动与社会保障。不过在考了两次劳动与社会保障法之后，气馁了，并为自己找一切借口不去补考。我想我们班不是也有那么多同学没去考吗，而我至少去考了，一次考了 56 分，一次了 52 分，我不想考第三次。

现在我们学校有很多的考证，我把握不了自己的方向，我爸妈一向是让我自己做主，从不干涉我，甚至高考都让我自己做主。我很羡慕别的同学，老爸老妈在高考的时候简直成了他们的军师，为他们出点子。

说了那么多，还没说到重点。我现在报了英语四级，可我这段时间看到英语四级的资料就感觉头要爆炸，不想看。我对英语感兴趣，现在想考一本单证员的证书，老师也让我去尝试，不过我对自己没信心，怕失败。

听了你的报告后，我想了很多，我觉得自己的学习目标不明确，也很矛盾，想去考证，但怕失败，不知道该怎样调整自己的心态。虽然我也即将面临就业，也感觉得到社会的残酷，不过这样的感觉只是三分钟热度，一下子就过去了，不会延续多久。我现在很想知道我该怎样调整自己的心态。希望老师能帮助我解决这个一直困扰我的问题。谢谢！

三、职业兴趣探索

（一）兴趣

兴趣是一种对外界特定事物的好奇心。兴趣使人对有趣的事物给予优先注意，积极地探索，并且带有情绪色彩和向往心情，也是在了解和探索事物的过程中愿意付出极大代价的一种动力。你可能对很多事物有不同程度的兴趣，但有些兴趣很短暂，有些则较持久，这需要看是什么需要引起的。兴趣的持久性是指兴趣稳定的程度，稳定的兴趣是积极的、持久的，并能激发人的潜能，发挥人的创造力。如果一个人想在工作和事业上取得成就或有所创建，关键的一步就是看他是否有强烈的兴趣。如果是一位优秀的教师，那一定是对教育事业充满浓厚兴趣，对学生肯定有爱心、有耐心、有热心的人。

你的兴趣是什么？多数人会认为，我学什么都会学得不错，甚至比一般人都学得好，这就是我的兴趣所在。其实是不一定的，学得好并不代表你的兴趣。那么，如何寻找你的兴趣呢？首先，你要把兴趣和才华分开。做自己有才华的事容易出成果，但不要因为自己做得好就认为那是你的兴趣所在。为了找到真正的兴趣，你可以问自己：对于某件事，你是否十分渴望重复它？是否能愉快地、成功地完成它？你过去是不是一直向往它？是否总能很快地学习它？它是否总能让你满足？你是否由衷地从心里(而不只是从脑海里)喜欢它？你的人生中最快乐的事情是不是和它有关？当你这样问自己时，你会更清楚地了解自己的兴趣所在。请注意，不要把他人的期望、社会的价值观和父母、老师及朋友、同学的影响融入你的答案。

心理学家们发现，在不同职业领域工作的人有着不同的兴趣模式。例如，会计师的兴趣就不同于工程师、医生等人。如果兴趣能被快速而有效地测量出来，就能简化职业选择和生涯设计的全过程。继而，兴趣量表获得了极大的发展，并且应用于各个领域。在我国目前影响比较大且使用广泛的兴趣量表是心理学家约翰·霍兰德的职业兴趣量表。

霍兰德于20世纪50年代开始职业兴趣的测量研究。他的最大贡献在于提出了"职业兴趣就是人格的体现"。他认为，兴趣仅仅是另一种描述人格特质的方法，而且正是这种广义的人格概念，在职业选择过程中起着非常重要的作用。人格被认为是兴趣、价值观、需要、技能、信念、态度和学习风格的综合体。然而，就职业选择来说，兴趣是人格中最重要的部分，是匹配人与职业的依据。霍兰德认为大多数人可以划分为以下6种职业人格类型：

现实型(R)：现实型的人偏好与物体打交道，喜欢摆弄和操作工具、机械、电子设备等具体有形的实物；不喜欢与人打交道的活动，厌恶从事教育性、服务性和劝诱说服性的职业。现实型的人往往表现出看重具体的事物或真实的个人特点的价值观。

研究型(I)：研究型的人偏好对各种现象进行观察、分析和推理，并进行系统的创造性的探究，以求能理解和把握这些现象；他们不喜欢组织、领导方面的活动，厌恶要求劝说和机械重复的活动。研究型的人多体现出看重科学研究的价值观。

艺术型(A)：艺术型的人偏好模糊、自由和非系统化的活动，并在这些活动中创造艺术作品，完成自我表现；他们厌恶明确、秩序和系统化的活动。艺术型的人想象丰富，看重美的品质。

社会型(S)：社会型的人偏好对他人进行传授、培训、教导、治疗和咨询等方面的社会服务性活动；不喜欢与材料、工具、机械等实物打交道。社会型的人表现出重视社会和伦理道德问题的价值观。

企业型(E)：企业型的人对领导角色和冒险活动感兴趣，喜欢从事领导他人实现组织目标或获取经济收益的活动；厌恶研究性的活动。企业型的人看重政治和经济方面的成就。

传统型(C)：传统型的人偏好对数据资料进行明确、有序和系统化的整理工作；厌恶模糊、不正规、非程序化或探究性的活动。传统型的人看重商业和经济方面的具体成就。

霍兰德的职业兴趣模型可以表示成一个六边形的模型。在这个六边形中，邻近的类型特征比较相似，处在对角线上的类型特征最不相似。

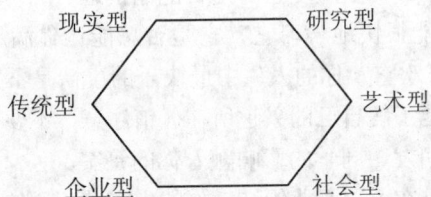

图 3-2 霍兰德职业兴趣六边形模型

这个六边形模型可用于比较一个领域中的兴趣与另一个领域中的兴趣，进而最终匹配人与职业。这个理论基于 4 种基本假设：①大多数人可以被归类为 6 种类型中的一种，即现实型、研究型、艺术型、社会型、企业型、传统型。霍兰德根据有善性、竞争性、创造性和其他的品质将人进行分类，准确地说是将人格进行分类。②同样有 6 种环境存在，即现实型、研究型、艺术型、社会型、企业型、传统型。霍兰德认为，一种环境可能是一种职业、一种工作、一种休闲活动、一个教育项目或一个学习领域、一个学院或者甚至是一个公司的文化氛围。环境可以看成是被某种特定的人格类型所主导的，也就是说，现实型的环境是被现实型的人所主导的，或者说现实型环境中的人大部分是现实型人格的人。我们可以将一种环境看做是一种与他人的社会关系。③人们都在寻找一种环境，能够运用他们的技能和能力、表达他们的态度和价值观、处理适当的问题和承担一定的角色。霍兰德认为，人们寻找那些能使他们的人格特征得到尊敬、珍视、回报和使用的环境。这就像成语中所说的"物以类聚，人以群分"。④一个人的行为取决于其人格特点与环境特点的交互作用。如果一个现实型的人处于社会型的环境，他也许会不快乐、紧张、有压力、疏远他人，表现得很糟糕，进而他可能很快采取行动离开这种环境。

(二)兴趣与职业的关系

兴趣与职业的关系，在霍兰德的职业兴趣理论的 4 种基本假设中我们已经能感受到。再从兴趣对职业选择或职业倾向的推动力角度分析，可以从下列案例中进一步认识和理解：读会展设计专业的胡颖最喜欢的职业就是做导游了，可她读的专业所对口的职业岗位与导游相差甚远。是兴趣让她在职业选择上做了一个重大的举措——考导游资格证。在大二年级暑假参加导游培训班，3个月后顺利取得了导游证书，并做兼职导游。在这个过程中她感受到和学到很多的东西，现在已成为一家旅游公司的资深导游了。是兴趣让她选择了导游这一职业。兴趣决定你喜欢做什么，没有兴趣就没有推动力。杭州电子科技大学的一位学生在给我的电子邮件中这样写道："我现在是个大四的学生，是个女孩子，学的是材料成型与控制工程，通俗的说法即是焊接。我学了三年，却怎么也喜欢不上这个专业，我觉得这个专业不太适合自己。我们女生出来找工作也比较困难，我现在打算考研。我喜欢语言，我想学英语，可是英语专业研究生还需要另外一门外语，即日语或法语什么的，我却从未学过，肯定考不上。考本专业有一些把握，但我却实在不喜欢。我现在很困惑，不知该如何选择。请老师给我一些建议，学生感激不尽。"这个学生学了三年对专业却一点兴趣也没有，她要学好专业可以想象出是怎样一种学习状态和心情。在选择考研或职业时，她又是那样的无奈和困惑。所以，兴趣是最好的老师，是学好专业、职业选择和职业成功的重要推动力。把个人的兴趣与其职业相搭配是有意义的，如果你对某种职业感到厌烦，你就很难取得成功。

兴趣在职业选择中具有重要作用。诺贝尔物理学奖获得者丁肇中教授曾经这样说："兴趣比天才重要。"职业兴趣是你对某种职业偏好的认识倾向。职业兴趣是成功的推动力。如果能够选择到与自己的兴趣爱好相符合的职业，可使自己的潜力得到充分的调动，使自己的主动性得到最大的发挥。美国心理学家库德(G. F. Kuder)用他的兴趣量表调查了上千名中学生，并在7年后再调查他们的工作情况。其中，有63%的人与以前调查的兴趣相吻合，37%则与以前的兴趣不吻合。在吻合兴趣的人中，有62%的人对其工作有满足感；在不吻合兴趣的人中，只有34%的人对工作表示满足。

当然职业兴趣不是生下来就具有的，它的形成与家庭教育、社会环境、接受教育的程度以及自身的能力有着密切的联系。同时，我们不断经历各种不同的经验，兴趣也趋向于不继发展。随着我国经济的发展，生活节奏的加快，工作压力的增加，就业压力增大，以及人们生活水平的提高，如心理咨询师、职业指导师、营养保健师、美容师等职业相继涌现。有些人在长期的工作与实践中通过对职业活动的认识，了解和培养了自己的能力和特长，就会对某一职业产生浓厚兴趣，从而专门从事某一职业。

最近，国家有关部门在北京、上海、广州、深圳、成都、武汉、西安、沈阳这8个城市对居住3年以上的23—26岁青年的调查结果显示，择业主要标准为：有兴趣、收入高、自己的才能得以发挥、有挑战性、福利好、时间灵活、轻松、社会地位高、稳定，具体数据见下表：

择业标准	有兴趣	收入高	自己的才能得以发挥	有挑战性	福利好	时间灵活	轻松	社会地位高	稳定
被选率(%)	62.4	59.7	41.6	40.9	28.2	26.3	19.3	17.9	17.7

兴趣成为城市青年择业的主要动因

问题在于你还没有机会尝试某种职业时，你如何知道你是否喜欢这个职业。要了解自己的职业兴趣，借助职业兴趣量表可以使你更好地了解自己的职业兴趣。

我国学者陈社育在 1997 年参照霍兰德理论的框架，开展了基于中国国情的职业兴趣研究，研制了"RCCP 通用人职匹配测试量表"。依据霍兰德理论，该项研究区分了 6 种典型的职业兴趣类型及其特征：[①]

职业兴趣类型	特　征
现实型 (R)	属于技术与运动取向的人，他们身体强健，具有良好的机械协调能力，喜欢有规则的具体劳动和技术工作；他们往往不善辞令，不愿担任监督或领导角色，也避免从事需要抽象思考的工作，对新观念持保守态度；办事较稳健，注重实效。
研究型 (I)	这类人是抽象问题的解决者，他们喜欢寻根问底，热衷于思考问题，目标明确，价值观与态度不保守；有勤于思考、擅长分析、独立性强、追求精确的特点。
艺术型 (A)	不顺从传统价值观，富有想象力，理想性高，创造力、表现力与直觉力较强；不喜欢具体事务性的机械工作，常以艺术创造的态度、主观印象或幻想处理事物。
社会型 (S)	善于与人交往，乐于与他人共事，富有责任感，擅长言辞，热心社会工作；对事机敏，语言能力优于数理能力。
管理型 (E)	喜欢影响、管理和领导他人，乐于从事群体性的社会工作，较注重权力和地位，不喜欢精确细琐的事务和需集中心智的工作，常以冒险、狂热、积极进取的态度处理日常事务，外向、自信、好表现。
常规型 (C)	较看重得到社会的赞许与认可，往往以刻板化、正确但无创意的方法解决问题，较循规蹈矩，遵守规章，乐于执行细琐指令，以计算性工作为乐，不能忍受模糊、欠条理的事物；数理能力较强，从众性高，讲究秩序与自制。

一般说来，完全属于上述某一种典型兴趣类型的人并不多。大多数人除了可以主要地划分为某一种兴趣类型外，还可能同时具有另外一种兴趣类型的特点。这样两两交叉就形成了 36 种职业兴趣类型。即：

	现实型(R)	研究型(I)	艺术型(A)	社会型(S)	管理型(E)	常规型(C)
现实型(R)	RR	IR	AR	SR	ER	CR
研究型(I)	RI	II	AI	SI	EI	CI
艺术型(A)	RA	IA	AA	SA	EA	CA
社会型(S)	RS	IS	AS	SS	ES	CS
管理型(E)	RE	IE	AE	SE	EE	CE
常规型(C)	RC	IC	AC	SC	EC	CC

① 陈社育主编. 大学生职业心理辅导. 北京：北京出版社，2003. pp. 85—94.

　　表中 RR、II、AA、SS、EE、CC 为典型类型，其余都是综合类型。各种类型及其相匹配的职业类型如下：

　　典型现实型(RR)：需要进行明确的、具体的、按一定程序要求的技术性、技能性工作，如：机械操作人员、电工技师、技术工人。

　　研究现实型((RI)：具有一定科技含量的技术、技能性工作，如：计算机编程人员、工程技术人员、质量检验人员。

　　艺术现实型(RA)：需要一定艺术表现的技术或技能性工作，如：雕刻、手工刺绣、家具、服装制作。

　　社会现实型(RS)：与人打交道较多的技术或技能性工作，如：出租汽车驾驶员、家电维修人员。

　　管理现实型(RE)：需要一定管理能力的技术或技能性工作，如：领航员、动物管理员。

　　常规现实型(RC)：常规性的技术或技能性工作，如：计算机操作人员、机械维护人员。

　　典型研究型(II)：需要通过观察、科学分析而进行的系统的创造性活动的科学研究工作和理论性工作，如：数学、物理等学科的研究人员、学术评论者。

　　现实研究型(IR)：侧重于技术或技能性的科学研究工作，如：机械、电子、化工行业的工程师、化学技师、研究室的实验人员。

　　艺术研究型(IA)：艺术研究方面的工作，如：文艺评论家、艺术作品编辑、艺术理论工作者。

　　社会研究型(IS)：社会科学研究方面的工作，如：社会学研究人员、心理学研究人员。

　　管理研究型(IE)：管理研究方面的工作，如：管理学科研究者、管理类刊物编辑。

　　常规研究型(IC)：常规性的研究工作，如：数据采集者、资料搜集人员。

　　典型艺术型(AA)：需要通过非系统化的、自由的活动进行艺术表现的工作，如：演员、诗人、作曲家、画家。

　　现实艺术型(AR)：运用现代科技较多的艺术工作，如：电视摄影师、录音师、动画制作人员。

　　研究艺术型(AI)：具有探索性的艺术工作，如：剧作家、时装艺术大师、工艺产品设计师。

　　社会艺术型(AS)：侧重于社会交流或社会问题的艺术工作，如：作家、播音员、广告设计、时装模特。

　　管理艺术型(AE)：一定管理能力的艺术工作，如：节目主持人、艺术教师、音乐指挥、导演。

　　常规艺术型(AC)：常规性的艺术工作，如：化妆师、花匠。

　　典型社会型(SS)：需要更多时间与人打交道的说服、教育和治疗工作，如：教师、公关人员、供销人员、社会活动家。

现实社会型(SR)：具有一定技术或技能的社会性工作，如：护士、职业学校教师。

研究社会型(SI)：需要作些分析研究的社会性工作，如：医生、大学文科教师、心理咨询人员、市场调研人员、政治思想工作者。

艺术社会型(SA)：具有一定艺术性的社会工作，如：记者、律师、翻译。

管理社会型(SE)：需要一定管理能力的社会工作，如：工商行政人员、市场管理人员、公安交警。

常规社会型(SC)：常规性的公益事务工作，如：环卫工作人员、工勤人员。

典型管理型(EE)：需要胆略，冒风险且承担责任的活动，主要指管理、决策方面的工作，如：企业经理、金融投资者。

现实管理型(ER)：具有一定技术或技能的管理性工作，如：技术经理、护士长、船长。

研究管理型(EI)：需侧重于分析研究的管理工作，如：总工程师、总设计师、专利代理人。

艺术管理型(EA)：与艺术有关的管理工作，如：广告经理、艺术领域的经纪人。

社会管理型(ES)：与社会有关的管理工作，如：销售经理、公关经理。

常规管理型(EC)：常规性的管理工作，如：办公室负责人、大堂经理、领班。

典型常规(CC)：严格按照固定的规则、方法进行重复性、习惯性的劳动，并具有一定自控能力的相关工作，如：出纳员、行政办事员、图书管理员。

现实常规(CR)：需要一定技术或技能的常规性工作，如：档案资料管理员、文印人员。

研究常规型(CI)：需要经常进行了一些研究分析的常规性工作，如：估价员、土地测量人员、报表制作人员、统计分析员。

艺术常规型(CA)：与艺术有关的常规性工作，如：美容师、包装人员。

社会常规型(CS)：需要更多时间与人打交道的常规性工作，如：售票员、营业员、接待人员、宾馆服务员。

管理常规型(CE)：需要一定管理能力的常规性工作，如：机关科员、文秘人员。

36 种职业兴趣类型中你属于哪一类型，你可以通过职业兴趣量表测试。测试量表见本章"信息广角"内容。测试结果能让你获知自己的职业兴趣更适合从事哪方面的工作。

你的职业兴趣在哪方面？现在就把它们写下来：

1. **最喜欢的生活方式是：** ＿＿＿＿＿＿＿＿＿＿＿＿＿＿＿＿＿＿＿＿＿＿＿
2. **其次是：** ＿＿＿＿＿＿＿＿＿＿＿＿＿＿＿＿＿＿＿＿＿＿＿＿＿＿＿＿＿＿
3. **第三是：** ＿＿＿＿＿＿＿＿＿＿＿＿＿＿＿＿＿＿＿＿＿＿＿＿＿＿＿＿＿＿

你能为下列案例中的同学解答困惑吗？

我是工商大学国际贸易专业的大三学生，上大学选择专业时，是我父母和姑姑等亲戚给我决定的。大学的第一年，我还觉得马马虎虎，基本上是一些公共课和基本课，成绩也还行。从大二开始，随着专业课程的增加，学习越来越没有兴趣，成绩也下降，总感到是在被迫学。而对图片、广告等设计越来越感兴趣。在学习时间的分配上，对自己感兴趣的东西，不知不觉地一会儿就过去，花费的时间相对比较多。而花在专业课学习上的时间就少了。老师，我真担心自己能否完成学业，我曾经动摇过，准备放弃学业，但又怕伤父母的心。你说我该怎么办？真的好困惑、好迷茫。希望老师能帮帮我。

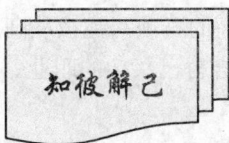

知彼解己

个案：我该怎么选择？

我在司法机关工作，生活比较舒适和安逸，收入也不低，人际关系也相处得不错。但我却不喜欢这种朝九晚五循规蹈矩的生活模式，我喜欢有变数的工作和生活。工作时间一久，我就对工作没有热情，甚至厌烦。公务员这个职业是多少人向往的，我的长辈也是引以为豪的。他们多么希望自己的子女能出人头地，能谋得一官半职。做公务员我得承认这是一种务实的选择，但我还年轻，我希望能够有更大的发展与进步，做我希望做的事情，并且能够用上我的专业，并过自己喜欢的生活方式。这种想法我不知道是不是太天真了，或是因为我没有经历过生活的艰辛，父母和所有的亲戚朋友没有人支持我的想法。我承认生活本身是最好的老师，可以教会我们很多在学校里无法学到的东西，但同时，也正是因为有了这些没有经历的年轻人，他们的大胆、无畏、激情和创新让社会显得那样的有活力和生机，并推动社会的进步。我现在的困惑在于：是听从长辈的意见现实一些，在机关里努力谋得一官半职，过稳定而没有激情的日子，还是离开安乐窝，在激烈的求职市场里重新开始。我该怎么选择？如何选择我的从业方向，真正地开始我的职业而不再走弯路？

个案分析：

这种现象目前在年轻人身上体现得比较明显，一是因为他们比较了解自己适合做什么职业；二是因为他们有机会选择做什么职业。公务员职业也不是适合所有人的。有些人适合，有些人则不适合，就如你。你的长辈们没有这么多机会可以选择职业，往往是一个专业读完，毕业后从事对应的职业，直到退休，一干就是一辈子。更没有机会选择自己的生活方式。你现在面临的主要问题有两个：是否继续做公务员？如果转职业该转什么职业？我们一起分析：如果放弃现在的工作，这没有对与错之分。你是按照自己的生活方式在选择职业，而不纯粹是简单的职业选择。至于你选择什么职业，从你喜欢有变数的工作和生活考虑，可选择去公司或创建公司做市场营销、广告设计、企业管理、人力资源管理等工作。如果能把专业知识和技能用上那就更好。

职业兴趣测试

信息广角

测试要求

请根据你对每一题目的第一印象作答，不必仔细推敲，也不必考虑是否具有相应的技能，答案没有对错之分。回答题目根据与实际情况的符合程度来判断，与你实际情况相符合的用"是"表示，记 2 分；难以回答的用"?"表示，记 1 分；不符合的用"否"，记 0 分。这一测试共有 6 项职业兴趣，R, I, A, S, E, C 分别代表一定的职业名称，共 108 道题。最后，分别统计各类职业兴趣的得分，并填入结果统计表，看看自己的兴趣与哪些职业的特点比较吻合。首先，得分高的那一项，是自己兴趣比较明确的方向，在选择职业时，可以考虑那些职业。其次，把得分最高的三项兴趣按从高到低的顺序列出来，再参照职业兴趣分类表，就可以找出基本符合自己兴趣的职业。

测试工具

R 条目

题序	题　目	回答
1	你曾经将钢笔全部拆散加以清洗并能独立将它装配起来吗？	
2	你会用积木搭许多造型吗？或小时候常拼七巧板吗？	
3	你喜欢做实验吗？	
4	你喜欢尝试做一些木工、电工、金工、钳工、修钟表、印照片等其中一件或几件事情吗？或你对织毛衣、绣花、剪纸、裁剪很感兴趣吗？	
5	当你家里有些事情要自己动手时(诸如窗子关不严了、门锁上而忘了带钥匙了、凳子坏了、衣服不合身了等)，常常是由你做的吗？	
6	你常常摆弄机器或机械装置(诸如打字机、摩托车、电梯、机床等)吗？	
7	你觉得自己身边有一把捏指钳之类的工具会有许多方便吗？	
8	看到老师傅在做活，你能很快地、准确地模仿吗？	
9	你喜欢把一件事做完后再做另一件事吗？	
10	做事情前，你经常因为害怕出错，而对工作安排反复检查吗？	
11	你喜欢亲自动手制作一些东西，从中得到乐趣吗？	
12	你喜欢使用锤子、斧头一类的工具吗？	
13	如果能掌握一门手艺，并能以此为生，你会感到非常满意吗？	
14	你曾经渴望当一名汽车司机吗？	
15	小时候，你经常把玩具拆开，把里面看个究竟吗？	
16	你喜欢修理自行车、电器一类的工作吗？	
17	你喜欢跟各类机械打交道吗？	
18	你亲手制作或修理的东西经常令你的朋友满意吗？	

I 条目

题序	题　　目	回答
1	你对电视或学校里的知识竞赛很感兴趣吗？	
2	你经常到新华书店或图书馆翻阅图书吗？（文艺小说除外）	
3	你常常愿做一些有趣的习题吗？	
4	你总想知道一些新产品的构造或工作原理吗？	
5	当同学有难题来请教你时，你能给他讲清楚吗？	
6	你常常会对一件想知道但又无法详细知道的事情，想象出它将是什么或将怎样变化吗？	
7	看到别人在为一个有趣的难题讨论不休时，你会加入进去或独自思考，直到解决为止吗？	
8	看推理小说或电影时，你常常试图在结果出来之前，分析出谁是罪犯吗？并且这种分析结果常与小说或电影的结果相吻合吗？	
9	你喜欢做一些需要运用智力的游戏吗？	
10	相比而言，你更喜欢独自思考问题吗？	
11	你的理想是当一名科学家吗？	
12	你经常不停地思考某一问题，直到想出正确的答案为止吗？	
13	你喜欢抽象思维的工作吗？	
14	你喜欢解答较难的问题吗？	
15	你喜欢阅读自然科学方面的书籍或杂志吗？	
16	你能够做那种需要持续集中注意力的工作吗？	
17	你喜欢学数学吗？	
18	如果独自在实验室里做长时间的实验，你能坚持吗？	

A 条目

题序	题　　目	回答
1	你对戏剧、电影、小说、音乐、美术等其中一两个方面较感兴趣吗？	
2	你常常对文艺界的明星品头论足吗？	
3	你曾参加过文艺演出或写过诗歌、短文被报刊采用，或参加过业余绘画训练吗？	
4	你喜欢把自己的住房布置得优雅一些，而又不喜欢过分豪华或拥挤吗？	
5	你能准确地评价别人的服装、外貌以及家具摆设等的美感水准吗？	
6	你认为一个人的仪表美，主要是为了表现一个人对美的追求，而不是为了得到别人的赞扬或羡慕吗？	
7	你觉得工作之余，坐下来听听音乐、看看画册或欣赏戏剧等，是你最大的乐趣吗？	

（续表）

题序	题 目	回答
8	遇到有美术展览、歌星演唱会等活动，常常有朋友来约请你一起去吗？	
9	音乐使你陶醉吗？	
10	你喜欢成为人们注意的焦点吗？	
11	你喜欢不时地夸耀自己取得的成就吗？	
12	你喜欢做戏剧、音乐、歌舞、摄影等方面的工作吗？	
13	你能较为准确地分析美术作品吗？	
14	你爱幻想吗？	
15	看情感影片或小说时，你常禁不住热泪盈眶吗？	
16	当接受一项新任务后，你喜欢以自己独特的方法去完成吗？	
17	你有文艺方面的天赋吗？	
18	与推理小说相比，你更喜欢言情小说吗？	

S 条目

题序	题 目	回答
1	你常常主动给朋友写信或打电话吗？	
2	你能列出 5 个自认为够朋友的人吗？	
3	你很愿意参加单位或社会团体组织的各种活动吗？	
4	你看到不相识的人遇到困难时，能主动帮助他，或向他表示你同情与安慰的心情吗？	
5	你喜欢去新场所活动并结交新朋友吗？	
6	对一些令人讨厌的人，你常常会由于某种理由原谅他、同情他、甚至帮助他吗？	
7	有些活动虽然没有报酬，但你觉得这些活动对社会有好处，就积极参加吗？	
8	你很注重你的仪表风度，这主要是为了让人产生良好的印象吗？	
9	大家公认你是一名勤劳踏实、愿为大家服务的人吗？	
10	旅途中你喜欢与人交谈吗？	
11	你喜欢参加各种各样的聚会吗？	
12	你很容易结识同性朋友吗？	
13	你乐于解除别人的痛苦吗？	
14	对于社会问题，你很少持中立的态度吗？	
15	听别人谈"家中被盗"一类的事，很容易引起你的同情吗？	
16	你通常不喜欢一个人独处吗？	
17	在工作中，你喜欢听取别人的意见吗？	
18	和一群人在一起的时候，你经常能找到恰当的话题吗？	

E 条目

题序	题目	回答
1	你觉得通过买卖赚钱，或通过存款生息很有意思吗？	
2	你常常发现别人组织的活动的某些不足，并提出建议让他改进吗？	
3	你相信自己去做一个个体户，一定会赚大钱吗？	
4	你在学生时代曾担任过某些职务，并且自认为干得不错吗？	
5	你有信心去说服别人接受你的观点吗？	
6	你的心算能力较强，不对一大堆数字感到头痛吗？	
7	做一件事情时，你常常先仔细考虑它利弊得失吗？	
8	在别人跟你算账或讲一套理由时，你常常换一个角度考虑，而发现其中的漏洞吗？	
9	你曾经渴望有机会参加探险吗？	
10	你认为在管理活动中以个人的意志影响别人的行为是很有必要的吗？	
11	如果待遇相同，你宁愿当一名商品推销员，而不愿当一名机关办事员吗？	
12	当你开始做一件事后，即使碰到再多的困难，你也执著地干下去吗？	
13	你总是主动地向别人提出自己的建议吗？	
14	你更喜欢自己下了赌注的比赛或游戏吗？	
15	和不熟悉的人交谈对你来说毫不困难吗？	
16	和别人谈判时你不愿放弃自己的观点，是吗？	
17	在集体讨论中你不愿保持沉默，是吗？	
18	你不愿意从事虽然工资少但是比较稳定的职业，是吗？	

C 条目

题序	题目	回答
1	你能够用一两个小时坐下来抄写一份你不感兴趣的材料吗？	
2	你能按领导或老师的要求，尽自己的能力做好每一件事吗？	
3	无论填报什么表格，你都非常认真吗？	
4	在讨论会上，如果不少人已经讲的观点与你不同时，你就不发表自己的观点吗？	
5	你常常觉得周围有不少人比你更有才能吗？	
6	你喜欢重复别人已经做过的事情，而不喜欢做那些自己动脑筋摸索着干的事吗？	
7	你喜欢做那些已经习惯了的工作，同时最好这种工作责任小一些，工作时还能聊聊天、听听歌曲吗？	
8	你觉得将非常琐碎的事情整理好，或由于你的工作，使有些事情能日复一日地出现很有意思吗？	
9	你总留用充裕的时间去赴约吗？	

（续表）

题序	题　目	回答
10	对别人借你的和你借别人的东西，你都能记得很清楚吗？	
11	你喜欢经常请示上级吗？	
12	你喜欢按部就班地完成要做的工作吗？	
13	对于急躁、爱发脾气的人，你仍能以礼相待吗？	
14	你是一个沉静而不易动感情的人吗？	
15	你喜欢把一切安排得整整齐齐、井井有条吗？	
16	你经常收拾房间，保持房间整洁吗？	
17	你办事常常思前想后吗？	
18	每次写信你都要好好考虑，写完后至少重复看一遍吗？	

结果统计

类型	R 现实型	I 研究型	A 艺术型	S 社会型	E 企业型	C 传统型
得分						

（"信息广角"以及本章职业兴趣部分内容摘自陈社育老师撰写的
《大学生职业指导》，在此谨表感谢。）■

第四章　探索自我及自我评估(下)

一、职业能力探索

(一)能力

能力可以从多学科视角诠释与理解。心理学上的能力，是指顺利地完成某种活动的有效方式以及与此相应的个性心理特征，它是成功地完成某种活动的必要条件。从心理学角度可以把能力分为一般能力和特殊能力。

一般能力：是指完成任何一种活动都必须具备的基本能力。它主要包括观察力、记忆力、思维力、想象力、注意力等，即我们通常所说的智力。

观察力是指人们观察周围世界各种事物和观察自己的能力。观察力强的人一方面能准确地观察事物，另一方面能看到别人看不到的事物及现象。

记忆力是指人们能记住他所接触到的各种事物。记忆力强的人表现出来的特点是记得快、记得准，同时保持的时间也长。

思维力是指人们通过观察事物的现象抓住事物本质和规律的能力。思维能力强的人往往能比较快地从各种复杂的事物中抓住事物的本质特征，发现事物的规律性。思维能力是智力的核心能力。

想象力是指人们通过对周围事物的接触，构想出独特的新的内容的能力。想象力丰富的人能超出一般人的想象，构想出独特的形象和内容。

注意力是指人们关注于某一件事物上时间的长短。注意力强的人往往能比较长时间地关注于一件事情上，不轻易地转移。

特殊能力：是指在某种专业活动中所必须具备的能力。如语言能力、音乐能力、数学能力、绘画能力、体育能力等。

挖掘和发现自己的特殊能力非常重要，因为它能影响人的职业选择方向，或开辟一个新的职业道路。虽然大部分的职业都可以通过技能的培训来达到要求，但有些职业则并非如此。如要做一名出色的运动员、音乐家或文学家，如果没有该领域的天赋，你就不要刻意去追求，否则将事倍功半或者一事无成。每个人所具有的潜能是不同的，有的人在这一方面特别有天赋，有的人在那一方面特别有天赋。重要的是我们如何去挖掘和发现自己的潜能，最大程度地发挥自己的个人特长，在自己的职业发展中作为一个优势资源,那么在成功的道路上就能捷足先登。

哲学和社会学所界定的能力具有不同的表现形态。首先,能力是人的综合素质在行为上的外在表现,素质是能力的内在基础,是人的本质力量;其次,能力是指人驾驭活动本领的大小和熟练程度,是人在某种实际行动和现实活动中表现出来的、可以实际观察和确认的实际能量;第三,能力是指人的实际工作表现及其所达到的实际成效,在影响活动效果的诸因素中,能力是最基本的因素;第四,能力是实现人的价值的有效方式,是左右社会发展和人生命运的积极力量。[①] 这种意义上的能力,包括体力、智力、道德力、审美能力、实际操作能力等一般能力,以及从事某种专业活动的特殊专业技能和为社会而奉献的创造能力。

与职业相关的能力指的是职业能力(competence),它不同于心理学中的"人类生来就有的潜能(capacity)",不同于哲学和社会学中的"一般能力(ability)"。高等职业教育中的能力就是指职业能力,它不直接等同于普通教育学中的认知能力或智力(intelligence)。职业教育中先后出现过三种不同的能力观:任务主义的能力观、一般素质的能力观和整合的能力观。任务主义的能力观把能力看成一系列孤立行为,它与完成每一项工作任务相联系,可分解,可测量,适合于对学徒和技术工人进行职业任务技能的培训;一般素质的能力观视能力为一般素质,认为一般素质对于有效的工作表现是至关重要的,但往往忽视具体的工作情景,主要出现在一些培养专业性人才的高等院校;整合的能力观将一般素质与具体工作情景结合起来,把能力看做是个体在职业工作表现中体现出来的知识、技能和态度的整合,注重学生在具体工作情境中综合职业能力的培养,适合于培养各级技术应用型人才。

由此可见,心理学上的能力主要是人的认识能力的体现和结果,是知识转化为智慧的能力。而哲学和社会学上的能力则是智慧在实际工作中的一种应用水平,是以知识、智力、技能为基础的改造世界的能力。从这个意义上说,高等职业教育的能力观与哲学和社会学的能力观在逻辑上是一致的。人生活在世界上,主要面临认识世界和改造世界两大任务,这就要求人具备认识世界和改造世界的基本能力。知识体现着人的认识能力,实践及职业能力体现着人的改造能力,智力和技能则是由人的认识能力转变为改造能力的中间环节。心理学上的能力多具有潜在性,是处于潜在状态的能力,而职业教育中以及社会学中的能力多具有现实性,是处在现实状态的能力。这样,由知识到智力再到技能最后到实践及职业能力,实际上呈现为一种由认识能力到改造能力、由潜能到现能、由低层次到高层次的发展过程。

这里要注意能力与知识技能的关系。

能力与知识技能是有区别的:专业知识是人类进行各种专业活动经验的总结和概括的总和;专业技能则是人们在长期的学习、工作中逐步形成的熟练的操作规程方式。一般来说,知识和技能都是后天习得的,并随着年龄的增长而增长。能力则含有某些先

---

① 韩庆祥,张军. 能力改变命运. 北京:中国发展出版社,2002. pp. 8—9.

天的因素，也并不总是随年龄的增长而增长，有些还会出现衰退的现象。因此，知识丰富不等于能力就一定强，某方面的能力强，也不表明他的知识就丰富。同样，职业能力和专业技能的发展也不是同步的。

但能力与知识技能也有联系：职业能力的大小影响掌握专业知识与专业技能的速度和程度，也影响专业知识的应用。专业知识越多，专业技能越熟练，就越能促进能力的提高。

同时，我们也要进一步注意和了解知识和技能的关系：在心理学和教育学中，知识和技能的划分始终是一个难题，而且未看到有心理学家和教育家对这两个概念之间的关系进行系统研究。所以，目前流行的知识和技能概念，仍然是常识性的，人们一般用"知"和"会"来区分知识与技能。现代认知心理学把知识划分为陈述性知识和程序性知识两大类，与我们的常识是相吻合的，即我国目前流行的与技能相对的"知识"概念，实际上是与陈述性知识概念相吻合的。我国流行的"知识"概念是一个狭义的知识概念。而"技能"概念，是与程序性知识概念相吻合的，是在练习基础上形成的按某种规则或操作程序顺利完成某种智慧任务或身体协调任务的能力。所以，技能由此又可以区分为智慧技能和动作技能两大类。认知心理学也为较严格地区分知识与技能，解决教育学和心理学中的这一难题奠定了科学基础。

（二）能力与职业的关系

如果说价值观是职业选择与成功的信号，兴趣是职业成功的重要推动力，那么能力则是职业选择与职业成功的基础。对某一职业有兴趣并不代表在这一职业岗位上就一定能成功，有兴趣并不意味就一定能干好这个职业。你只有对某一种职业感兴趣，并具备与该职业生涯相适应的能力和个性才能做好这项工作。你有该方面的职业兴趣，也与你的价值观相符合，但你的能力是否与该职业相匹配呢？这是非常关键的，也是我们需要审慎思索的。在我们身边就有这样的案例。

案例1：王威进大学后说得最多的一句话是："不给别人打工，大小老板一定得自己当。"这个想法听起来不错，也有家庭作支撑。很多同学也向往自己创业，只是苦于没有资金实力。所以，大家都很羡慕他。王威学的是物流管理专业，大学期间，同学们都在努力学习、考职业资格证书、参加自学考试、参加社会实践和各种实习，为找工作做准备。王威则想，我反正是自己开公司，用不着找工作，也不用忙这忙那、考这个考那个的，更不用实习。学习也不像其他同学那样努力和投入，有的专业基础课还挂课，比如会计学基础等。终于大学毕业了，父母投资给他创办了一个公司。然而，由于管理和经营不善，不到两年时间，公司就完全亏损倒闭。

案例2：陈东一心想进外贸公司，他学的是会计专业。由于不喜欢英语，英语基础就比较差，这倒没有关系，因为父母有一定的社会关系，毕业后很顺利地进了一家外贸公司做会计。工作过程中问题出来了，外贸单证是英文的，原始凭证看不懂，在编制记账凭证和账户处理时给他带来了很大的困难。没有办法做会计，又换到了业务部，但还是不能与外商联系，因为他的口语水平更糟糕。无奈之下，他只能另谋职业。

案例 3：从英国读完市场营销硕士回来的宋微微，在回国选择职业时考虑得很充分，她是这样想的：进一些大公司工作虽然收入较高，但会比较累，自己的时间和空间不多。而她最希望的是自己有一定的时间和空间，有闲暇时间。考公务员也不是她想要过的生活方式。选择当教师是最适合的。于是，她去了一所高职院校当老师。理由是教师职业既符合她的生活方式和价值观，又与她的个性相吻合。但一年后，她发现当教师毫无成就感，她的课学生不喜欢听，工作无热情，更谈不上有激情，也静不下心来搞学术研究。当一个好教师、一个受学生欢迎的教师比她想象的要难得多，要求得更多。现在，她考虑要重新选择职业。

不同职业对人的能力有不同的要求，不同的人其能力也不尽相同。如有的人擅长言语交谈，有的人擅长实际操作，有的人擅长理论分析与研究，每个人都有自己独特的能力结构。社会中不同的职业对从业人员的能力有不同的要求，如有的职业需要言语能力，有的需要计算能力，有的需要动手能力，而大多数职业则需要几种能力的综合。如会计教师就必须具备商业能力、文书能力、逻辑能力和社交能力；牙科医生就必须同时具备机械操作、计算能力和社交能力等。

基于能力与职业的关系，高等职业教育应该注重培养学生胜任实际岗位工作的职业能力。职业能力的教育与培养在美国、德国、澳大利亚等国家都非常重视。如美国的人才培养模式CBE(Competency-based Education)中的能力就是指一种综合职业能力，包括知识(与本专业相关的知识领域)、态度(动机、动力情感领域)、经验(活动的领域)和反馈(评估、评价领域)。英国在20世纪80年代初实施的"技能掌握培训计划"中明确提出了"职业能力"的概念，认为职业能力"是运用知识、生产和过程技能有效地达到某个预期目标"的能力。1996年，英国的齐索姆(Cheetham)和齐母斯(Chivers)开发了一个职业能力的整体框架，认为职业能力有4个相互联系的"核心部分"，它们是：(1)功能性的——能有效完成工作情境中的任务并产生某种具体结果的能力；(2)知识的、认知的——拥有某种合适的、与工作相关的知识并能有效运用的能力；(3)个人的、行为的——在工作情境中能采取适当行为的能力；(4)价值的、伦理的——具有良好的个人或职业价值观并能做出合理判断的能力。[①] 具体而言，职业能力包含4个要素：达到技术期望的能力、应对突发事件的能力、协调任务的能力和适应工作环境变化的能力。技术期望是指特定职业角色所要达到的预期结果。每个职业角色的技术期望都不同。达到技术期望的能力是职业能力的核心。应对突发事件能力指在工作日益复杂和多变的情况下独立解决突发事件的能力，包括分析、判断、决策及选择问题解决方案、实施方案、评估实施结果等能力。协调任务的能力指根据实际情况对面临的各项任务进行协调的能力。适应环境变化的能力指根据变化着的工作环境及时进行职业角色调整或工作方式变

① Neville Bennett, Elisabeth Dunne and Clive Carre. *Skills Development in Higher Education and Employment.* Buckingham: SRHE and Open University Press, 2000. pp. 156—157.

换的能力。这与我们认为的职业能力应该是胜任具体职业岗位的能力是一致的。它包括从事某一职业应具备的专业知识和技能、价值观、态度、自我概念、个性品质和行为动机。目前，高职教育的目标是培养高素质技能型人才，具体是从事某一职业岗位的专业知识和技能，以及必须具备的素质。这些素质包括在不同的职业岗位和工作环境的适应能力；当职业岗位发生变更或者企业组织发生变动时学习新知识和技能的能力；应对复杂多变的岗位工作的独立判断、选择、分析与解决问题的能力；团队合作和人际沟通能力；创造能力；就业和创业能力等。这些职业能力的提高可以帮助自己增加和充实经营资源，以应对就业和职业发展中出现的各种变化。

基于高职教育的人才培养目标，高职教育教授的是实际的、技术的、职业的特殊专业课程，是一种定向于某个特定职业的课程计划，意在使学生获得在某一特定职业中立即投入工作所需的实用技术、专门技能、态度和认识。因此，无论是从理论上还是从实践上来看，高职教育都应该注重职业能力，即着重培养学生胜任实际岗位工作的职业能力。

你的能力与职业是否匹配？社会上常常有两种现象："低成就者"与"超成就者"。设想一下这两种现象会带来什么后果。人的能力差别是客观存在的，这种差别制约着人们活动的领域与职业选择的范围。一个人如果不能很好地评价自己的能力，错误地选择职业，就会出现"低成就者"与"超成就者"现象。

职业能力是你经营人生可运用和支配的资源，这些资源丰富与否是直接关系到你职业的发展和人生成功方向。对于这部分内容在第七章专门讲述。

我们选用霍兰德的"职业能力倾向测试"会更好地帮助你了解自己的职业能力。

步骤一：下列问卷，是为了帮助你找出自己的人格类型而设计的。对于以下问题请根据你的具体情况真实填写，符合你的情况的描述项目后打"√"；在最不符合你的情况的项目后画"×"；若不确定，则画"？"（尽量少选）。

例：我喜欢讨价还价。×

　　　人们经常告诉我他们的问题。？

1. 强壮而敏捷的身体对我很重要。
2. 我必须彻底地了解事情的真相。
3. 我的心情受到音乐、色彩、写作和美丽事物的影响极大。
4. 和他人的关系丰富了我的生命。
5. 我自信会成功。
6. 我做事时有清楚的指示。
7. 我擅长于自己制作、修理东西。
8. 我可以花很长的时间去想通事情的道理。
9. 我重视美丽的环境。
10. 我愿意花时间帮别人解决个人危机。
11. 我喜欢竞争。

12. 我在开始一个计划前会花很多时间去计划。
13. 我喜欢使用双手做事。
14. 探索新构思使我满意。
15. 我总是寻求新方法来发挥我的创造力。
16. 我认为能把自己的焦虑和别人分享是很重要的。
17. 成为团体中的关键人物，对我很重要。
18. 我对于自己能重视工作中的所有细节感到重要。
19. 我不在乎工作时把手弄脏。
20. 我认为教育是个发展及磨练脑力的终生学习历程。
21. 我喜欢非正式的穿着，尝试新颜色和款式。
22. 我常能体会到某人想要和他人沟通的需要。
23. 我喜欢帮助别人自我改进。
24. 我在做决定时，通常不愿冒险。
25. 我喜欢买小零件，做成成品。
26. 有时我可以长时间阅读、玩拼图游戏或冥想生命本质。
27. 我有很强的想象力。
28. 我喜欢帮助别人发挥天赋和才能。
29. 我喜欢监督事情的完工。
30. 如果我将处理一个新情境，我会在事情前做充分的准备。
31. 我喜欢独立完成一人活动。
32. 我渴望阅读或思考任何可以引发我好奇心的事物。
33. 我喜欢尝试创新的概念。
34. 如果我和别人发生摩擦，我会不断地尝试化干戈为玉帛。
35. 要成功就必须高悬目标。
36. 我不喜欢为重大决策负责。
37. 我喜欢直言无讳，避免转弯抹角。
38. 我在解决问题前，必须把问题彻底分析过。
39. 我喜欢重新布置我的环境，使它们与众不同。
40. 我常借着和别人的交谈来解决自己的问题。
41. 我常起始一个计划，而由别人完成小细节。
42. 准时对我而言非常重要。
43. 从事户外活动令我神清气爽。
44. 我不断地问：为什么？
45. 我喜欢自己的工作能够抒发我的情绪和感觉。
46. 我喜欢帮助别人找出可以互相关注其他人的方法。
47. 能够参与重大决策是件令人兴奋的事。

48. 我经常保持整洁、有条不紊的习惯。

49. 我喜欢周遭环境简单而实际。

50. 我会不断地思索一个问题，直到找出答案为止。

51. 大自然的美深深地触动我的灵魂。

52. 亲密的人际关系对我很重要。

53. 升迁和进步对我是极重要的。

54. 当我把每日工作计划好时，我会较有安全感。

55. 我非但不害怕过重的工作负荷，并知道工作重点是什么。

56. 我喜欢使我思考、给我新观念的书。

57. 我期望能看到艺术表演、戏剧及好电影。

58. 我对别人的情绪低潮相当敏感。

59. 能影响别人使我感到兴奋。

60. 当我答应做一件事时，我会竭尽所能地监督所有细节。

61. 粗重的肢体工作不会伤害任何人。

62. 我希望能学习所有使我感兴趣的科目。

63. 我希望能做些与众不同的事。

64. 我对于别人的困难乐于伸出援手。

65. 我愿意冒一点危险以求进步。

66. 当我遵循成规时，我感到安全。

67. 我选车时，最先注意的是好的引擎。

68. 我喜欢能刺激我思考的对话。

69. 当我从事创造性事物时，我会忘掉一切旧经验。

70. 我对于社会上有许多人需要帮助，感到关注。

71. 说服别人依计划行事是件有趣的工作。

72. 我很善于检查细节。

73. 我通常知道如何应付紧急的事。

74. 阅读新发现是件令人兴奋的事。

75. 我喜欢美丽、不平凡的事。

76. 我常关怀孤独、不友善的人。

77. 我喜欢讨价还价。

78. 我花钱时小心翼翼。

79. 我用运动来保持强壮的身体。

80. 我经常对大自然的奥秘感到好奇。

81. 尝试不平凡的新事物是件相当有趣的事。

82. 当别人向我诉说困难时，我会是个好听众。

83. 做事失败了，我会再接再厉。

84. 我需要确实地知道别人对我的要求是什么。

85. 我喜欢把东西拆开，看是否能够修理它们。

86. 我喜欢研究所有事，再有逻辑性地做决定。

87. 没有美丽事物的生活，对我而言是不可思议的。

88. 人们经常告诉我他们的问题。

89. 我常能借着资讯网络和别人取得联系。

90. 小心谨慎地完成一件事，是件有成就感的事。

步骤二： 请将各题的"√"和"×"根据下列6种性格类型依次做统计。其中的数字仅表示上面问题的序号。将每种类型中，打"√"项目的总数减去打"×"项目的总数，得出你性格中各类型性格的数字填在下列相应的空格中。例如你的"现实型"题目中，打"√"的有10题，打"×"的有3题，"?"有2题，那么其后面的数字是10—3=7。

6种性格中，其后面数字最大的是你性格的主型，居第二位的是辅型。

现实型：1，7，13，19，25，31，37，43，49，55，61，67，73，79，85 ＿＿＿＿＿

研究型：2，8，14，20，26，32，38，44，50，56，62，68，74，80，86 ＿＿＿＿＿

艺术型：3，9，15，21，27，33，39，45，51，57，63，69，75，81，87 ＿＿＿＿＿

社会型：4，10，16，22，28，34，40，46，52，58，64，70，76，82，88 ＿＿＿＿＿

企业型：5，11，17，23，29，35，41，47，53，59，65，71，77，83，89 ＿＿＿＿＿

传统型：6，12，18，24，30，36，42，48，54，60，66，72，78，84，90 ＿＿＿＿＿

性向类型

特征	现实型	研究型	艺术型	社会型	企业型	传统型
喜欢参与的活动及职业	使用机器、工具及物件	探索及理解事件和物件	阅读、音乐或艺术活动、写作	帮助、教导、辅导或服务他人	游说或指导他人	依循有秩序的例行公事，符合清楚的标准
所看重的价值观	为可观察的成就、得到的钱财奖赏、诚实、常识	知识、学习、成就、独立	创意、自我表达、唯美	社会服务、公平、理解	财务及社会上的成功、忠诚、冒险、责任	准确、赚钱、节俭、在商务或社会事务上的权力
视自己为	重实践的、保守的、手工及机械操作的技巧实社交技巧为佳	分析性的、有智慧的、怀疑的；学术技巧较社交技巧为佳	开放经验的、想象丰富的、高智能的；创作技巧较文书或办公室技巧为佳	同感的、耐心的；社交技巧较机械操作能力为佳	有信心的、喜欢与人交往的；销售及游说能力较科学能力为佳	商业或生产上的技能较艺术能力为佳，尽责的、重实践的
在别人的眼中是	谦虚、坦白、依靠自己的、坚定的	有智慧的、内向的、学者型的、独立的	不平常、没有秩序、创作性的、敏感的	乐于助人的、令人愉快的、喜欢与人相处的、有耐性	有动力的、外向的、精明的、有野心的	谨慎、规则导向的、有效率、有秩序的

(续表)

特征	现实型	研究型	艺术型	社会型	企业型	传统型
避免	与他人互动	游说他人或向他人推销物品	例行公事及规则	机械操作及技术性的活动	科学的、智能的或复杂的课题	缺乏清晰指引的工作
职业涉及	体力或实践活动；使用机器、工具工物料	分析性智能性的活动，以解决难题或开拓和使用知识为目的	音乐、写作、表演或雕塑方面的创作活动；智能性的工作	以帮助和支援的方式与他人协作	售卖、带领、游说他人去达到个人或组织的目标	以物件、数字或机器去工作，以符合特定的标准
职业举例仅供参考	工程师、医生、一般技术人员、司机等	心理学家、自然科学研究人员、工程研究人员等	音乐家、美术设计人员、戏剧演员、导演等	辅导咨询人员、社会服务工作者、护理人员、教师等	律师、企业经理、公关人员、中介代理等	会计人员、行政助理、编辑、影视制作剪接员、文员等
科目之选择性	理科、工科	理科、工科、社会科学	文科、社会科学	文科、社会科学	商科	商科

(引自《杭州日报》，2004 年 6 月 15 日)

下面的测试是把人的能力分为 9 种，每种能力由 5 个题目反映。测试时，请仔细阅读第 1 道题，采用"五等评分法"进行评定。然后分别计算出自评等级。

一般学习能力倾向(G)	强 1	较强 2	一般 3	较弱 4	弱 5
1. 快而容易地学习新内容					
2. 快而正确地解数学题					
3. 你的学习成绩					
4. 对课文的字、词、段落篇章的理解、分析和综合能力					
5. 对学习过的知识的记忆能力					
言语能力倾向(V)	强 1	较强 2	一般 3	较弱 4	弱 5
1. 善于表达自己的观点					
2. 阅读速度和理解能力					
3. 掌握词汇量的程度					
4. 你的语文成绩					
5. 你的文学创作能力					
算术能力倾向(N)	强 1	较强 2	一般 3	较弱 4	弱 5
1. 做出精确的测量					
2. 笔算能力					
3. 口算能力					
4. 打算盘					
5. 你的数学成绩					

(续表)

空间判断能力倾向(S)	强1	较强2	一般3	较弱4	弱5
1. 解决立体几何方面的习题					
2 画二维度的立体圆形					
3. 看几何图形的立体感					
4. 想象盒子展开后的平面图					
5. 想象三维度的物体					
形态知觉能力倾向(P)	强1	较强2	一般3	较弱4	弱5
1. 发现相同图形中的细微差别					
2. 识别物体的形状差异					
3. 注意物体的细节部分					
4. 观察物体的图案是否正确					
5. 对物体的细微描述					
书写知觉能力倾向(Q)	强1	较强2	一般3	较弱4	弱5
1. 快而准地抄写资料(如姓名、日期、电话号码等)					
2. 发现错别字					
3. 发现计算错误					
4. 能很快查找编码卡片					
5. 自我控制能力(如较长时间抄写资料)					
眼手运动协调能力倾向(K)	强1	较强2	一般3	较弱4	弱5
1. 玩电子游戏					
2. 打篮球、排球、足球一类活动					
3. 打乒乓球、羽毛球运动					
4. 打算盘能力					
5. 打字能力					
手指灵巧度(F)	强1	较强2	一般3	较弱4	弱5
1. 灵巧地使用很小的工具					
2. 穿针眼、编织等使用手指的活动					
3. 用手指做一件小工艺品					
4. 使用计算器的灵巧程度					
5. 弹琴					
手腕灵巧度(M)	强1	较强2	一般3	较弱4	弱5
1. 用手把东西分类					
2. 在推拉东西时手很灵活					
3. 很快地削水果					
4. 灵活地使用手工工具					
5. 在绘画、雕刻等手工活动中的灵活性					

统计分数的方法:

1. 对每一类能力倾向计算总分数。对每一道题目,我们采取"强"、"较强"、"一般"、"较弱"、"弱"5 个等级,供您自评。每组 5 道题完成后,分别统计各等级选择的次数总和,然后用下面公式计算出该类的总计次数(把"强"定为第 1 项,以此类推,"弱"定为第 5 项;第 1 项之和就是选"强"的次数和)。总计次数:

(第 1 项之和×1)+(第 2 项之和×2)+(第 3 项之和×3)+(第 4 项之和×4)+(第 5 项之和×5)

2. 计算每一类能力倾向的自评等级。自评等级:总计次数/5。

3. 将自评等级填入下表:

职业能力倾向	自评等级	职业能力倾向	自评等级
G		Q	
V		K	
N		F	
S		M	
P			

根据结果对照下表,可找到你适合的职业。

职 业 类 型	职 业 能 力 倾 向								
	G	V	N	S	P	Q	K	F	M
生物学家	1	1	1	2	2	3	3	2	3
建筑师	1	1	1	1	2	3	3	3	3
测量员	2	2	2	2	2	3	3	3	3
测量辅导员	4	4	4	4	4	4	3	4	4
制图员	2	3	2	2	2	3	2	2	5
建筑和工程技术员	2	2	2	2	2	3	3	3	3
建筑和工程技术专家	2	3	3	3	3	3	3	3	3
物理科学技术家	2	2	2	2	3	3	3	3	3
物理科学技术员	2	3	3	3	2	3	3	3	3
农业、生物、动物、植物学的技术专家	2	2	2	2	2	3	3	3	3
农业、生物、动物、植物学的技术员	2	3	3	3	2	3	3	3	3
数学家和统计学家	1	1	1	3	3	2	4	4	4
系统分析和计算机程序编制者	2	2	2	2	3	3	4	4	4
经济学家	1	1	1	4	2	2	4	4	4
生物学家	1	1	1	2	2	3	3	2	3
社会学家、人类学者	1	1	2	2	2	3	4	4	4
心理学家	1	1	3	4	4	3	4	4	4
历史学家	1	1	4	3	3	3	4	4	4

（续表）

职业类型	职业能力倾向								
	G	V	N	S	P	Q	K	F	M
哲学家	1	1	3	2	2	3	4	4	4
政治学家	1	1	3	4	4	3	4	4	4
政治经济学家	2	2	2	3	3	3	3	3	5
社会工作者	2	2	3	4	4	3	4	4	4
社会服务助理人员	3	3	3	4	4	4	4	4	4
法官	1	1	3	4	3	3	4	4	4
律师	1	1	3	4	3	4	4	4	4
公证人	2	2	3	4	4	3	4	4	4
图书管理学专家	2	2	3	3	4	2	3	4	4
图书馆、博物馆和档案管理员	3	3	3	2	2	4	3	2	3
职业指导者	2	2	3	4	4	3	4	4	4
大学教师	1	1	3	3	2	3	4	4	4
中学教师	2	2	3	4	3	3	4	4	4
小学和幼儿园教师	2	2	3	3	3	3	3	3	3
职业学校教师(职业课)	2	2	2	3	3	3	3	3	3
职业学校教师(普通课)	2	2	3	4	3	3	4	4	4
内、外、牙科医生	1	1	2	1	2	3	2	2	2
兽医学家	1	1	2	1	2	3	2	2	2
护士	2	2	3	3	3	3	3	3	3
护士助手	2	4	4	4	4	2	2	3	2
工业药剂师	2	1	2	3	2	2	3	2	3
医院药剂师	2	2	2	4	9	2	3	2	3
营养学家	2	2	2	3	3	3	4	4	4
配镜师(医)	2	2	2	2	2	3	3	3	3
配眼镜商	3	3	3	3	3	4	3	2	3
放射科技术人员	3	3	3	3	3	3	3	3	3
药物实验室技术专家	2	2	2	3	2	3	3	2	3
药物实验室技术员	2	3	3	3	3	3	3	3	3
画家、雕刻家	2	3	4	2	2	5	2	1	2
产品设计和内部装饰者	2	2	3	2	2	4	2	2	3
舞蹈家	2	2	4	3	4	4	4	4	4
演员	2	2	3	4	4	3	4	4	4
电台播音员	2	2	3	2	2	4	2	2	3

（续表）

职业类型	职业能力倾向								
	G	V	N	S	P	Q	K	F	M
作家和编辑	2	1	3	3	3	3	4	4	4
翻译人员	2	1	4	4	4	3	4	4	4
体育教练	2	2	2	4	4	3	4	4	4
运动员	3	3	4	2	3	4	2	2	2
秘书	3	3	3	4	3	2	3	3	3
打字员	3	3	4	4	4	3	3	3	3
会计	3	3	3	4	4	2	3	3	4
出纳	3	3	3	4	4	2	3	3	4
统计员	3	3	2	4	4	3	3	3	3
电话接线员	3	3	4	4	4	3	3	3	3
办公室职员	3	4	3	4	4	3	3	4	4
商业经营管理	2	2	3	4	4	3	4	4	4
售货员	3	3	3	4	4	3	3	3	3
警察	3	3	3	4	3	3	3	4	3
门卫	4	4	5	4	4	4	4	4	4
厨师	4	4	4	4	3	4	3	3	3
招待员	3	3	4	4	4	4	3	4	3
理发员	3	3	4	4	9	4	2	2	2
导游	3	3	4	3	3	5	3	3	3
驾驶员	3	3	3	3	3	3	3	4	3
农民	3	4	4	4	4	4	4	4	4
动物饲养员	3	4	4	4	4	4	4	4	4
渔民	4	4	4	4	4	5	3	4	3
矿工	3	4	4	3	4	4	3	4	3
纺织工人	4	4	4	4	3	5	3	3	3
机床操作工	3	4	4	4	4	4	3	4	3
锻工	3	4	4	4	4	4	3	4	3
无线电修理工	3	3	3	3	2	4	3	3	3
细木工	3	3	3	3	3	4	3	4	4
家具木工	3	3	3	3	3	4	3	4	3
一般木工	3	4	4	3	4	4	3	4	3
电工	3	3	3	3	3	4	3	3	3
裁缝	3	3	4	3	3	4	3	2	3

你的能力体现在哪方面？现在就把它们写下来：

1. 最强是：_____

2. 其次是：_____

3. 第三是：_____

你能为下列案例中的同学解答困惑吗？

李老师，这几天我真的忧心忡忡。一直是很自信的我，似乎变了个人样，沮丧、困惑，不知道问题出在哪儿。我是一名大四的学生，学习成绩优异，多次被学校评为三好生和优秀学生，从大一开始一直拿奖学金。面临就业，同学都很担心找不到工作，而我一直以为自己成绩好，找工作没问题。想不到，担心找不到工作的同学大部分都找到了，而我到现在还没着落。各种各样的招聘会，一有机会我就去试试，但不知为什么，用人单位对我没有意向，我也开始对自己产生怀疑，是不是自己的能力有问题，还是经验不足。说实在的，我已经投过几百次简历，但都石沉大海。老师，你能帮助我分析一下，我的问题究竟出在哪儿？我该怎样去做？希望老师能针对我现在面临的问题，提出一些建议。

二、个性特征探索

（一）个性

兴趣是你喜欢做什么，能力是你能够做什么，个性则是你适合做什么。较好地认识自己的个性是找到合适工作的关键，因为你所从事的是适合你的工作，那么你就会避免遭受工作中的挫折，同时也更有希望持续拥有对工作的满足感和享受。因此，很多职业指导师在给学生或企业员工做职业指导时，重点是帮助他们较好地了解自己的个性。

个性很难描述，也很难衡量，我们通常会说自己是"一个性格内向"的人，不善于交际，或说某个同学的"个性很强"，很难改变他的观点。一个人的个性在行为中也会体现出来。心理学认为，人因时间、地点而异，因人而异，在不同的环境与人际交流中，心理活动的每一次发生都是具体的。比如，有的人反应敏捷果断，有的人行动犹豫迟缓；有的人适应性强，有的人适应性弱；有的人模仿意味多，有的人创新意识强。个性是一个人在特定的社会环境中形成的一种较稳定的心态和行为特征。不同的个性，其行为动机、行为方式和行为结果也不同。个性不仅指一个人的外在表现，而且指一个人的真实的自我。个性是一个统一的整体结构，是人的整个心理面貌，是一个人比较稳定的心理倾向和心理特征的总和。个性具有整体性、稳定性、独特性和社会性。每一个人的个性都由独特的个性倾向和个性心理特征组成，是社会性和生物性的统一。在我国第一部大型心理学词典《心理学大词典》中把个性定义为：个性，也可称为人格，指一个人的整个精神面貌，即具有一定倾向性的心理特征的总和。个性结构是多层次、多侧面的，是由复杂的心理特征的独特结合构成的整体。

个性主要包括性格和气质。性格，是一个人比较稳定的对现实的态度和习惯化了的行为方式。它是个性中经常地、习惯地、鲜明地表现出来的心理特征，是个性中最能表征一个人的个性差异。如会计人的性格特征，有的会计人工作勤勤恳恳、任劳任怨；有的会计人则飘飘忽忽、敷衍了事；有的会计人敢于坚持原则，有的会计人则胆小如鼠，怕得罪人。由于性格不同，在同样的环境下，或处理同样的会计事件，不同的会计人也具有不同的行为选择，表现出行为的偏差。在个性特征中，性格是最突出的一个方面，性格是指一个人在生活与工作过程中形成的对人、对事、对自己较为稳定的态度，以及与之相适应的习惯化了的行为方式。人的性格是后天获得的，是在长期的生活环境和社会实践中逐渐形成的，一旦形成就比较稳定。但性格也不是一成不变的，具有可塑性。

你属于哪一类性格？性格的类型有多种分类方式。

可以按理智型、意志型、情绪型分类：如果你善于深思熟虑，通常以理智的尺度来衡量一切，并支配自己的行动，是属于理智型的人；如果你具有较明确的目标，行动自主、果断，自制力强，是属于意志型的人；如果你情绪体验深刻，不善于思考，爱感情用事，是属于情绪型的人。

可以按内倾型和外倾型分类：如果你处事谨慎，深思熟虑，较为沉静，反应缓慢，应变能力较差，不善于交际，是属于内倾型的人；如果你情感外露，自由奔放，不拘小节，独立性强，思想开朗，对外部事物特别关心，善于交际，是属于外倾型的人。

可以按独立型和顺从型分类：如果你独立性强，善于独立地发现问题和解决问题，不易为次要因素所干扰，在紧急困难条件下表现为沉着镇定，易于发挥自己的力量，甚至喜欢把自己的意见强加于人，是属于独立型的人；如果你独立性差，易受暗示，容易无原则地接受他人的意见和照他人的意见办事，在紧急与困难条件下经常束手束脚，甚至惊惶失措，是属于顺从型的人。

气质，是指个人心理活动的稳定的动力特征。心理活动的动力特征主要指心理过程的速度和稳定性、心理过程的强度、心理活动的指向性等方面的特点。这些相对稳定的心理动力特征的相互联系和相互作用，使人的日常活动带有一定的色彩，形成一定的风貌。比如会计人的气质，有的会计人稳定、冷静、办事有条理且工作细心，有耐心。而有的热情、激进、行动敏捷且精力充沛。气质的差异，会使人的精神、情绪和行为表现出明显的差异。气质是个人生来就具有的心理活动的动力特征。具有某种气质类型的人，常常在内容很不相同的活动中都显示出同样性质的动力特点。比如，一个人具有安静迟缓的气质特征，这种气质特征会在学习、工作、参加的各种活动中表现出来，它不依活动的动机、目的、兴趣、内容为转移，它表现出一个人生来就具有的神经系统最基本的特征。所以，气质具有天赋性和稳定性，俗话说的"秉性难移"即指气质具有稳定、不易改变的特点。气质的可塑性，与性格相比较要小。

你属于哪一类气质类型？根据苏联心理学家的研究，构成气质类型的主要心理特征有：感受性、耐受性、反应的敏捷性、可塑性、情绪兴奋性、向性。

(1)感受性。这是人对内外刺激的感觉能力。它是神经系统强度特性的表现。

(2)耐受性。这是人对外界刺激在时间和强度上的耐受能力。它也是神经系统强度特性的反映。

(3)反应的敏捷性。它包括两类特性：一类是不随意的反应性，即各种刺激引起心理的指向性，如不随意注意的指向性、不随意运动反应的指向性等；另一类指心理反应和心理过程进行的速度，如思维的敏捷性、识记的速度、注意转移的灵活程度等。

(4)可塑性。这是人根据外界的变化而改变自己的行为以适应环境的难易程度。它是神经系统灵活性的反应。

(5)情绪兴奋性。这是指以不同的速度对微弱刺激产生情绪反应的特性。它不仅反映神经系统的强度，也反映神经系统的灵活性。

(6)向性。这是指人的心理活动、言语和动作反应是表现于外还是于内的特征。表现于外叫外倾性，表现于内叫内倾性。外倾性是兴奋过程强的表现；内倾性是抑制过程强的表现。

上述 6 种特性的不同结合，就构成了各种不同的气质类型，即多血质、胆汁质、黏液质、抑郁质。

多血质： 感受性低，耐受性较高；不随意的反应性强；具有可塑性和外倾性；外倾性明显，情绪兴奋性高，抑制力差；反应速度快且灵活。这一类型的人大都活泼好动、敏感、反应迅速、热情、喜欢与人交往、注意力容易转移、兴趣容易变换，具有外倾性。

胆汁质： 感受性低，耐受性较高；不随意的反应性强，反应的不随意性占优势；外倾性明显，情绪兴奋性高，抑制力差；反应速度快，但不灵活。这一类型的人，都热情、直率、精力旺盛、脾气急躁、容易冲动、心境变化剧烈，具有外倾性。

黏液质： 感受性低，耐受性较高；不随意的反应性和情绪兴奋性均低；内倾性明显，情绪兴奋性低，反应速度慢，不灵活。这一类型的人大多稳重、安静、反应缓慢、沉默寡言、情绪不易外露、注意力稳定不易转移、善于忍耐，具有内倾性。

抑郁质： 感受性高，耐受性较低；不随意反应性低；严重内倾；情绪兴奋性高而体验深，反应速度慢；具有刻板性，不灵活。这一类型的人，大都反应迟缓、善于觉察别人不易觉察的细节、不强烈、孤僻，具有内倾性。

具有上述 4 种气质类型典型特征者称为"典型型"，近似其中某一类型者称为"一般型"，具有两种或两种以上类型者称为"混合型"或"中间型"。在整个人口分布中，属于一般型和两种类型的混合型的人占多数，典型型和两种以上类型混合型的人占少数。

了解自己的个性可以帮助你了解"真实的自我"，你的特长、优势在哪里，你有哪些弱点和不足，以及你对自己还不了解的盲区，就可以扬长避短，成为最优秀的、最出色的人。

(二)个性与职业的关系

个性与职业有着密切的关系，个性影响实践活动的进行，不同的职业对人的个性特征要求也有差别。了解自己的个性，会让你思考什么职业才是更适合你的，而且能学会怎样把你的价值观、兴趣、能力与你选择的职业联系起来，使你的职业与你自己的个性特征相匹配。如果一个人的职业与他的个性特征相符合，就会激发他的兴趣和热情、积极性和创造性，把个人的资源与社会资源有效地配置与利用，实现个人利益与社会利益的最大化。特别要强调的是：一个人的成功与否，与他成长过程中的性格形成有更大的关系，而不完全取决于他的智力。

个性特征是职业选择的重要依据之一。体现在气质上，管理心理学研究认为：属多血质的人是热忱和有着显著工作效能的活动者；属胆汁质类型的人是工作精力特别旺盛的人；属黏液质的人是坚定顽强的实际劳动者；属抑郁质的人是感觉敏锐而专一工作的人。气质在一定情况下会影响一个人对某种职业的适合性，某些气质特征也为一个人从事某种工作提供了有利条件。一般地说，持久、细致的工作对黏液质和抑郁质的人较为合适，对多血质和胆汁质的人则不大适合。要求迅速灵活反应的工作对多血质和胆汁质的人较为合适，而黏液质和抑郁质的人则较难适应。有一些职业对人的气质特征提出了较为严格的特殊要求。比如，飞行员、宇航员、运动员等，如果他们不具备该种气质特征，就难以从事该项工作，更谈不上有成效地完成本职工作。比如，多血质的人可塑性、外倾性和反应速度使得他们的工作适应面较广，对有变化的职业有新鲜感，而对事务性职业如会计、图书管理员等适合性较低，对常规性的工作缺乏兴趣。同样，常规性的工作对细心、耐受力、注意力等有较高的要求，而这些要求恰恰不是多血质人的优势所在，根据这类型人的优势特征选择反应敏捷、思维灵活、社交性强的职业，如管理人员、新闻工作者、自主创业等较适合。胆汁质的人与多血质类型的人有很多相似之处，如反应敏捷、社交性强，在情绪和行为上更具有挑战性，这类型的人选择挑战性、有风险的职业，如勘探、导游、自由职业等较适合，而对于有规律性的、需要循规蹈矩的职业较不适合。

霍兰德认为理想的职业选择就是人格类型与职业相适应，只有人格类型与职业相匹配，才是最佳的职业选择。

近年来，我国有不少学者对 MBTI 进行了相关的理论和实践研究，对企业管理者、人力资源管理者、领导干部、军校大学生等群体进行了 MBTI 人格类型研究，并广泛应用于组织发展、团队建设、教育、职业指导、心理咨询等方面。

MBTI 是"Myers-Briggs Type Indicator"(麦尔斯-布瑞格斯类型指标)的简称，是凯瑟琳·库克·布瑞格斯(1875—1968)和她的女儿伊莎贝尔·布瑞格斯·麦尔斯(1897—1980)根据瑞士心理学家卡尔·荣格(1875—1961)的人格类型理论创立的一种人格测试，用以衡量和描述人们在获取信息、做出决策、对待生活等方面的心理活动规律和不同的人格类型表现。它以瑞士著名心理学家荣格的心理类型理论为基础，将人的行为倾向从 4 个维度进行分析，即：

　　精力指向：外向(Extraversion)—内向(Introversion)；

　　认识世界：感觉(Sensing)—直觉(Intuition)；

　　决策方式：思维(Thinking)—情感(Feeling)；

　　生活态度：判断(Judging)—知觉(Perceiving)。

四个维度有机组合形成 16 种人格类型，见表 4-1。

表 4-1　MBTI 的 16 种性格类型[①]

内向感觉思维判断 (ISTJ)	内向感觉情感判断 (ISFJ)	内向直觉情感判断 (INFJ)	内向直觉思维判断 (INTJ)
内向感觉思维知觉 (ISTP)	内向感觉情感知觉 (ISFP)	内向直觉情感知觉 (INFP)	内向直觉思维知觉 (INTP)
外向感觉思维知觉 (ESTP)	外向感觉情感知觉 (ESFP)	外向直觉情感知觉 (ENFP)	外向直觉思维知觉 (ENTP)
外向感觉思维判断 (ESTJ)	外向感觉情感判断 (ESFJ)	外向直觉情感判断 (ENFJ)	外向直觉思维判断 (ENTJ)

　　通过 MBTI 人格类型测试，可以获取个人的精力指向、认知风格、生活方式等诸多信息，了解一个人的反应方式、认知风格及与他人交往时所表现的极为持久稳定的行为特点，从而可以综合得出个体适合的职业类型，这也正是 MBTI 的一个显著优势。MBTI 在职业探索、生涯规划等一系列职业指导中应用相当广泛。自 MBTI 问世以来，每年全球有 200 万人接受测试，成为在全世界性格测试工具中使用数量最多的工具之一。

　　影响职业选择的诸多因素中人格起最重要的作用。人格类型与职业类型是否匹配，直接决定着事业的成功与否，直接影响着个人的成就和幸福感。人格类型是职业决策自我效能感的影响因素之一。根据我前期的研究，高职学生在自我评价、收集信息、选择目标、制定规划以及问题解决等方面的能力评价得分不高。针对高职院校学生这一普通群体，运用 MBTI 人格类型量表进行测评的目前尚不多。而这一群体又有其特殊性，因为高职院校的培养目标是培养面向生产、建设、服务和管理第一线需要的高技能人才，他们的职业定位就是生产、建设、服务和管理第一线的技能性的工作岗位。在就业形势非常严峻的当前，高职学生面临着职业选择、职业定位、职业迁移等困惑，对高职学生进行人格类型分析，使他们认识自己的性格特征、了解自己的职业倾向、设计职业生涯、确定职业目标十分必要，并对学生一生的职业发展具有现实和长远的意义，同时，也为学校有效地进行职业生涯教育和职业指导提供理论依据。

---

① [美]保罗·D. 蒂戈尔，芭芭拉·巴伦-蒂戈尔著. 李楠，熊芳等译. 就业宝典——根据性格选择职业. 北京：中信出版社，2002. p. 17.

为此，我们运用"Myers-Briggs Type Indicator"的中文修订版，对一所高职院校大一年级 6 个不同专业的 1054 名学生进行了 MBTI 测试，男女生和各专业学生人数以及所占比例见表 4-2，统计结果见表 4-3。

表 4-2　各专业人数占总体的百分比

分　类		人　数	百分比
专 业	信息技术	252	23.93
	财务会计	218	20.70
	国际贸易	174	16.52
	人文旅游	106	10.07
	工商管理	206	19.47
	应用工程	98	9.31

表 4-3　各专业在 16 种人格上分布的百分比

人格 类型	总体 百分比	信息技术 百分比	财务会计 百分比	国际贸易 百分比	人文旅游 百分比	工商管理 百分比	应用工程 百分比
ENFJ	6.27	3.97	5.05	8.05	4.72	4.85	13.27
ENFP	9.21	3.57	11.93	12.07	8.49	5.83	15.31
ENTJ	3.32	3.17	2.29	3.45	5.66	3.40	4.08
ENTP	3.04	1.59	3.67	3.45	5.66	2.43	3.06
ESFJ	20.04	15.48	20.64	24.14	17.92	17.96	19.39
ESFP	10.16	10.71	10.09	9.20	7.55	9.71	6.12
ESTJ	11.11	15.48	13.30	6.32	13.21	12.62	6.12
ESTP	3.42	4.37	2.29	1.15	2.83	3.88	7.14
INFJ	3.32	2.78	3.67	4.02	4.72	2.91	2.04
INFP	5.32	9.13	4.59	2.87	1.89	10.68	6.12
INTJ	1.52	1.59	1.38	0.57	1.89	2.43	1.02
INTP	1.80	3.17	0.46	1.72	2.83	2.91	2.04
ISFJ	10.35	11.90	9.63	12.07	11.32	11.17	4.08
ISFP	5.03	6.35	4.13	6.90	1.89	3.40	3.06
ISTJ	3.99	4.76	3.67	2.87	6.60	4.85	3.06
ISTP	1.90	1.59	1.83	0.57	1.89	0.49	3.06

1. 高职学生人格类型分布

（1）总体学生人格类型分布

表 4-3 的统计结果显示，高职学生在 16 种人格类型分布上 ESFJ 类为最多，占

20.04%；其次分别是 ESTJ 占 11.11%、ISFJ 占 10.35%、ESFP 占 10.16%，4 种类型合计共占 51.66%；而 INTJ，INTP，ISTP 类型都较少，3 项合计只占 5.22%。从 4 个维度上看，E—I 维度，E 类型占 66.57%；S—N 维度，S 类型占 66%；T—F 维度，F 类型占 69.7%；J—P 维度，J 类型占 59.92%。总体分布是 E、S、F、J 类型占多数。

(2)不同专业学生人格类型分布

表 4-3 的统计结果同时显示，每一种专业在 16 种人格类型上的分布都是以 ESFJ 类为最多。但不同专业在 16 种人格类型分布上是有差异的。信息技术专业以 ESFJ 和 ESTJ 类并列最多，其次分别是 ISFJ 和 ESFP，四项合计占 53.57%；最少的是 ENTP，INTJ，ISTP 类型，3 项只占 4.77%。财务会计专业以 ESFJ 类为最多，其次分别是 ESTJ，ENFP，ESFP，4 项合计占 55.96%；最少的是 INTJ，INTP，ISTP 类型，3 项只占 3.67%。国际贸易专业以 ESFJ 类为最多，其次分别是 ENFP，ISFJ，ESFP，4 项合计占 57.48%；最少的是 ESTP，INTJ，ISTP 类型，3 项只占 2.29%。人文旅游专业是以 ESFJ 类为最多，其次分别是 ESTJ，ISFJ，ENFP，4 项合计占 50.94%；最少的是 INFP，INTJ，ISFP，ISTP 类型，4 项只占 7.56%。工商管理专业是以 ESFJ 类为最多，其次分别是 ESTJ，ISFJ，INFP，4 项合计占 52.43%；最少的是 ISTP，INTJ，INFJ，INTP，4 项只占 8.74%。应用工程专业是以 ESFJ 类为最多，其次分别是 ENFP，ENFJ，3 项合计就占 47.97%；最少的是 INTJ，INTP 类型，2 项只占 3.06%。在 4 个维度上，E 类型占多数，其中应用工程占 74.49% 为比例最多；S 类型占多数，其中信息技术占 70.64% 为比例最多；F，J 类型也同样。6 个专业总的分布为 E，S，F，J 占多数。

2. 高职学生人格类型分析

(1)总体学生人格类型分析

MBTI 量表从 4 个维度阐述人格的倾向性，E(外向)—I(内向)维度是指个体的精力指向，外向者把注意力和能量汇聚于外部的世界，内向者把注意力和能量集中于内部的世界；S(感觉)—N(直觉)维度是描述个体提取信息的方法，偏向感觉型的人信赖"五感"来收集信息感知世界，偏向直觉型的人信赖"第六感"来推理、想象和预测事物；S(思维)—F(情感)维度是指个体对事物做出决策和判断的方式，偏向思维者是用客观、公正的逻辑分析方式做决策和判断，偏向情感者是以与个人相关以及与个人价值观的因素做决策和判断；J(判断)—P(知觉)是指个体的生活方式，偏向判断型的人喜欢井然有序、结构严谨做决定的方式，偏向知觉型的人喜欢自由宽松获取信息的方式。高职学生在 4 个维度中，总体以 E，S，F，J 型居多，说明是偏向外向、感觉、情感、判断。

在 16 种人格类型的分布上高职学生中 ESFJ 类型最多，属外向感觉情感判断型。"ESFJ 型的人通过直接的行动和合作积极地以真实、实际的方法帮助别人……他们把同别人的关系放在十分重要的位置，往往健谈、受人欢迎、有礼貌，渴望取悦他人，他们具有和睦的人际关系，并且通过很大的努力以获得和维持这种关系……ESFJ 型的人很现实，他们讲求实际、实事求是和安排有序，参与并能记住重要的事情和细节……ESFJ

型的人十分小心谨慎，也非常传统化，因而他们能恪守自己的责任与承诺。"[1]在其他占较多比例的 ESTJ，ISFJ，ESFP 类型中，除 ESFP 类型外，具有类同性。

(2)不同专业学生人格类型分析

6 个专业在 4 个维度的分布上是有共同性的，与总体分布吻合。但应用工程在外向型上占 74.49%，信息技术在感觉型上占 70.64%，明显高于其他专业。显示出应用工程专业的学生更偏好将注意力和能量汇聚于外部的世界，信息技术专业的学生更偏好用感官来认识事物和感知世界。

在 16 种人格类型分布上，ESFJ 型是 6 个专业选项最多的。其中国际贸易专业所占的比例超过总体水平达 24.14%。根据这种类型的特征，在这些专业所对应的职业岗位上均能充分展示和发挥其特长和优势。从职业类型的工作特点和要求看，有责任心和事业心、忠诚、严谨求实、乐于助人、有较强的服务意识等这些要求与 ESFJ 人格类型的特征是基本吻合。信息技术专业选项较多的还有 ESTJ，ISFJ，ESFP 型，其中 ESTJ，ISFJ 型与 ESFJ 型有类同性，ESFP 型的人友善、有生活热情、乐意与人相处、随和、适应性强、生性喜好交际、较有魅力和说服力。ESTJ，ISFJ，ESFP 型也是其他专业选项较多的类型。财务会计专业选项较多的除了 ESFJ，ESTJ，ESFP 还有 ENFP 型，这一类型也是国际贸易和应用工程专业选项较多的类型。ENFP 型的人充满热情和新思想、具有独创性、对可能性有强烈的兴趣、有较强的想象力、适应性和可变性，显示出这些专业学生更倾向于创造性的职业环境。工商管理专业选项较多的除了 ESFJ，ESTJ，ISFJ 还有 INFP 型，INFP 类型的人可谓是"大智若愚"、敏感、理想化、思维开阔、有好奇心和洞察力、灵活多变，并且有强烈的荣誉感，思想深刻，但不常表露。这一类型与 ENFP 型有类同性。应用工程专业选项较多的是 ESFJ，ENFP，ENFJ 三种类型，其中 ENFJ 类型人善于处理人际关系，认为人和感情关系是最重要的，热爱生活，富有魅力，并愿意成为出色的传播工作者，擅长口头表达，显示出应用工程专业有较多的学生更倾向交流性的职业。

根据 MBTI，不同的人格应匹配不同的职业岗位。当然，在某一职业岗位上是否成功与优秀，由很多的综合因素决定。而人格类型是一种倾向，就好比人使用左右手的习惯，是一种自然的习惯性选择，各自按照自己的倾向行事，便逐渐形成各自习惯性的认知、处理方式以及行为模式。每种职业岗位上都有各种不同类型的成功和优秀人士，只是更为适合和满意。对于高职学生来说，已基本上形成稳定的 MBTI 人格，一般难以改变。MBTI 的人格会随着年龄的增加、阅历的丰富逐步发展完善。在 MBTI 看来，每种人格类型都有优势和盲点，没有好坏、对错、聪明愚蠢之分，它只是要求不同人格类型与职业类型相匹配。从上述分析可见，6 个不同专业所对应的职业岗位与不同人格类型有匹配、相对匹配和不完全匹配程度之分，显示出高职学生在职业选

① [美]保罗·D. 蒂戈尔，芭芭拉·巴伦-蒂戈尔著. 李楠，熊芳等译. 就业宝典——根据性格选择职业. 北京：中信出版社，2002. pp. 349—350.

择中人格类型的影响程度。匹配是指人格类型与所学专业的职业岗位内容比较吻合，如 ESTJ 类型的学生与 6 个专业的工作岗位内容比较匹配。这些岗位的工作都能让 ESTJ 型的人注重事实与结果，能够在有程序、有规则的环境中，预先组织好工作，并及时和尽可能高效率地、系统地、按部就班地完成工作任务。相对匹配是指人格类型与所学专业的职业岗位内容相对吻合，如 ESFJ 类型的学生与财务会计、信息技术和应用工程等专业的工作岗位内容相对匹配。虽然这些岗位的工作能把握和体验工作中的许多细节，发挥其有效、及时地处理和完成工作任务的优势，但他们充分地建立和运用和谐友好的人际关系的优势缺乏更多的空间。不完全匹配是指人格类型与所学专业的职业岗位内容不完全吻合，如 ENFP，ENFJ 类型的学生与应用工程专业的工作岗位内容不完全匹配，应用工程专业的职业岗位是技术性较强的工作，并与设备、机械打交道，ENFP，ENFJ 的人兴趣爱好广泛，充满热情和新思想，喜欢影响他人，对这个职业岗位会感到不满足。这与学生在选择专业时，由于这个专业是新设的，大部分是服从调配有关。

从对高职学生的人格类型研究中我们产生了一系列的思考与讨论：

(1)在 16 种人格类型中，具备某一类型的职业倾向并不代表能做什么，还必须具有一定的职业能力。适合做并不等于能够做。人格类型只能说明有这方面的职业倾向。高职学生学的专业通常是技能性较强的职业岗位，也是生产、建设、服务和管理一线岗位，要真正能够从事并胜任适合的职业岗位，必须与专业知识、操作技能以及相应的工作态度结合起来。

(2)高职学生的人格类型与所学专业对应的职业岗位有比较匹配、相对匹配和不完全匹配之分。在高职教育中能顺应学生的性格，并结合专业注重技能的培养和操作，积累职业岗位的工作经验，就能充分挖掘学生的潜在优势和资源，提高教学效果。同时，还要考虑到部分学生在选择专业时比较茫然、无助，甚至无奈，他们在就业与择业时会面临职业迁移，因此还要注重学生职业迁移能力培养。

(3)在这个阶段，高职学生的职业价值观、职业兴趣、能力和个性等因素所指向的职业类型并不完全一致，这就必须均衡各种因素，找到最佳结合点，以此确定适合自己的职业目标和发展方向。在大学三年中要设计好职业通道，有计划有目标地选择相应的课程、技能操作与实践，进行职业规划，实现职业目标。

个性是一个复杂的问题，你的个性职业倾向属于哪一类型？

我们的目的只是帮助你更好地了解自己，并让你思考什么才是使你更适合于某职业而非其他职业的感觉和行为方式。因为，只有你所从事的是适合你的工作，你才会避免遭受工作中的挫折，同时也更有希望持续拥有对工作的满足感和享受。下面提供的"凯尔西气质问卷"可以帮助你了解自己的职业人格类型倾向。

测试说明：

选择答案 A 或者 B，填在后面答卷的相应位置。根据所提供的记分标准算出得分。你的答案没有正确和错误之分，请根据自己的情况作答，作答时不必做过多的考虑。

1. 当电话铃响的时候，你：
   A) 马上第一个去接　　　　　　　　　B) 希望别人去接
2. 你更倾向于：
   A) 观察事物本身　　　　　　　　　　B) 考虑事物之间的关系
3. 对你来说哪种情况更糟糕：
   A) 想入非非　　　　　　　　　　　　B) 循规蹈矩
4. 与人相处时，你给人的感觉是：
   A) 坚定而不随和　　　　　　　　　　B) 随和而不坚定
5. 哪种事更使你感到惬意：
   A) 做出权威判断　　　　　　　　　　B) 做出有价值的判断
6. 如果工作场合混乱，你：
   A) 花时间去整理　　　　　　　　　　B) 很好的耐受
7. 你做事的方式：
   A) 很快地做决定　　　　　　　　　　B) 在一段时间内考虑和选择
8. 在和朋友等车时，你通常：
   A) 和他们闲谈　　　　　　　　　　　B) 仍考虑工作
9. 你更倾向于：
   A) 感知多于设想　　　　　　　　　　B) 设想多于感知
10. 你对什么更感兴趣：
    A) 真实存在的东西　　　　　　　　　B) 潜在的东西
11. 你更有可能依据什么对事物做出判断：
    A) 事实　　　　　　　　　　　　　　B) 愿望
12. 在评价他人时，你倾向：
    A) 客观，不考虑个人因素的　　　　　B) 友好，考虑个人因素的
13. 你希望通过什么方式制定合同：
    A) 规范的、正式的　　　　　　　　　B) 随意的、友好的
14. 你更愿意拥有：
    A) 工作结果　　　　　　　　　　　　B) 工作过程
15. 在一个聚会上，你通常：
    A) 与许多人接触，甚至是陌生人　　　B) 只与几个朋友接触
16. 你更倾向于：
    A) 务实而不空谈　　　　　　　　　　B) 空谈而不务实
17. 你喜欢的作家是：
    A) 直述主题　　　　　　　　　　　　B) 用比喻和象征手法的
18. 什么更吸引你：
    A) 思想和谐　　　　　　　　　　　　B) 关系和睦

19. 如果你必须反对某人，你通常：
    A) 直截了当的   B) 友好婉转的

20. 在工作中，你希望你的行动进度是：
    A) 有计划的   B) 无计划的

21. 你更经常提出：
    A) 最后、确定的建议   B) 暂时、初步的建议

22. 和陌生人打交道：
    A) 会使你更加自信   B) 会使你伤脑筋

23. "事实"是指：
    A) 只是说明事实   B) 是理论的例证

24. 你认为幻想家和理论家：
    A) 有些讨厌   B) 非常有魅力

25. 在热烈地讨论中，你：
    A) 坚持自己的观点   B) 寻求协调的气氛

26. 哪一个更好：
    A) 公正   B) 宽容

27. 你觉得工作中，更合适的是：
    A) 指出错误   B) 试图使他人开心

28. 什么时候令你更舒服：
    A) 在做决定后   B) 在做决定前

29. 你倾向于：
    A) 说出自己真实的想法   B) 保持接受更多观点

30. 大家一致的感觉是：
    A) 通常让人可信   B) 可能值得怀疑

31. 孩子通常：
    A) 容易满足   B) 有很多幻想

32. 在管理他人时，你倾向于：
    A) 坚定而严格   B) 谅解的和宽大的

33. 你更倾向于作为一个：
    A) 一个冷静的人   B) 一个热心的人

34. 你倾向于：
    A) 揭露事实真相   B) 揭示事物的各种潜质

35. 在许多情形下，你更多是：
    A) 做作而不自然   B) 自然而不做作

36. 你认为你自己是：
    A) 乐于助人的人   B) 考虑自己的人

37. 你通常是：
   A) 一个实际的人　　　　　　　　　　B) 一个富于想象的人

38. 在你考虑问题时：
   A) 详细而不泛泛　　　　　　　　　　B) 泛泛而不详细

39. 哪一类人更合适你：
   A) 一个逻辑性强的人　　　　　　　　B) 一个感情丰富的人

40. 你更易受什么支配：
   A) 你的思想　　　　　　　　　　　　B) 你的体验

41. 当完成一件工作时，你喜欢：
   A) 把所有未了结的零星事务安排妥当　B) 继续干别的事

42. 你更喜欢什么样的工作：
   A) 有最后期限　　　　　　　　　　　B) 随时进行

43. 你是一类：
   A) 相当健谈的人　　　　　　　　　　B) 认真聆听的人

44. 你更容易接受：
   A) 较直白的语言　　　　　　　　　　B) 较有寓意的语言

45. 在你面前，常常是：
   A) 恰好在眼前的事物　　　　　　　　B) 仅能想象的事物

46. 糟糕的是：
   A) 多愁善感的人　　　　　　　　　　B) 顽固的人

47. 在令人难堪的情况下，你有时表现得：
   A) 过于无动于衷　　　　　　　　　　B) 过于同情怜悯

48. 你作决定时倾向于：
   A) 相当仔细　　　　　　　　　　　　B) 易冲动的

49. 你更倾向于：
   A) 紧张而不悠闲　　　　　　　　　　B) 悠闲而不紧张

50. 在工作方面你倾向于：
   A) 热情与同事交往　　　　　　　　　B) 保留更多的私人空间

51. 你比较喜欢相信：
   A) 你的经验　　　　　　　　　　　　B) 你的观念

52. 你更愿意感受：
   A) 脚踏实地　　　　　　　　　　　　B) 随处飘荡

53. 你认为自己是一个：
   A) 意志坚定的人　　　　　　　　　　B) 心地和善的人

54. 你认为自己在哪些方面更有价值：
   A) 通情达理　　　　　　　　　　　　B) 埋头苦干

55. 你通常希望事情是：
    A) 已经被安排、确定　　　　　　　B) 只是暂时确定

56. 你觉得自己：
    A) 严肃和坚决　　　　　　　　　　B) 好相处

57. 你认为自己是：
    A) 一个好的演说者　　　　　　　　B) 一个好的聆听者

58. 你很满意自己能够：
    A) 有力地把握现实　　　　　　　　B) 有丰富的想象力

59. 你更偏好：
    A) 基础原理　　　　　　　　　　　B) 深层寓言

60. 哪个是较大的错误：
    A) 过于热情　　　　　　　　　　　B) 过于冷漠

61. 你感到犹豫，更多是因为：
    A) 确凿的证据　　　　　　　　　　B) 令人感动的陈述

62. 哪种情况下你的感觉更好：
    A) 结束一件事　　　　　　　　　　B) 保留各种选择

63. 较令人满意的是：
    A) 确信事情已安排好　　　　　　　B) 让事情顺其自然

64. 你是一个：
    A) 易于接近的人　　　　　　　　　B) 有些矜持的人

65. 你喜欢什么样的故事：
    A) 刺激和冒险的　　　　　　　　　B) 幻想和英雄的

66. 对你来说，更容易的是：
    A) 发挥他人的长处　　　　　　　　B) 认同他人

67. 你更希望自己具备：
    A) 意志的力量　　　　　　　　　　B) 情感的力量

68. 你觉得自己是：
    A) 经得住批评和侮辱　　　　　　　B) 经不住批评和侮辱

69. 你比较注意：
    A) 无序的状态　　　　　　　　　　B) 可改变的机会

70. 你比较：
    A) 按程序有规律办事　　　　　　　B) 反复无常善变办事

评分方法：

	A	B		A	B		A	B		A	B		A	B		A	B		A	B
1			2			3			4			5			6			7		
8			9			10			11			12			13			14		
15			16			17			18			19			20			21		
22			23			24			25			26			27			28		
29			30			31			32			33			34			35		
36			37			38			39			40			41			42		
43			44			45			46			47			48			49		
50			51			52			53			54			55			56		
57			58			59			60			61			62			63		
64			65			66			67			68			69			70		
	E	I					S	N					T	F					J	P

1. 计算出 A 列中选中的数目之和，填入其底部的空格内。同样计算 B 列中的数目。这样，14 个空格内都有一个相应的数字。

2. 将第一列 A 的数目对应 E，填到 E 下面，将第一列 B 数目对应 I，填到 I 下面。将第二、第三列 A 加总对应于 S，填到 S 下面，同样，将第二、第三列 B 加总对应于 N，填到 N 下面。后面计算的方法以此类推，分析计算出 T、F、J、P 的数目，并分别填到 T、F、J、P 下面。

3. 现在你有 4 组数字，圈定每一组数字中较大的那个字母。这四个字母组成的一组将代表你的人格类型，如 ESFJ。如果一组中两个数字相同，就在其下面写一个大"X"并将其圈定，如 S 和 N 数字均为 10，那么就用 EXFJ 表示。

4. 确定你的类型后，则可对应本章"信息广角"内容，了解该类型的人具有的与工作相关的优势和弱点。

（资料引自刘津编著的《生存测试手册》，对部分内容有所改编，在此谨表感谢。）

你的性格类型、气质类型最符合哪一类？现在就把它们写下来：

1. 最符合：＿＿＿＿＿＿＿＿＿＿＿＿＿＿＿＿＿＿＿＿＿＿＿＿＿

2. 其次是：＿＿＿＿＿＿＿＿＿＿＿＿＿＿＿＿＿＿＿＿＿＿＿＿＿

3. 第三是：＿＿＿＿＿＿＿＿＿＿＿＿＿＿＿＿＿＿＿＿＿＿＿＿＿

你能为下列案例中的依依解答困惑吗？

依依是一位市级医院的牙科副主任医师，在同行中是一个比较出色的医生，有望晋升正高，朋友们也很羡慕她的这份职业。可是她自己却从未喜欢过这行当。当初选择这个专业以及从事这个职业是在恢复高考后的那个年代。那时，上大学学一个专业，分配就在相关行业，工作直到退休，基本上是一种职业定终身，根本不考虑你喜欢不喜欢，也没有机会让你考虑。尽管她这份职业做得很好，但总觉得做得没劲。也许是经过岁月的洗涤，她对自己越来越了解，感到自己目前的职业不是她想选择的真正喜欢的职业。她对自己做出了一个重大的决策，重新选择或调整职业。经人指点，她直接找职业指导师咨询。职业指导师要她谈谈中学、大学和工作后的相关经历，以及她感到最开心、最希望做的一些活动。还有，描述近几年来真正能给她带来快乐和满意的一些经历。她说到，从杭州市召开西博会的第一届开始，每年都要为西博会做大量的社会性工作，还乐于为社会公共事业做事，乐于帮助人等。在大学期间，曾担任大量的学校社会工作，善于交往。之后，对她进行了相关的测试，如霍兰德的兴趣量表、能力量表、Myers-Briggs 的个性和职业倾向测试等，进一步帮助了解其职业倾向，结果与她讲述的基本上是一致的。请你分析，根据依依目前的职业，她应该如何调整或选择她的职业？

三、寻找自我均衡点

什么是均衡？为什么要均衡？经济学中对均衡的理解是，所谓均衡就是最优问题。均衡不同于简单意义上的数量相等，更重要的是强调行为最优，即当事人再也没有改变状况的动机和能力。均衡分析是经济学的两大框架之一，从微观经济学的市场均衡、消费者均衡到宏观经济学的国民收入的总需求与总供给均衡、产品市场与货币市场的均衡等，分析的是在资源有限的条件下，如何将有限资源运用到无限的需要中去，实现最大程度的效用和满足，研究的是一个最佳问题。

同理，作为高职学生，如果将自己的职业价值观、职业兴趣、能力和个性等各种因素整合起来，找到最佳的结合点，以此确定适合自己的职业目标和发展方向，那么，你就会在这份最适合你的职业中充分展示你的优势资源。事实上，对于高职学生来说，在这个阶段的职业价值观、职业兴趣、能力和个性等因素所指向的职业类型并不完全一致，你感兴趣的职业不一定是你能做的，你能干好的职业不一定是最适合你的，最适合你的职业不一定符合你的价值取向，适合你的职业不一定是你喜欢的。

例如：一个学生的价值取向是财富，第一份工作首选要收入高，引导他选择职业的标准是较高收入的工作，结果他找到了一份营销工作，而他的职业兴趣和个性特征是喜欢有规律的、朝九晚五的事务性工作，不擅长交际。尽管营销这份职业符合他较高收入的要求，但不是他真正喜欢的职业，符合他的价值观但不符合他的职业兴趣和个性特征。

例如：一个学生的兴趣是做技术性较高的生物制药，但他学的专业是市场营销，去公司应聘时就被挡在门外，简历关也过不了。依靠家庭社会关系和人脉资源，他还是如愿进了一家生物制药有限公司。尽管他干的是喜欢的职业岗位，但不久就被调换岗位，到市场部做销售，因为他胜任不了这份技术性较强的职业。这份工作是他有兴趣的，但不是他擅长的。

例如：有一个学会计专业的学生，她的会计专业学得不错，她是那种学什么就成什么的人，总是比一般同学要学得好。毕业后，她找到一份会计工作，接着考这个证那个证的，如注册会计师、注册税务师等资格证书。公司给予的待遇也很好，而且担任了一些职务。同学们都好羡慕她，父母也很放心，并以此为豪。但她渐渐明白，这份工作不适合她。会计工作日复一日、年复一年，太有规则了，毫无新鲜感可言。她更倾向有挑战性的、有创意的工作。后来，凭着她的天赋应聘到某报社做版面设计，结果干得有声有色。因此，会计职业是她有能力胜任的，但并不是最适合的。

上述例子是极具代表性的，可能正说到的是你现在遇到的情况。因为，在近几年的职业咨询中获悉，类似这样的问题最困惑学生职业目标的确定。比如，你的个性并不完全与你的职业相匹配，但能力或兴趣测试的结果却证明你适合这种职业。这不要紧，因为在你的每一个阶段，价值观、兴趣、能力和个性等因素对你寻找职业所起的作用是不同的。在你找第一份工作时，你可能看重的是收入高不高；过几年，你可能看重的是工作环境好不好；再过几年，你可能看重的是有没有更多的闲暇时间。只有出现了暂时的不均衡，我们才有动机去实现新的均衡，从不均衡到新的均衡，循环往复，构成丰富多彩的人生。

实现均衡的目的是让你真正找到自己的实力所在。你对自己的价值观、兴趣、能力和个性有了进一步的了解和客观、真实的评估后，根据成长经历中已获取的知识，或者说到目前为止的知识结构，已掌握的技能以及可得到的资助、社会关系(社会资源)等，对自己的实力做出评价。所谓实力，就是那种在经验中反复用到的令你亢奋的东西，也称为因激技能。

识别一个人的因激技能——可靠的实力，可以显著地增强一个人的自尊、成就动机和内在的控制轨迹、智力保健和自我功效。你的智力愈高，就愈容易把自己的因激技能和非因激技能相混淆，愈容易被指定的事压垮，受到愈来愈多的挫折，大多数人都有这种混淆。特别要注意的是，识别自己的实力，最大的拦路虎之一是工作头衔。如果你能撇开工作头衔，专注于自己的实力，把更多的兴趣放在"干你的事"的机会上，你会少些挫折，多些工作满意，向你的雇主显示出更多的实力。

这里要说明的是你的价值观、兴趣和能力会随着你的学历的提高、工作经验的积累、生活阅历的增加也随之改变，而你的个性往往难以改变。这并不是说你的个性永远不会改变。个性也可能会改变，特别是当你努力认识自己的潜能并试图开发它们的时候。但个性比其他因素能更成功地和某种职业相关联。另外，你对一份职业感兴趣，要干好它还需要毅力和坚持，要有较好的生活态度对待你喜欢的职业。

通过了解自己，盘点自己的优势资源，并找到最佳的结合点，你会产生一个、几个或十几个职业倾向。

依据你的最佳结合点确定的职业目标是哪一类？现在就把它们写下来：

1. 第一是：_____

2. 第二是：_____

3. 第三是：_____

你能为下列案例中的同学解答困惑吗？

李老师：您好！我是浙江经贸职业技术学院生物技术及应用专业的学生。今年就要毕业了，现在在一家小型食品厂做化验员，再过两个星期就三个月了。之前在学校，我和我的同学们对我们这个专业就业方向比较清楚的就是做质检，因此我们在找工作时大多都是找质检方面的。当时我也是一直想着做质检，可是现在做了质检却又不喜欢这个工作了。刚开始只是闲下来的时候想着要换份工作，前段时间就成了做事的时候也想，但是我不知道自己能做什么。

我大一时听过您讲的"职业生涯设计"这门课，刚听时想过，但由于那时还是大一，过了几天就忘了，现在想想有点后悔当初没有仔细考虑这个问题。现在发现自己又不喜欢自己之前一直想找的工作了，觉得自己每天都是情绪低落的，感觉很烦。我的同学们大多也是一脸茫然，现在就业难，他们都是能找到工作就不错了。我当时也是这么想的，但现在觉得也不能老是这样，做自己不喜欢的事真是一件非常痛苦的事，所以我想先想清楚我到底适合做什么工作，再去学习这个工作要求的知识技能，准备好了最后再换工作。

但是我就是搞不清楚我到底适合做哪种工作，我去浙江图书馆借了几本书，有关职业定位方面的，虽然我看了这些书，以及您编的那本书，但是还是没什么头绪，脑袋依然一片空白。因此想请老师帮帮我。

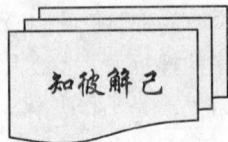

知彼解己

个案：问题出在哪儿？

35 岁的陈波是一家大公司的总会计师，他才华横溢，收入丰厚，是在取得会计学硕士学位后干到了现在的职位。但是，他最近忧心忡忡，遭受了极大的挫折。

在这个时期，他碰到了越来越多的工作挫折，常常有人评论他的总会计师工作；另一方面，他总是在一周结束时才高兴，他有点讨厌每天的工作。由于其他主管也有与他一样的同感，便认为挫折是常事，只是当他的家庭生活大为恶化时，他才屈服于妻子的主张，找职业咨询求助。

个案分析：

他的问题究竟出在哪儿？咨询后，情况很快表明，他的大部分挫折归结于他干的是枯燥的数字和较规则的工作，而不是推销和交际性的工作。原来他在报考大学时，是在父母的建议下报考会计专业的，而真正能给他快乐和满意的经历是他的成功推销和筹资经历。

他初中和高中阶段有过两次成功的推销经历，在初中阶段推销报纸、杂志，他每天跑的路程最少，但他推销的量最多；在高中阶段推销矿泉水，从 1 个人发展到 10 多个人帮着他一起干，并给他们发工资；在大学，他担任了学校学生会外联部部长，为学校每年的运动会筹款筹物，如 T 恤、矿泉水、饮料等，忙得不亦乐乎，很有成就感。他是会计专业中唯一取得营销高级证书的人。工作后他自愿参加每一次的社区活动，干各种各样的推销；近 5 年，他还有成功的筹资经历，筹到的钱比社区有史以来任何一次的钱都要多。

咨询后，他想如果换公司对他来说并不合适，机会成本也比较大，如果能在公司内部调换工作，到销售部去干，无论从哪个方面讲都是最好的，而且他的财会技能仍然有用。于是他主动提出要求，自己加强学习营销技术和策略，他参与开发了一个项目，成效显著。两年之内，成了公司一名地区销售经理，乐此不疲，富有成就感。

信息广角

MBTI 16 种人格类型的人具有的与工作相关的优势和弱点

ENFJ 型：外倾、直觉、情感、判断型——"公共关系专家"

优势：能够促进和谐，建立合作关系；尊重各种不同的意见；能够成为出色的公共演说者，促进群体讨论；果断而有条理；天生的领导者。

弱点：倾向于把人理想化；过快地作决定；不善于处理冲突，清除表面掩盖下的问题；可能过于个人化地对待批评；可能不注意实际的精确性。

INFJ 型：内倾、直觉、情感、判断型——"促进积极变化的催化剂"

优势：善于想出问题的替代性解决方法和创造性方法；能够理解复杂的概念；能促进人与人之间的和谐一致；有说服力的领导，致力于实现所信仰的东西；乐于帮助他人发展。

弱点：不够灵活，思维单一；想法缺乏实际可行性；过于追求尽善尽美，过分独立于合作工作；交流方式可能太复杂，令他人不易理解。

ENFP 型：外倾、直觉、情感、知觉型——"任何事都可能发生"

优势：富于创新的思考者，好的问题解决者；能够把他们的天赋与别人的兴趣和能力结合起来；能够在任何使他们感兴趣的领域中成功；善于赋予合适的人以合适的位置或任务；能以有感染力的热诚和精力激励他人。

弱点：不是很有条理，或不善于分清主次顺序；在工作细节的完成上有一些困难；会感到厌倦并易于偏离正道；通常不喜欢任何重复或例行的事务；独自工作时经常效率较低。

INFP 型：内倾、直觉、情感、知觉型——"外表淡漠而内心深沉"

优势：乐于为他们认同的事业而工作；擅长独立工作，与他们尊重的人保持频繁、有意义的支持性交流关系；忠于职守；进行他们所信仰的工作使他们振奋鼓舞；理解他人，与他人单独交流。

弱点：设计计划时可能不够实际；想控制工作事项，如果控制力丧失，他们会丧失工作兴趣；如果工作没有向他们坚信的目标发展，他们会垂头丧气；不能灵活地对于他们的想法进行必要的改变；在竞争的环境中工作会有困难。

ENTJ 型：外倾、直觉、思维、判断型——"美妙的一切——我负责掌管权力"

优势：有远见的领导；在有机会晋升最高职位的机构中能够出色地工作；雄心勃勃，工作勤奋，诚实而直率；善于处理复杂而要求创造性的问题，能够做出合乎逻辑的决定；能够时刻牢记长期和短期的目标。

弱点：爱发号施令，挑剔，严厉；工作至上而忽视生活的其他方面；因急于做出决定而忽视有关的事实和重要细节；不会表示鼓励和赞扬；不要求或允许别人提供建议和帮助。

INTJ 型：内倾、直觉、思维、判断——"能力+独立=完美"

优势：富于想象，善于创造体系；乐于迎接创造性的智力挑战；善于理论和技术分析以及逻辑地解决问题；可以单独做好工作，甚至面对反对的时候也能坚决果断；能够理解复杂而困难的事物。

弱点：创造性的问题解决之后可能会对工作项目丧失兴趣；促使他人工作就像促使自己一样严格；和那些他们认为能力不如自己的人不太容易共同工作；因太过于独立而不能适应合作的环境；他们的想法不够灵活而且固执。

ENTP 型：外倾、直觉、思维、知觉型——"生命的倡导者"

优势：运用天才的独创能力和现场发挥的能力去解决问题；在连续、充满刺激的工作中表现最出色；能成为充满趣味的、激励人心的公众演说家；擅长创新和客观公正地分析；自信；只要想做，什么都能做到。

弱点：当创造性的问题解决后，便对项目失去兴趣；不能做具体细节工作，不能贯彻始终；不喜欢例行的、单调重复的工作，坚持以自己已经建立起来的方式办事；经常打断别人说话，由于过分自信而影响他们的能力；是不可靠、不负责任的。

INTP 型：内倾、直觉、思维、知觉型——"有创造才能的问题解决者"

优势：能够有远见地分析问题；具有创造性思想；喜欢能够学到新的知识、掌握新技能的环境；能一个人工作，并且全神贯注；擅长长远考虑。

弱点：某些观点的实施可能不现实；思想、观点对别人来说过于复杂、难以理解；丧失兴趣，不能亲身实施并贯彻到底；对琐细的日常工作缺乏耐心；对别人的情感、批评和要求反应迟钝。

ESTJ 型：外倾、感觉、思维、判断型——"关心你事务"

优势：非常务实，对既定目标坚忍不拔；善于了解并重视集体的目标；天生的组织者，擅长做出客观的决定；在推销或谈判时非常有说服力，非常坚定，有时甚至是坚忍不拔的；善于看到工作中不合逻辑的、不协调的、不切合实际的和无效的部分。

弱点：对不遵守程序的人或对重要细节不重视的人缺乏耐心；不能忍受没有效率的工作；当他们追求目标时总想凌驾于别人之上；对当前不存在的可能性没有兴趣；不虚心听取反面意见；有时粗暴无礼。

ISTJ 型：内倾、感觉、思维、判断型——"从容地工作并且做好"

优势：所有工作都完成得准确细致；遵守既定的规则和程序；特别能够专心致志地工作，可以不需要别人的合作独立工作；是组织忠诚的维护者、支持者；情绪稳定、可以依靠，能够将工作自始至终贯彻到底。

弱点：对于改变后的工作系统适应性较差；见到实际应用后的结果才肯接受新观点；不喜欢变化，可能会有些僵硬、死板；不能理解与自己的要求不同的要求；对自己及对组织的贡献估计过低。

ESFJ 型：外倾、感觉、情感、判断型——"我能为你做些什么"

优势：他们是很好的合作者，能够与别人建立友好而和谐的关系；不论工作还是消遣，他们都愿意为团体尽自己的力量；工作勤奋，富有效率；认真；忠诚；遵守各种规章制度；善于组织，能够记住并利用各种事实。

弱点：对批评过于敏感，在紧张的工作环境中容易感到压力；没有得到表扬和欣赏的时候可能会变得失望、泄气；作决定过快，不考虑其他的选择；不能寻找新的方法解决问题；固执己见，甚至是僵硬死板。

ISFJ 型：内倾、感觉、情感、判断型——"我以名誉担保，履行我的义务"

优势：强烈的工作热情，认真负责，工作努力；对要有顺序的、重复的常规程序和任务有出色表现；细致、全面、注重细节；喜欢为别人服务，支持同事、下属的工作；喜欢用常规方法做事，尊重有头衔的人。

弱点：低估自身价值；对自己的需求不果断；经常由于兼职太多而超负荷工作；看不见将来后果的征兆；对突然的变化缺乏适应；如被认为不需要或不被欣赏，会灰心。

ESTP 型：外倾、感觉、思维、知觉型——"让我们忙起来！"

优势：观察力强，对于事实信息有着出色的记忆力；能够看出什么是需要做的事情；对于完成事情所必需的事项怀有现实的态度；乐于出售和洽谈；对于不同类型的人有很好的适应性；擅长于创造性的工作，天生的创业者。

弱点：不能看到行为的长期后果；对于他人的情感可能显得迟钝和不敏感；对于规则和章程很容易感到受约束；经常不能容忍行政性细节和程序；在行动上，对于最后期限和日程表没有责任感。

ISTP 型：内倾、感觉、思维、知觉型——"尽我所有，做到最好"

优势：会做好切实的任务和产品；能使杂乱的资料和难以分辨的材料有序化；通

常喜欢手工活儿和掌握工具的用法；通常喜欢一个人工作或者同尊重的人配合；有效区分和使用手边的资源。

弱点：缺乏语言交际的能力和兴趣；对抽象和复杂的理论很少有耐心；易疲劳和产生厌倦感；对别人的需要和情感表现出无动于衷；起伏不定而且不现实。

ESFP 型：外倾、感觉、情感、知觉型——"不要焦虑——快乐起来"

优势：现实，脚踏实地，有很强的判断力；喜欢积极地工作，对变化和种类的适应性强；在工作中创造生动、愉悦的氛围；在面对面或电话中，极善于交谈；能调动用户和员工的情感。

弱点：不善于提前计划和觉察行动预兆；易冲动、发脾气、焦躁不安；即使在很短时间内，独自工作都成问题；规范自己和别人时总不能达到要求；可能对不相关事物和言外之意悟性不足。

ISFP 型：内倾、感觉、情感、知觉型——"这是有价值的思想"

优势：喜欢亲身参与，尤其助人的职业；喜欢变化并能很好地适应新环境；意识到工作重要时，能努力工作；对组织忠诚，愉快地接受领导的命令；在积极支持的气氛中茁壮成长。

弱点：不考虑隐含的意思和动机；易于把批评和否定回答看得很重；不喜欢提前准备，安排时间上有困难；对过多的规则和官僚体制不适应。

（"信息广角"内容摘自[美]保罗·D. 蒂戈尔，芭芭拉·巴伦-蒂戈尔著.
张梅，张洁译. 《做适合你的工作》，谨表感谢。）■

你何处经营？
——探索职业

第五章
探索职业及职业环境评估

我们坚信,只有充分地了解自己,认识到自身的实力和弱点,才能成功地选择适合自己的工作。同时我们也看到,任何具体的职业也强调个人的能力和才华。也就是说,你选择职业,职业也选择你。即一方面根据自己的生活目标、职业价值观、兴趣和能力、个性特征,选择适合自己发展的职业;另一方面,职业也对你进行了选择,不同的职业对你或他的知识、能力、个性等都有不同的要求。

在对自己有一个基本认识后,会形成一定的职业倾向。接着我们必须了解就业市场上对应于自己的倾向的职业情况。包括了解职业:职业类别、从事该职业必须具备的基本素质和要求、从事该职业的个人价值和社会价值、从事该职业的准入制度以及它的发展前程、该职业的收入状况、该职业在市场上的需求情况、竞争程度等;了解企业或公司:企业文化、雇主等,分析这些公司和职业是否与自己当初的理解有偏差,是否符合你的价值观,是否与你的职业兴趣、能力和个性等相一致。美国职业指导的倡导者之一弗兰克·帕森斯在其著作《职业选择》一书中指出:"在明智的职业选择中,有三个主要的因素:①清楚地了解自己,了解自己的态度、能力、兴趣、志向、限制及其原因;②了解各种职业所需要的知识、各种职业中成功的必要条件、各种职业的利弊、报酬以及晋升的机会;③对上述两方面做出明智的思考。"

在上一章,我们找出了适合自己的一个或几个,甚至十几个的职业倾向,这些职业倾向是你在对自己进行自我剖析与自我评估的基础上产生的主观意愿,事实上,要寻找适合自己的职业目标,还需要了解职业及相应的环境,对环境进行评估。只有将两者结合起来,才能真正寻找到适合自己的职业,才能将自己的资源充分地、有效地配置与利用,实现自身价值最大化。

一、职业岗位探索

(一)职业类别

对职业岗位的探索,必须首先了解职业类别。我国职业分类的总体结构分为大类、中类、小类和细类(职业)4 个层次。其中包括 8 个大类、66 个中类、413 个小类,1838个职业。8 个大类中:

第一大类为：国家机关、党建组织、企事业单位负责人(其中包括 5 个中类、16 个小类，25 个职业)；

第二大类为：各类专业技术人员(其中包括 14 个中类、115 个小类，379 个职业)；

第三大类为：办事人员及有关人员(其中包括 4 个中类、12 个小类，45 个职业)；

第四大类为：商业及服务业人员(其中包括 8 个中类、43 个小类，147 个职业)；

第五大类为：农、林、牧、渔、水利业生产人员(其中包括 6 个中类、30 个小类，121 个职业)；

第六大类为：生产、运输人员及有关人员(其中包括 27 个中类、195 个小类，1119 个职业)；

第七大类为：军人(其中包括 1 个中类、1 个小类，1 个职业)；

第八大类为：不便分类的其他人员(其中包括 1 个中类、1 个小类，1 个职业)。

第一、第二大类主要是脑力劳动者，第三大类包括部分脑力劳动者和部分体力劳动者，第四、第五、第六、第七大类主要是体力劳动者。

随着社会经济的不断发展，新的职业种类将不断涌出。据一些国家的统计，目前职业近 2 万个。我国的新型职业呈现的速度更快，从 2004—2007 年劳动和社会保障部最近 3 年分 10 次发布了 106 种新职业，最新公布的 10 个职业包括乳品评鉴师、品酒师、创业咨询师、安全评价师、色彩搭配师、电子音乐制作师、劳动关系协调员等。

这些新职业你听说过吗：形象设计师、锁具修理工、呼叫服务员、汽车模型工、牛肉分级员、首饰设计制作员、动画绘制员、景观设计师、玻璃分析检验员、坚果炒货工艺师、厨政管理师、机械工程维修工、化妆品配方师、衡器装配调试工、豆制品工艺师、纺织面料设计师、汽车玻璃维修工、宠物健康护理员、会展策划师、模具设计师、商务策划师、客户服务管理师、家具设计师、信用管理师、网络编辑、房地产策划师、职业信息分析师、玩具设计师、黄金投资分析师、企业文化师、智能楼宇管理师、健康管理师、公共营养师、芳香保健师、宠物医师、医疗救护员、农业技术指导员、激光头制造工、紧急救助员、礼仪主持人、室内环境治理员、霓虹灯制作员、印前制作员、集成电路测试员、花艺环境设计师、网络课件制作师、数字视频合成师、体育经纪人、木材防腐师、照明设计师、咖啡师、调香师、地毯设计师、生殖健康咨询师、婚姻家庭咨询师等。

上海在 2007 年公布了 15 个新职业，包括育婴师、实验师、家具设计师、会展经营策划师、展馆讲解员、漫画师、美容指导师、游戏美术设计师、游戏程序设计师、网络课件设计师、信息安全师、服装跟单师、珠宝首饰评估师、色彩管理技术员和传感器应用技术员等。浙江省近几年来，据劳动保障部门统计，平均每年推出 10 多种新职业，特别是 2004—2006 年推出新职业的速度明显加快，两年新生职业近 40 种。

与新职业诞生相对应的是一批老职业正逐渐淡出或者被取代，旧体制下的职业与市场经济难以共存。比如说，按计划配置员工工资不利于员工工作的积极性，因此传统的"劳动工资员"已不见了踪迹；而随着市场化程度的不断深化，"供销员"则转型为"市场营销员"。工业化越发展，社会分工就越细，而知识经济和高科技的进步则赋予了传统职业新的内涵。比如由于通信行业的进步，曾经专替人转拨号码的"话务员"已经失去了原有的价值，与之类似的"接听员"现在则到处生根，但其工作内容不再是"转电话"，更多的是与对方的沟通、解答疑难等服务。经济的快速发展，人们物质水平的不断提高，对高品质生活的追求促生了社会服务性行业。在新公布的百余种职业中服务业占据了很大的比重，新公布 10 个新职业更是全部出自服务业，体现了人们对更高生活质量的追求。

据相关专家预测：

未来最受欢迎的 10 种人才是：懂市场营销管理人才；熟练技工、高级技工等技能人才；公关、策划人才；商贸会话、商业谈判和翻译技术人才；法律人才；培训人才；企业管理人才；产品设计、商标设计、广告设计人才；市场调查、预测、分析人才；会计人才。

未来 10 年的主导职业是：会计、计算机、软件设计、环保、健康与保健医药、咨询服务、保险、法律、老年医学、服务、公关与服务、市场营销、生命科学、咨询与社会工作、旅游管理与服务、人力资源管理等 16 种。

未来最有机会获得高薪的 7 类职业是：教师；律师；外语人才；心理医生；谈判人才；旅游人才；信息人才。

未来 10 年最走俏的职业是：多媒体专家；房地产、小轿车、保险业务推销员；电视节目主持人；职业企业家和外方代理人；科技工作者；环保和能源专家。

未来最紧缺的职业是：物业经理、物流经理、心理干预师、旅游营销人员、网络教师、ERP 实施顾问(Enterprise Resource Planning 企业资源管理计划)。

未来 10 年的 6 大快速发展领域是：生物技术；以信息技术为主导的高新技术主要包括计算机和互联网技术、人工智能等高新技术；新材料科学领域；新能源及相应技术开发领域；空间技术；海洋技术与海洋资源开发。

未来 10 年社会声望最高的职业是：管理咨询师；电信人才；软件工程师；国际公务员；培训师；注册会计师；精算师；高级电路工程师；教师；注册建筑师。

根据中国人民大学社会学系在 1998 年进行的调查，对我国的 100 种职业按声望进行排序，其结果为：科学家、大学教授、工程师、物理学家、医生、经济学家、社会学家、法官、飞行员、检察官、建筑师、高级军官、大学教师、银行行长、翻译、音乐家、作家、画家、教练员、记者、编辑、运动员、电视节目主持人、电台播音员、国家机关局长、公司董事长、导演、中小学教师、中级军官、服装设计师、国家机关处长、海关工作人员、地质勘探人员、公司经理、幼儿园教师、护士、空中小姐、大企业厂长、消防人员、会计、律师、公安人员、外企业高级雇员、农业技术人员、大饭店厨师、银行普通职员、交通警察、演员、电脑经销商、工商税务人员、国家机关职员、邮递员、士兵、房地产商、导游、美容美发师、出版商、公共汽车司机、图书管理员、单位工会主席、小企业厂长、保险公司业务员、外企普通雇员、车间主任、种田农民、时装模特、汽车修理工、列车乘务员、电工、环卫工人、兽医、裁缝、出租汽车司机、居委会主任、采购员、寻呼台小姐、房产管理员、木工、纺织工、专职炒股人员、售票员、矿工、个体户、流行歌星、建筑工人、印刷工人、小商店业主、小餐馆厨师、售货员、乡镇企业工人、进城经商农民、单位保安人员、进城做工农民、搬运工、保姆、包工头、废品收购人员、人力车夫、传达室人员。

未来的 66 个黄金职业是：企业高级管理、项目经理、品牌经理、人力资源管理师、信息管理师、策划人才、公关人才、广告人才、营销人才、需求分析师、大客户经理、营销讲师、基金经理、证券经纪人、股票分析师、信息主管、投资管理、保险精算师、资产评估师、理财规划师、网络策划师、IT 行业顾问、项目管理人员、数据通讯人员、知识经理、IT 审计师、网络警察、电子商务师、IT 技术整合人员、游戏专才、电脑美术设计人才、反病毒人才、软件测试工程师、网络存储人才、信息人才、房地产估价师、房地产测量员、注册建筑师、房产策划师、物业管理、执业药师、营养师、生物制药技术人才、高级医药代表、医药管理人才、心理咨询师、育婴师、私人保健医生、宠物医生、物流师、保险经纪人、证券与期货经纪人、房地产经纪人、文化经纪人、体育经纪人、购车经纪人、技术经纪人、高级秘书、形象设计师、同声传译人才、律师、涉外咨询师、计算机速记人才、拍卖师、导游、茶艺师。

从上述职业的发展趋势，从中我们可以了解到部分职业的种类。

社会专业化程度不断提高，分工越来越细，这是社会快速发展的必然趋势。新职业的不断涌现，将在一定程度上激发新从业者向未知领域求索与开拓。

按照目前大学生就业的三大走向，我们可以把职业分成三大类别：

> 产——经济实务、产业发展、企业管理与企业家
> 学——教学与科学研究
> 官——政府管理与公务员

（二）从事职业的基本素质和要求

1. 教学与科学研究：教师、科研人员

这类职业的社会价值：

➢ 思想家

➢ 社会工作者

从事教师职业必须具备的条件：①具有较强的言语表达能力，口齿清楚，发音正确；②热爱教育事业；③有好奇心；④较强的记忆力和理解能力；⑤专业知识扎实，知识面宽广；⑥较强的组织管理能力；⑦耐得住安静；⑧具备较好的心理素质；⑨良好的仪表仪态。

从事科学研究必须具备的条件：①有创造力，并有进取心；②有好奇心；③喜欢独立思考；④有丰富的想象力和直觉敏感性；⑤有强烈的自我意识和自我情绪；⑥闲暇、

安静；⑦有一定的表达力；⑧不为生存所迫。

2. 政府管理与公务员：政府官员、国家公务员

这类职业的社会价值：

➢ 维护社会秩序

➢ 保证社会公平

从事这类职业必须具备的条件：①较强的自律性、自我控制、自我管理的能力；②较强的法律意识；③具有较高的政治素养；④具有较强的组织管理、协调能力和决策能力；⑤有较强的调研能力和应变能力以及文字处理能力；⑥工作规范，生活有规律。

3. 企业管理、产业发展、经济实务与企业家：自己创业、外资企业、国有企业、民营企业等

这类职业的社会价值：

➢ 经济成就

➢ 社会贡献

从事这类职业必须具备的条件：①具有组织能力；②沟通能力；③合作能力；④具有冒险精神；⑤敢于挑战的勇气；⑥善于应变，不墨守成规，不喜欢朝九晚五有规律的生活；⑦勇于创新，对新事物、新环境、新观念有敏锐的感受能力；⑧具有文科的大逻辑和理科的小逻辑思维。

二、职业环境探索

当你针对自己的职业倾向了解到职业的类别、职业岗位以及从事该职业必须具备的条件后，接下来要做的工作就是选择相应于职业倾向的企业，并决定去哪家企业工作。有那么多的企业供你选择，而各个企业在很多方面如企业文化、经营理念、工作氛围以及企业规模和地理位置又不尽相同，你该如何选择适合你的企业呢？

(一) 了解企业的文化

一个企业的文化是企业长期以来形成的不可言传而靠自身行为来体现的信仰、价值观和行为态度等的总和。如何了解和评价企业文化呢？

1. 了解一个企业的核心价值观很重要

因为一个人在组织中的成败，常常要看他是否与该组织的文化相吻合。你只有了解并认同企业价值观，才能有彼此协调发展的可能性。你的职业满意度也取决于你个人的价值观与企业的价值观、个人目标与企业目标是否匹配。如果在价值观方面，你与企业保持一致，那么生活、工作就会成为一种更加和谐的体验。一个企业真正的价值观可以通过以下几方面的重视程度来判断：企业宗旨、企业品牌、经营理念、对雇员的态度、社会责任、关怀顾客的程度等；也可以从企业的发展历史和传统，有关创

业者和企业发展的决定性时刻的传说和故事中了解到，因为它们常被用来表达和显示出一个企业的核心价值观和文化。

例如，某星级宾馆要给所有住宿过该宾馆的顾客寄生日贺卡，如果你的生日正好是在所住宾馆度过，你会收到一份意外的惊喜——宾馆为你特制的生日蛋糕。

在沃尔玛公司举行领导干部的大会议室里，一块巨大的电子告示板占据了整整一面墙壁，但是这块告示板上显示的并不是随时变化的公司销售额，而是公司为实现顾客至上的目标而预测节省的金额。沃尔玛公司下属的教育机构名为山姆·沃尔顿学院(Sam Walton Institute)，负责公司业务方面工作的副总经理曾经对即将在这里通过经营干部课程培训的学员们提出这样一个问题："谁是最重要的人(Who comes first)？"学员们也毫不犹豫且异口同声地回答了这个问题："是顾客(The customer)。"

三星电子的某位事业部长每天早上 7 点钟上班，他会亲自打电话给自己曾经十分器重的部门负责人，询问他们的生活近况，并试图找出公司可以帮助他们的一些途径和方法。另外，他们有时会举行一些聚会，邀请那些退休人员参加，给他们送上包含真挚情感的小礼物，并且用温暖的话语鼓励他们。

在西北航空公司，班机来往的频率很高，而且几乎没有出现过延误起飞或降落的情况，那些长期在机票销售柜台工作的员工们可以准确地记住数百名常客的脸，并亲切地称呼他们的名字。但是这家公司对于那些无理取闹的乘客也有坚决的态度和相应的处理方法，那就是西北航空公司的 CEO 赫布·凯莱赫(Herb Kelleher)会亲自打电话给那些对待自己员工态度恶劣的乘客。通过这样的行动，西北航空公司的全体员工心中都树立起一个信念，那就是公司就是他们坚实的后盾。[①]

从上述企业中，我们能感受到某星级宾馆和沃尔玛公司是顾客至上的企业文化，三星电子是珍惜人才的企业文化，西北航空公司是企业大家庭的企业文化氛围。

2. 了解企业的形象

我们对一个企业的了解往往是从一个企业的外表形象开始的，如企业的地理位置，是在长江三角洲还是在珠江三角洲；企业的规模大小，如有多少员工，硬件设施如何；企业的类型，如企业的所有制性质、企业的隶属关系等。其实，一个企业的形象代表了一个企业的品牌，它是企业的核心价值观以及经营理念与行为准则的反映和体现。同时，企业的形象也显示了一个企业的真实品质。

此外，你还可以从企业招聘员工的方式，如企业爱招什么样的人、如何看简历、如何面试、对员工的培训以及员工的职业生涯设计等方面了解企业。近几年，不同的企业在招聘中的倾向以及对简历的要求和关注是不同的。这从一个侧面反映了企业看重人才的是哪一方面。

比如，欧莱雅公司会让应聘者选一个品牌代言人，策划一个活动并预计经费等。通过一轮轮的面试，长时间的接触，并通过问许多专业性并不强的问题，试图发现真

---

① 李相铉，刘必和著. 于萌译. 经营宪章——三星，与众不同的公司. 太原：北岳文艺出版社，2004. pp. 5—10.

正跟公司文化吻合的人才。

每个企业的选人风格都有侧重面。如宝洁倾向于选择"活跃"的人才。同样一个人，宝洁也许觉得"拘谨"，IBM 却可能会认为是不可多得的人才。

有许多用人单位主要看重态度，看其内心是否真的渴望这个工作，有没有团队精神，认不认同企业文化等。

比如，TCL 集团人力资源总监虞跃明，在接受记者采访时这样说道："对于简历，我认为就四个字：实事求是。这是我最好的建议。其次，简历要简洁明了。我们一天会面对几百份简历，如果都是花哨的一大堆，机会就少很多。"

爱立信人力资源部副总裁牛艳娜说："好的简历，目的性要强，用人单位需要什么，你就提供什么。对于你的职务要求，表述要简洁、平实、有力，语言要清晰，逻辑性要强，这些是基本的要求。你还应该是个有心人，针对招聘单位的特点和要求，'量体裁衣'特制一份简历，表明你对用人单位的重视和热爱。很多人的求职信就像公文，千篇一律，送给哪家单位只需换个称呼就行，让人感觉他对应聘的公司一无所知，诚心不够，自然很容易被拒之门外。"

中国广厦控股创业投资有限公司人力资源总监徐征宇说："很多学生太盲目，制作的简历没有针对性。"他认为，这就是现在应届大学生求职中存在的最大问题，求职岗位写了五六个，秘书、营销、策划等什么都有。一来求职者不知道招聘单位最需求的岗位是什么；二来招聘单位无法确定这个求职者的特长、志向和兴趣在哪里，这样成功率很低。

雅戈尔集团办公室副主任奚赛芬说："一份清晰的简历，能让面试时的问题变少。"她认为，在很多时候，招聘单位看到的简历说得天花乱坠、不知所云，而包装花枝招展，像文案策划设计之类的"天书"，有时都怀疑求职者是企划人才。对于跳槽经历，他们不会特别排斥，而是分别对待。比如，他们十分重视员工对企业的忠诚度，会了解他跳槽的动机以及背后的情况，假如求职者是因为原单位没为他或不具备为他提供好的发展平台与契机的原因而跳槽，是可以接受的。

某知名国际餐饮企业的人力资源部朱经理说："简历不要作假，不要写上那些自己没做过的事情。"在看简历的过程中，跳槽经历他们也很看重。一般来说，过于频繁跳槽的人不会赢得他们的好感，这样的人他们不会考虑。与此相反，一个人要是工作五六年都没有任何跳槽经历，这样的人感觉太稳，可能缺少一定的激情。她认为，最适当的跳槽经历是 3 次左右。

西门子中国有限公司人事经理谢克海向求职者建议：简历一定要简单明了，我们首先选择看上去让人感到舒服的简历，有的人为了求新，在封面上用了"大美人头"，用很怪异的文字，有的简历写得像"病历"，很乱。这样的简历，西门子一般看都不看，就直接淘汰。

浙江浙大网新兰德科技股份有限公司人力资源总监张忠说："我不喜欢特别花哨的简历。"张忠在不久前就收到过一份非常厚、装潢非常精美的简历。简历中还附有光盘，还有很多搞过的项目资料。

联邦快递公司负责人力资源管理的亚太地区副总裁陈嘉良以其多年的工作经验坦言：简历不能太夸张，也不能太平淡。简历和求职信最好一张纸，不要翻页。要回答三个问题，一是为什么申请这份工作；二是为什么说你适合这个工作；三是未来你怎样为公司作贡献。他还说，简历中要费一些心思突出自己与别人的不同。有的学生花很大工夫罗列课程，强调自己涉猎广泛，兴趣多多，无所不通，但效果并不好，因为几乎所有的人都在这样做。相反，有的人只写他成长过程中的一个故事或一段经历，隐含了他与众不同的性格和才能，使招聘者感到好奇，就留给他一个面试的机会。

从用人单位的角度看，求职目标没有针对性、简历盲目乱投，简历过于花哨、虚构经历、欠缺真诚，不合适的跳槽频率等都是简历之败笔。好的简历应该短小简洁，令人过目难忘。好的简历肯定能吸引招聘方的眼球，让他们看到你的简历就产生与你见面的冲动，要根据应聘的岗位有针对性地亮出你的优势与特长。一份有分量、有内涵而短小简洁的简历是你通往理想职业的敲门砖。

比如，上海盛大网络发展有限公司的总裁唐骏先生在微软中国区任总裁时，5年面试2000人，他在接受记者采访时说道："我非常相信我见到时的第一印象。如果以100分为满分的话，那么第一感觉占到70分，此后的交流只是对我第一感觉的修正。在面试者进来前通常我会花两三分钟看一下他们的背景资料，但这个已经不重要了，我不是考察他(她)的技术和对公司的热爱程度，这些前面的面试官已经都有判断了。我只凭自己的感觉，一个眼神、一个动作，甚至是他报手机号码的节奏，都可以判断这个人的个性是否适合这个公司、这个职位。例如，有一位上海交大的女学生，年年成绩都是该专业第一，非常优秀。她来面试时一进办公室就脱下外套，放在沙发上，然后问我该坐哪个椅子(我的办公室里有两个椅子)。从她的表情和行为中我观察到：一、这个人自我感觉非常好；二、这个人习惯以自我为中心；三、这个人可能不拘小节。这三点单独来看，微软都不排斥，不苛求，但她应聘的客户服务部工程技术师，这是一个要求严格规范、服务性与技术性强的工作，这三点结合起来，她就不适合这个岗位了。也许她在以后的工作中能改，但这要花很大的代价。如果她应聘市场推广部就更合适。还有一位是复旦的学生，我问她："你对微软了解多少？"她没说话。我说："编点也行啊。"因为第一眼我就判断出这个学生成绩不太好，她来微软前没有准备，是抱着无所谓的态度。但最后我录取了她，因为她有一点灵气，或者说就是我所说的Sense很好。这意味着她学东西很快，一旦给她合适的环境她会做得很好。果然现在她已经是一个部门的小经理了。事实证明我判断的准确率达到90%以上。其实一个公司并不需要科学家式的人才，我们需要的就是普通人，有灵气，有悟性，有可塑性就好。"

(二)了解雇主

选择一个好的雇主，对一个人来说，也是一辈子受益的事。很多企业家认定员工必须具备的品质，其实正是他们自己所具备的品质的缩影，他们对自己的要求，往往也正是他们成功的关键。你应该首先了解雇主们在寻找什么？2006 年 7 月 11 日的《钱江晚报》刊登了几位雇主在招聘时最重视的十大品质。

西门子(中国)有限公司副总裁王伟国最重视喜欢和投入的人才。他说："我很幸运，一开始就找到一份适合自己的工作。因为喜欢，所以投入，眨眼已经在西门子呆了近 20 年。我在德国读大学和研究生，学的是计算机科学专业，在等待论文答辩期间，看到了西门子的招聘信息，他们打算开发新产品投放中国市场。我所学的专业，和我的中国文化背景，都符合他们的要求——几乎就是专门为我设置的职位，于是决定去尝试一个(其实原本王伟国已经决定读博)。没什么悬念，面试很顺利就通过了。在继续读博和进西门子工作之间，我选择了后者。进入研发组，大家都很投入，从早到晚满脑子都是程序。因为兴趣相投，大家沟通也很顺畅，1 年时间，新产品就研发成功了(当时西门子其他新产品研发周期都是比较长的)。得到嘉奖，干劲就更足了。这时，我总结了一下，觉得自己更喜欢做营销。转型问题摆在自己面前，但我相信只要用心投入地去做，就没什么困难。于是，我开始跟着营销部的人参与技术销售，学着与客户接触。有技术支撑，做起销售来得心应手，自己的各种优势得到了最大的发挥。很多人都会抱怨工作不顺，其实首先应该自省一下：这份工作是否适合自己？自己不喜欢的事情是不可能投入的，即使勉强去做，也肯定做不好。"

话机世界集团董事长赵伯祥最重视踏实和坚韧的人才。他说："我们零售行业，服务至关重要。近几年我们发展比较快，招的人也比较多，一般我一次要招 50 个人，但最后能用的顶多也就十几个，因为我要求他们都要从底层做起，很多人吃不消。后来我改变了方式，招进人来，第一天我就给他们上课，把公司面临的所有艰难告诉他们。结果，往往第二天就只剩下 30 个人，我的目的也达到了——走掉的那些人，即使现在不走，以后还是要走的。但这 30 个人，最后能剩下的大概也就十几个。不同的企业对员工要求不一样，我们零售企业对细节关注比较多，所以做事情必须踏实。另外就是要坚韧。聪明的人很多，很多人想法很好，但让他去做却是虎头蛇尾，一碰到困难就趴下没声了。前不久我们招进一个总经理，原来在一家知名外资企业做到了一定的职位，但进我们公司，按规定必须从营业员做起。我们营业员要求站立服务，一天六七个小时候站下来，他的腿都肿了，但他坚持下来了，没吭过一声。这样的人才，才是我们所需要的。"

颐高集团董事长翁南道最重视谦虚和务实的人才。他说："我喜欢用尖子生，但并不说明凡是尖子生都是可造之才，有时候谦虚、务实更重要。棒杀和捧杀的故事可能大家都听说过，在现实生活中，我就遇到这么一个故事。我招聘的员工中，有一位是在校时就非常优秀的大学生，没毕业时就被学校、媒体捧为大学生创业典范。可是在我们企业工作几年以后，几乎听不到他的声音。我们先不说他是不是被捧杀的，至少有一点，我想他心太高了，其实我一直在关注他，可惜他一点成绩都没做出来。现在我身边有一个小伙子，他毕业的学校不如那个'创业典范'有名，在学校里时也不出跳，但他来我们企业后，做事情非常稳健，也很谦虚。前段时间，我们在北京有一个项目，他是北京人，很希望去北京做那个项目，我没同意，还把他放到了绍兴。他一点都没闹情绪，照样很认真地工作，现在已经做到了绍兴地区总经理。这样的人，我很喜欢，也一定会给他机会。"

绿源电动车有限公司董事长倪捷最重视诚实和忠诚的人才。他说："前年，我忽然对招聘很有兴趣，每天去看各种招人的网站，还亲自出马做了一回人力资源部经理。那时我觉得绿源需要技术人才，于是召开了隆重的招聘大会，还专门组成了考评委员会。2004 年 10 月，经过考试、面试，我一口气招了 20 多人，但结果'全军覆没'——到现在没一个人留下来。有些人面试的时候，我对他们感觉都很好，结果却发现很多人基本品质有问题，做事会弄虚作假。有些甚至开假发票牟私利。所以绿源很少招人，也因为很多人已经跟了我 20 多年，尽管文化程度不高，但忠诚度很高。像我这里，原来负责国际部的一个员工，大专毕业，为人很实在，话不多，但做事情井井有条，国际业务处理也非常好，一开始语言不过关，但现在已经完全能独当一面了。晚上，他很自觉地在办公室加班到很晚，投入精神很强。这些我都看在眼里，应该给诚实、忠诚的人多一些机会。"

杭州绿盛集团董事长林东最重视坚强和感恩的人才。他说："跟在座的老总比起来，我的年龄是最小的，但起落却可能是最大的。10 多年前，刚从学校里出来的时候，我向家里借了 30 万元就出来创业。第一个产品是颗粒橙，生产出来，已经是秋天了，过了饮料旺季，就这么失败了。转眼到了第二年夏天，棒棒冰大流行，我马上放弃颗粒橙转向棒棒冰。设备现成，成本几分钱的水和糖，流出机器就能卖一元。那三个月，钱真的跟天上往下掉似的，一下子赚了 40 万元。然而，仅半年，失败再一次光临：我选择做牛奶。尽管当初市场上品牌牛奶寥寥无几，但我生产出来的牛奶却卖不掉，最后只能贱卖，这一仗我亏了 100 万元。从头再来需要勇气，当时，我真觉得自己撑不下去了。欠了一屁股债，那年过年连家都不敢回，只好每天到市场买牛肉，做成牛肉干卖。慢慢地，牛肉干生意有了起色，到年底就把债还了。去年，我的牛肉干销售有 3 亿多元。现在想想，幸亏我那时坚持过来了，那个原本被我认为'低档'的传统行业牛肉干，如今却成就了自己的事业。在这个过程中，我也学会了感恩，所有在你困难时候拉过你一把的朋友，都要感激他们。我很喜欢交朋友，真诚地待人，你得到的机会会比别人更多。"

现在许多企业对大学生的要求是不仅具有专业能力，更需要有敬业精神，要德才兼备。同时要具有综合能力，如适应能力、沟通与交往能力、组织与协调能力、团队合作能力、学习能力、思维与创造能力等，希望你立即就能给企业产生经济效益。目前，雇主对大学生的招聘，还比较重视个性特征。如某一外资企业在招聘 2 名销售主管时，有 7 名硕士生、1 名博士生及十几名本科生应聘，其中的 1 名博士生条件最好，但经过人格倾向测评后，最后选用了 1 名本科生和 1 名硕士生。另外还考虑到用人的成本，用人单位普遍存在这个问题。如同一岗位，完全可以用高职高专动手能力强的毕业生，但他们要招聘本科以上高学历高层次的毕业生，这是因为他们在有可能选择的条件下，可以减少用人的成本支出。事实上，大多数雇主变得越来越有鉴别力。

接着了解你未来的雇主是怎么样的？比如：2005 年 8 月 4 日，《钱江晚报》刊登了 3 位成功企业家的艰辛创业路及他们的人生价值观和信念的报道。

蒙牛乳业集团董事长牛根生的人生信念是：动摇的结果只有一个，就是失败；不动摇的结果却有两个：成功或失败。把这个道理想明白，就不会动摇。他的品格在于：小胜凭智，大胜靠德，一点小成功，有点小智商，辛苦一下就可以了。但真正要笑到最后，笑到很久的未来，需要厚德载物。尽管这样，你有的也是成功或失败两种结果。

格兰仕集团董事长梁庆德的人生信念是：月有阴晴圆缺，人有旦夕祸福。做企业也一样，关键是自己要有主心骨。苦难是人生的财富，大难必有大福。他的品格在于：自信、谦虚、好学。自信能让你百折不挠，愈挫愈坚；谦虚能让你保持平和心态，认识不足，知道山外有山，天外有天；学习能使你不断进步，与时俱进。

新希望集团董事长刘永好的人生信念是：我当过教师，当过农民，有了这些经历后，我想即使有一天我忽然什么都没有了，我也不怕，我还可以当农民。他的品格在于：当一个人只把挣钱当作他追求的唯一目的时，那正是他最悲哀的时候，支撑一个人不停前进的是不断追求、奋斗。

未来雇主们的人生价值观、领导风格、品质等都直接影响企业和员工，也影响到你未来的发展。所以，了解雇主是你在确定职业目标和发展方向中不可忽视的一个重要内容。

了解未来雇主的途径有很多，如从企业招聘的信息中获取、从广告中获得、从企业的品牌中寻找和感悟，也可以从企业的面试测重点了解到雇主的倾向性。如微软：注重是否足够聪明，是否有创新激情，是否有团队精神，专业基础怎样；如民生银行：着重考察求职者的悟性；如摩托罗拉：注重对人品的考察，希望听到不同的声音；如宜家：招聘关键词是信任与诚实。在我国的外资企业大都看重名校生，强调素质与技能；国有企业看重成绩，更看重"忠诚度"；民营企业看重务实性和灵活性。在一次杭州市人才招聘会的调查中，用人单位对人才的具体素质要求中，团队合作占 31.7%、工作经验占 29.6%、个人能力占 26.4%，位居前三，其他如创新精神、个人品质也是他们考量的指标之一，学历只占 4.7%。

比尔·盖茨写给即将走出学校、踏入社会的青年一代的 11 点忠告是很有启发的：

1. 生活是不公平的，你要去适应它。

2. 这个世界并不会在意你的自尊，而是要求你在自我感觉良好之前先有所成就。

3. 刚从学校走出来时你不可能一个月挣 6 万美元，更不会成为哪家公司的副总裁，还拥有一部汽车，直到你将这些都挣到手的那一天。

4. 如果你认为学校里的老师过于严厉，那么等你有了老板再回头想一想。

5. 卖汉堡包并不会有损于你的尊严。你的祖父母对卖汉堡包有着不同的理解，他们称之为"机遇"。

6. 如果你陷入困境，那不是你父母的过错，不要将你理应承担的责任转嫁给他人，而要学着从中吸取教训。

7. 在你出生之前，你的父母并不像现在这样乏味。他们变成今天这个样子是因为这些年来一直在为你付账单、给你洗衣服。所以，在对父母喋喋不休之前，还是先去打扫一下你自己的屋子吧。

8. 你所在的学校也许已经不再分优等生和劣等生，但生活却并不如此。在某些学校已经没有了"不及格"的概念，学校会不断地给你机会让你进步，然而现实生活完全不是这样。

9. 走出学校后的生活不像在学校一样有学期之分，也没有暑假之说。没有几位老板乐于帮你发现自我，你必须依靠自己去完成。

10. 电视中的许多场景绝不是真实的生活。在现实生活中，人们必须埋头做自己的工作，而非像电视里演的那样天天泡在咖啡馆里。

11. 善待你所厌恶的人，因为说不定哪一天你就会为这样的一个人工作。

从比尔·盖茨写给即将走出学校、踏入社会的青年一代的 11 点忠告，你了解到什么？你想到了什么？你想做些什么？

三、职业市场探索

对市场对人才的需求状况、人才对市场的供给状况、人才市场的准入制度与标准，以及就业发展趋势等就业环境要有一个清楚的认识和了解，这样才能有目标地进行选择，并能获得更多的就业和成功机会。

（一）了解就业形势

目前我国的就业形势非常严峻，对于大学生来说，有两组数字足以说明。

第一组数字：全国大学毕业生数量的变化，从 2001—2007 年大学毕业生人数分别为 90 万、160 万、212 万、280 万、338 万、413 万、495 万。这几年都是以 20% 左右比例增长。这个幅度在增长，与你拼抢饭碗的人就在呈快速上升。

第二组数字：近几年公务员报考炙手可热。2008 年国家公务员考试"温度"再次打破纪录。据统计，2005、2006、2007 年连续三年中央国家机关公务员考试，报考人数和平均竞争比例分别为 31：1、48.6：1、50：1，2008 年报考与计划录取比例平均为 60：1，其中最热门职位的竞争比例高达 3592：1。

浙江省报名公务员也出现了与中央国家机关公务员考试不相上下的火爆场面。2004 年，浙江省公务员有 5000 多岗位虚位以待，仅第一天就有 60 万人次点击网络浏览，造成网络堵塞。现场报名第一天，省级机关报考人数达 4200 多人，杭州市公务员报考人数为 3800 人。层次较高或经济待遇较好的单位和部门的竞争更加激烈，比如省级机关公务员招考 117 名，网络报名的有 6000 多人，平均近 43 个人抢一个岗位。

浙江省近几年招考总数每年在下降，2005 年为 5587 名、2006 年为 4144 名、2007

年为 3813 名，但报考的人数却在急剧上升。2007 年浙江省招考公务员 3813 名，注册报名人数达到 219500；2008 年招考 4228 名，注册报名人数已达 257689 人，比 2007 年多了 3.8 万余人，平均 1 个职位大约有 60 人报名。

有人评价说，公务员考试已成为竞争最激烈的考试，录取率远低于高考和考研。

对于高职院校的学生来说还有第三组数字：全国独立设置的高职高专院校已达 908 所，占普通高校总数的 58.5%；高职教育的在校学生已达 700 万人，约占普通高校学生数的 52.3%，学生和院校的总数占半壁江山。

当然，就业形势严峻的原因是多方面的。从大处来讲，我国总体就业压力大，这几年高校扩招，大学毕业生呈两位数的百分率在快速增长，但从大学毕业生自身的角度来讲，有的在找工作时本身就很迷惘，不知道自己适合什么职业，对自己不了解，当机会来临时，就不知道该如何去把握。有的片面追求个人的愿望、个人理想，片面追求工作环境、生活条件，对环境没有进行客观的分析和评估，所以即便自身条件非常优越，也难以找到理想的工作。另外，就业的不均衡问题也较突出，经济较发达、城市条件好的，人才供过于求，而边远地区、经济较落后地区则招不到需要的人才。城市的大学毕业生不愿意走出去，郊区的则都想往城市挤。长江三角洲、珠江三角洲就业相对难，而西部则需要鼓励就业。

（二）了解就业趋势

根据国家人事部在 2005 年 4 月的有关统计预测，我国今后几年内急需的人才主要有以下 8 大类：以电子技术、生物工程、航天技术、海洋利用、新能源新材料为代表的高新技术人才，信息技术人才，机电一体化人才，农业技术人才，环境保护技术人才，生物工程研究与开发人才，国际贸易人才和律师。人事部的报告仔细分析了几大热门专业人才今后的就业前景：①网络人才吃香；②土木工程、汽车制造、中医药业受宠；③外语、电子类专业前景依然乐观；④市场营销、国际贸易专业需求旺盛；⑤中文专业魅力不减。国家人事部在其官方网站发布了 2006 年就业 10 大热门专业，分别为：机械设计与制造类、计算机科学与应用类、信息与电子类、市场营销、管理类、建筑类、电气工程及自动化、英语、医药卫生、财会。

最近，浙江省杭州市发布了近几年紧缺人才开发导向目录，共分 10 大类紧缺人才，分别是高层次人才、信息产业人才、现代服务业人才、生物医药人才、现代制造业人才、城市建设和建筑类人才、文化教育卫技人才、农业技术类人才、经营管理类人才和高技能实用人才。

趋势一：制造业用人需求呈大幅上升趋势。由于我国的劳动力较发达国家充足、廉价，他们纷纷把制造业生产基地瞄准了中国。从经济全球化的角度分析，是经济全球化对我国就业所产生的影响。这也意味着我国的就业在全球范围内得以配置。

趋势二：新型职业不断涌现。全国近三年来推出新职业 106 种，就浙江省来说，近几年来，房地产经营中介员、室内装饰工程管理员、茶艺师、服装制版师、汽车美容装潢工、电子商务师、网页设计制作员、多媒体制作员、数码影像技术员等一大批新职业推出。据劳动保障部门统计，浙江省平均每年推出 10 多种新职业。

趋势三：新添职业中服务类居多。国家劳动保障部最近发布的 10 个新职业里面依然是服务业居多数，这反映了第三产业在我国经济高速增长背景下持续发展的一个态势。这些职业大体可以分为两类：一类是生产服务类职业，比如机械工程维修工、化妆品配方师等。第二类是生活服务类，比如生殖健康、婚姻家庭咨询师等。

趋势四：大学生自主创业呈上升趋势。国家鼓励大学生自主创业，党的十七大明确指出要以创业带动就业。在相关政策方面也有所体现。从 2006 年开始，特别是 2007 年以来，勇于创业和成功创业的大学生越来越多。在浙江，创业的热情四处涌动，一位陕西的在浙江工商大学读书的同学就曾经说过，他现在的创业激情完全是被周边的氛围激发出来的，学校里有很多志同道合的同学，有想法大家就会互相鼓励去做，如今回到家乡了，还很怀念当时的那种创业热情。环顾周围，各种大学生创业大赛屡见不鲜，大学生老板也是层出不穷，2007 年浙江省评出了 20 名大学生"创业之星"。其中，10 名为浙江省大学生"最具潜质创业之星"，10 名为浙江省大学生"成功创业之星"。

趋势五：去基层、去西部开发与创业。这是政策导向，我国为发展西部地区的经济，已经相应出台了鼓励人才到西部地区工作的政策。2005 年，中共中央办公厅、国务院办公厅印发文件《关于引导和鼓励高校毕业生面向基层就业的意见》，这是新时期带有根本性、方向性的纲领性文件。特别是到西部和艰苦边远地区就业，这个文件的出台是非常及时的，它是当前和今后一段时期内指导毕业生就业工作的重要文件。胡锦涛总书记还对毕业生到基层和西部就业专门作出批示。

高职院校学生的就业趋势，教高〔2006〕16 号文件《关于全面提高高等职业教育教学质量的若干意见》明确指出，高职院校培养目标是培养面向生产、建设、服务和管理第一线需要的高素质技能性人才。所以，高职学生面向基层就业已成为必然选择。但从我们对某一高职院校 18 个专业 756 个学生做的调查问卷中，关于"就业地区的意向选择"这一问题，其中选择"在杭州"的占 38.86%，"除杭州以外的经济较发达的城市或沿海地区"的占 19.75%，"回家乡所在市县工作"的占 23.79%，"去农村或基层"的只占 2.58%。"下不去"仍是高职院校毕业生和本科院校毕业生就业最突出的问题。这也是我国目前就业结构性矛盾的直接体现。

（三）了解就业政策

为了对大学毕业生的就业进行宏观调控与指导，国家和各省、自治区、直辖市都制定了相应的政策与制度。了解有关的就业政策与制度，在选择适合自己的职业时，是必须考虑的因素之一。主要从下列几方面进行了解。

1. 当地的落户政策

按照国家现行的有关规定，毕业生在毕业的时候，如果没有落实就业单位，可以在原毕业学校保留两年的关系。杭州市人民政府办公厅《关于做好 2004 年我市大中专学校毕业生就业工作的意见》(杭政办函〔2004〕212 号)规定，取得高等教育自学考试、成人高等学历教育、现代远程高等学历教育等国家承认学历的应届本专科毕业生在杭落户必须同时具备以下条件：①取得浙江省高等教育自学考试毕业证书及其他高等教育学历考试毕业证书的浙江籍非在职本专科毕业生；②年龄在 30 周岁以下且未婚；③在杭落实就业单位。对非杭生源的毕业生来杭就业，根据杭州市有关规定，对全日制普通高校本科以上学历毕业生，实行"先落户后就业"政策；普通高校专科(高职)应届毕业生，在杭落实专业对口的就业单位也可办理接收落户手续；至于中专学历毕业生，除杭州知青子女、省级优秀毕业生、工科类校级以上优秀毕业生等以外，市区一般不接收外地生源的中专毕业生。

2. 从事某职业就业的准入制度

按照国家规定实行就业准入的职业，从业者和初次就业者必须取得相应职业资格证书后方可上岗，如注册会计师、注册税务师、执业药师、经纪人、职业咨询专家、心理咨询师、律师、教师、导游等资格证书。

3. 当地鼓励大学生自主创业的政策

浙江省杭州市 2003 年就出台大学生创业的优惠政策。根据杭工商企〔2003〕114号文规定，高校毕业生自主创业、从事个体经营(除国家限制行业外)，自工商部门批准经营之日起 1 年内免交个体工商户登记注册费(包括开业登记、变更登记、补换营业执照及营业执照副本)和个体工商户管理费、集贸市场管理费、经济合同鉴证费、经济合同示范文本工本费。2007 年杭州市出台了《杭州市高校毕业生创业资助资金实施办法(试行)》。《实施办法》提出要设立杭州市高校毕业生创业资助资金，鼓励大学生创新与创业，拓宽就业渠道。根据办法及其操作细则，杭州市财政每年从人才专项资金中安排一定数额的资金专项用于资助符合条件的普通高校应届毕业生在市区(上城、下城、拱墅、江干、西湖、滨江区，下同)创业。创业资金的资助对象为已在杭州市区创业的高校毕业生，从事生产经营项目为当年度杭州市产业发展导向目录中非禁止、非限制发展类项目。要求在校期间无不良信用记录和违法行为。具体分三类：杭州市[含所辖区、县(市)]生源高校毕业生，同时符合下列条件：①毕业后两年内(以工商部门名称预登记为准，但不包括名称预登记六个月延期，下同)以本人名义在市区创办企业或从事个体工商经营。②外地生源在杭高校毕业生，同时符合下列条件：毕业后两年以本人名义在市区创办企业；所创办企业从事科技成果转化或研发项目，或从事文化创意类项目。③外地生源非在杭高校毕业生，应同时符合下列条件：毕业学校为教育部直属重点高校；本科及以上学历；毕业后两年内在市区注册公司制企业，并担任法定代表人；所创办企业从事科技成果转化或研发项目，或从事文化创意类项目。(注：毕业后两年内是指 2007 年及以后毕业的普通高校毕业生自毕业证书签发之日算起的两年。高校毕业生创办企业或从事个体工商经营的，以取得工商营业执照为准。)资助的方式分两种，申请人只能选择创业资金的一种资助形式进行申请。一种是商业贷款贴息，申请人毕业后两年内可获得银行商业贷款，贷款要应用于生产经营相关开支，对实际应支付的贷款利息给予50%贴息，最高额度为1万元。另一种是项目无偿资助，要求申请人有具体的创业项目并具有可行性，根据项目的科技含量、经济与社会效益、市场前景等，择优选择资助对象，确定资助等级与金额。项目无偿资助分为四个等级：2万元、5万元、8万元、10万元；用于购置经营设备费用，生产经营场所租金、管理费、水、电、通讯费等，以及其他项目实施相关费用。符合条件的申请人须在毕业后两年内提出申请，市级企业向杭州市毕业生就业服务中心提出申请，区级企业向所属区人事局提出申请，逾期不再受理。已获得市、区财政性科技经费、文化产业发展专项资金、动漫业发展等方面专项资金(经费)项目资助的毕业生，不得再重复申请创业资金。(注：申请时须提供以下材料：杭州市高校毕业生创业资助资金申请表；身份、户籍、学历、工商注册(登记)证明；由毕业学校出具的在校期间无不良信用记录和违法行为的证明；申请项目无偿资助的须提供商业计划书或项目可行性报告、相关支出的合同和凭证，等等。)

4. 鼓励大学生去西部地区工作的政策

国家在这方面出台了几项优惠政策：①对原籍在中、东部地区而去西部工作的高校毕业生，实行来去自由的政策。户口和档案可转到工作地区，也可转回原籍，由工作单位或原籍所在地政府人事行政部门出具有关证明，协助其办理落户手续。对到西部贫困、边远地区工作的高校毕业生，可以提前定级并适当提高工资标准。人事部还要求各地积极引导高校毕业生进入国有大中型骨干企业及承担国家重点工程、项目的单位。②为鼓励北京生源毕业生到西部工作，凡北京生源毕业生到西部工作，户口可落在北京，并建立《北京生源毕业生到西部就业联系卡》，在西部工作满三年后可随时申请回北京。回京后，凭卡由政府人事部门所属人才中介服务机构推荐工作。③国家鼓励大学生到西部地区、基层就业。为此做出的规定包括：坚决清退农村中小学不合格的教师和代课教师，空出岗位吸纳大学生任教；基层金融、工商、税务、审计、公安、司法等部门原则上要求大学学历以上人员担任；中央国家机关各部门从应届毕业生中录用的公务员，要安排到西部地区基层单位锻炼一至两年。④西部地区相关省、自治区、直辖市也制定了不少优惠政策，以吸引优秀人才到西部就业。

在毕业时办理就业手续的相关规定也要了解。如与用人单位必须签订就业协议，方可从学校取得到用人单位的报到证。就业协议书是高校派遣毕业生的依据，根据有关政策规定，毕业生离校前落实就业单位的必须签订就业协议。由于部分毕业生对就业政策不够了解，所以部分毕业生的合法权益得不到应有的保障。

新的《劳动合同法》和《就业促进法》于2008年1月1日起实施。这两部法律将成为劳动者依法维护自身合法权益的有力武器，也将成为工会参与协调劳动关系，维护职工合法权益的全新法律依据。

你能为下列案例中的同学解答困惑吗？

李老师：您好！很早我就想给您发邮件。自从上个星期四听了您的职业规划的讲座，就很想跟你聊聊，不好意思耽误您的时间了。

尽管有人说考上研究生的女生会嫁不出去，我目前已经做好了考研究生的打算。但是对于读完研究生后的计划(不知道我是不是打算得过早)我有些茫然，我所考虑的路也不外乎三条：1．进公司；2．考公务员；3．做老师。可能我把未来理想化了，对于这三条路我还没选择好。两年前我正是抱着进公司、当白领的理想进了财经类院校。但是最近通过搞社团，我发现对于这些方面缺乏热情与兴趣，觉得很辛苦，我害怕自己不是做白领的料，所以现在很迷茫，不知道老师和公务员是否适合我，我不知该如何选择以后的路，希望能得到您的指导和帮助。我也希望有机会做个人才测评，分析自己的性格，希望将来的工作自己能做得开心。对于人才测评方面能给我点意见吗？

个案：工作一年之后又面临的问题

知彼解己

没有想到，找工作难，找到工作后重新选择更难。我不知道我的经历是否有代表性，其他和我有类似条件的人情况如何？但我遭遇到一个比较时髦专业所带来的工作问题。我两年前高职院校毕业，学的是当时比较流行的物流专业。毕业后第一份工作是在一家特产公司的货运中心做助理。理应是很不错的一份工作，但我怎么也喜欢不起来，这份工作就是我小时候一直认为的搬运工。一年半以后我跳槽，去了一个小公司设在本市的办事处，后来由于觉得他们的很多做法很不正规，我干了一个月就辞职了。然而再一次找工作十分困难，一是现在工作压力很大，二是像我这样的学历选择的范围实在太小，三年的大学除了比别人多会一些物流知识外我似乎并没有什么其他优势。

在没有工作的日子里，我想了很多，我在想我到底喜欢和适合什么样的工作。最后我决定去读专升本，也许今后做公务员、做管理等工作。我现在觉得工作的稳定是很重要的，但是我还是有一点犹豫，我害怕自己的这个决定是不是因为没有了工作而选择的一种逃避的方式。希望你能为我指点迷津。

个案分析：

你碰到的问题，有相当的代表性，一是你对专业的认识不足，很多学生跟你一样学到了专业的皮毛却没有学到内涵。专业不是你能学到什么，而是你有没有学会怎样学到真正要学的东西。其实，没有垃圾专业，只有垃圾思维。二是你对自己的了解还不够，对职业、对企业和雇主、对市场的情况了解不够。建议你认真地分析一下自己的优势和不足，以及职业环境的情况，准确地给自己定位，看自己究竟适合做什么样的工作，在什么样的岗位上，从什么地方入手。

读专升本是一个选择，至于你是否因为有了逃避的想法而做出这样的决定，这个过程并不重要,重要的是要关注结果将会怎样。在这个过程中,你要投入时间、精力和成本,而你目前的职业目标不清楚,产生的结果与你的目标是否吻合呢,你要考虑到。如果不吻合,你还会出现同样的困惑和迷惘。

你有一年多的工作经历,这是一个很好的资源。建议你做些总结,哪些是可以吸取的经验,哪些是要引以为戒的教训。把这一年多的经历看做是自己成长中的一个阶段。调整好心态,积极的心态是成功的必要条件。也许你现在还很难做出一个比较长远的规划,这没有关系,你可以设计近阶段的目标和行动方案,为每一种可能的方案做认真的准备,当你充满自信时,把握也就多一份。

信息广角

国民经济行业分类

一、范围

1. 本标准规定了我国经济活动的行业分类及代码。

2. 本标准适用于在计划、统计、财政、税收、工商行政管理等国家宏观管理及部门管理中,对经济活动进行的行业分类。

二、术语和定义

下列术语和定义适用于本标准。

1. 行业(industry)

一个行业(或产业)是指从事相同性质的经济活动的所有单位的集合。

2. 主要活动(principal activity)

当一个单位对外从事两种以上的经济活动时,主要活动是指占其单位增加值份额最大的一种活动。[①]

3. 法人单位(corporate unit)

具备下列条件的单位为法人单位:

——依法成立,有自己的名称、组织机构和场所,能够独立承担民事责任;

——独立拥有和使用(或授权使用)资产,承担负债,有权与其他单位签订合同;

——会计上独立核算,能够编制资产负债表。

4. 产业活动单位(establishment)

产业活动单位是法人单位的附属单位。产业活动单位应具备下列条件:

——在一个场所从事一种或主要从事一种经济活动;

——相对独立地组织生产、经营工业务活动;

——能够掌握收入和支出等核算资料。

---

① 与主要活动相对应的是次要活动和辅助活动。次要活动是指一个单位对外从事的所有经济活动中,除主要活动以外的经济活动。辅助活动是指一个单位的全部活动中,有对外提供产品和劳务的活动。辅助活动是为保证本单位主要活动和次要活动正常运转而进行的一种内部活动。

三、原则和规定

1. 划分行业的原则

本标准采用经济活动的同质性原则划分国民经济行业，即每一个行业类别都按照同一种经济活动的性质划分，而不是依据编制、会计制度或部门管理等划分。

2. 行业分类的基本单位

根据联合国《全部经济活动的国际标准产业分类》的划分原则，行业分类最理想的基本单位是产业活动单位。但由于统计目的和核算对象的不同，行业分类的基本单位也可以采用法人单位。当采用产业活动单位作为行业分类的基本单位时，应注意以下两种情况：①在一个场所，主要从事一种经济活动的法人单位，其本身就是一个产业活动单位；②从事多种经济活动，下设多个活动场所，各有相对独立的组织形式，并能提供相应的收入和支出等核算资料的法人单位，应进一步按经济活动划分产业活动单位。

3. 单位行业归属的确定

本标准按照主要活动确定单位的行业：①一个单位从事一种经济活动，即按照该活动确定单位的行业；②一个单位从事两种以上的经济活动，则按照主要活动确定单位的行业。如果无法用增加值确定该单位的主要活动，可依据销售收入、营业收入或从业人员确定主要活动。

国民经济行业分类（GB4754-2002）

三次产业分类类别	类别、名称及代码		
	门类	大类	类别、名称
第一产业	A		**农、林、牧、渔业**
		01	农业
		02	林业
		03	畜牧业
		04	渔业
		05	农、林、牧、渔服务业
第二产业	B		**采矿业**
		06	煤炭开采和洗选业
		07	石油和天然气开采业
		08	黑色金属矿采选业
		09	有色金属矿采选业
		10	非金属矿采选业
		11	其他采矿业
	C		**制造业**
		13	农副食品加工业
		14	食品制造业
		15	饮料制造业
		16	烟草制品业

（续表）

三次产业分类类别	类别、名称及代码		
	门类	大类	类别、名称
第二产业		17	纺织业
		18	纺织服装、鞋、帽制造业
		19	皮革、毛皮、羽毛(绒)及其制品业
		20	木材加工及木、竹、藤、棕、草制品业
		21	家具制造业
		22	造纸及纸制品业
		23	印刷业和记录媒介的复制
		24	文教体育用品制造业
		25	石油加工、炼焦及核燃料加工业
		26	化学原料及化学制品制造业
		27	医药制造业
		28	化学纤维制造业
		29	橡胶制品业
		30	塑料制品业
		31	非金属矿物制品业
		32	黑色金属冶炼及压延加工业
		33	有色金属冶炼及压延加工业
		34	金属制品业
		35	通用设备制造业
		36	专用设备制造业
		37	交通运输设备制造业
		39	电气机械及器材制造业
		40	通信设备、计算机及其他电子设备制造业
		41	仪器仪表及文化、办公用机械制造业
		42	工艺品及其他制造业
		43	废弃资源和废旧材料回收加工业
	D		**电力、燃气及水的生产和供应业**
		44	电力、热力的生产和供应业
		45	燃气生产和供应业
		46	水的生产和供应业
	E		**建筑业**
		47	房屋和土木工程建筑业
		48	建筑安装业
		49	建筑装饰业
		50	其他建筑业

(续表)

三次产业分类类别	类别、名称及代码		
	门类	大类	类别、名称
第三产业	F		**交通运输、仓储和邮政业**
		51	铁路运输业
		52	道路运输业
		53	城市公共交通业
		54	水上运输业
		55	航空运输业
		56	管道运输业
		57	装卸搬运和其他运输服务业
		58	仓储业
		59	邮政业
	G		**信息传输、计算机服务和软件业**
		60	电信和其他信息传输服务业
		61	计算机服务业
		62	软件业
	H		**批发和零售业**
		63	批发业
		65	零售业
	I		**住宿和餐饮业**
		66	住宿业
		67	餐饮业
	J		**金融业**
		68	银行业
		69	证券业
		70	保险业
		71	其他金融活动
	K		**房地产业**
		72	房地产业
	L		**租赁和商务服务业**
		73	租赁业
		74	商务服务业
	M		**科学研究、技术服务和地质勘查业**
		75	研究与试验发展
		76	专业技术服务业
		77	科技交流和推广服务业
		78	地质勘查业

（续表）

三次产业分类类别	类别、名称及代码		
	门类	大类	类别、名称
第三产业	N		**水利、环境和公共设施管理业**
		79	水利管理业
		80	环境管理业
		81	公共设施管理业
	O		**居民服务和其他服务业**
		82	居民服务业
		83	其他服务业
	P		**教育**
		84	教育
	Q		**卫生、社会保障和社会福利业**
		85	卫生
		86	社会保障业
		87	社会福利业
	R		**文化、体育和娱乐业**
		88	新闻出版业
		89	广播、电视、电影和音像业
		90	文化艺术业
		91	体育
		92	娱乐业
	S		**公共管理和社会组织**
		93	中国共产党机关
		94	国家机构
		95	人民政协和民主党派
		96	群众团体、社会团体和宗教组织
		97	基层群众自治组织
	T		**国际组织**
		98	国际组织

第六章

确定职业目标及发展方向

我们对自己进行了一系列的认识，从生活目标、价值观、兴趣、能力以及个性特征进行了解和评估，找出自己的职业倾向，又对职业及职业环境有了进一步的了解和评估，这时我们可以找到自我与环境的均衡点，确定自己的职业目标和发展方向。

一、寻找自我与环境均衡点

面对职业选择如何作决策，我们在第一章特别强调一个理念：人生是一种经营，每个人都在经营自己的人生。那么经营什么，何处经营，就是要你寻找自我与职业、企业和市场等环境的均衡点，实现自我与环境的均衡。找到了这个最佳点，对职业选择作决策的过程，也就你确定职业目标和发展方向的过程。

经营什么？何处经营？取决于：

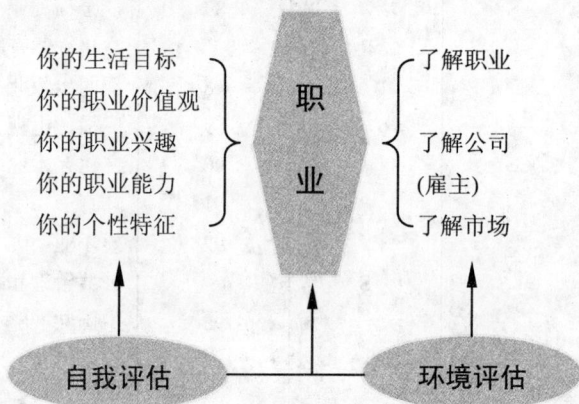

你的生活目标
你的职业价值观
你的职业兴趣
你的职业能力
你的个性特征

职业

了解职业

了解公司
(雇主)

了解市场

自我评估 —— 环境评估

图 6-1 如何确定职业目标

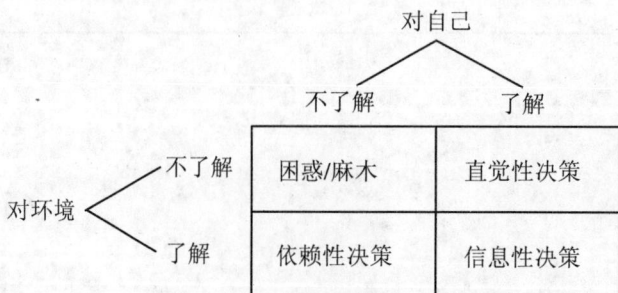

对自己

不了解 了解

对环境

不了解 | 困惑/麻木 | 直觉性决策
了解 | 依赖性决策 | 信息性决策

图 6-2 决策矩阵

如果我们用一个矩阵来表示，可能会更清楚地帮助你认识，并知道自己应该做些什么。

很明显，对自己不了解，对环境也不了解时，所做出的决策是困惑的或麻木的；对自己虽然了解，但对环境不了解时，所做出的决策是凭直觉的，一旦机会来临，就不知道如何选择和把握机遇，总会感到自己很难适应环境；对自己不了解，对环境了解的，这时所做出的决策是依赖性的，一旦环境发生变化，就会感到迷茫；只有对自己了解，对环境也了解时，所做出的决策才是信息性的，有方向性的。

此时，你可以召开股东大会，与你的股东们一起讨论。对于你人生中的重大决策，应该听听小股东们的想法和建议，并且吸取有价值的意见。父母、老师、同学、朋友，你最信任的人，对你来说是最重要的人，都是你的小股东，他们会帮助你进一步明确你的目标。

现在就请你来确定适合你的职业，并把它们写下来：

1. _____
2. _____
3. _____
或者更多……

接着，把你选择的职业放到适合你的职业类别中去，如你选择的是会计，那么你到哪个职业类别去从事会计工作呢？是去政府部门做公务员的会计，还是去企业事业单位做会计；如你选择的是做教师，是做大学教师还是做中学教师、小学教师，或做幼儿教师。实际上，当你做到这一步骤时，你已经有明确的方向了。

二、设计职业通道，制订行动计划

(一)如何设计职业通道

柏拉图曾说过："我不知道哪条道路肯定能通向成功，我只知道有一条路肯定会导致失败——这就是未谋而先动。"在确定你的职业定位后，就可以开始着手制定为实现该目标的职业通道(career path)和制定行动计划。如果问你，当机会潜在时，你应该寻找些什么？应该准备些什么？一旦机会来临，你就有准备了，不会在机会面前说抱歉，不会让机会与你擦肩而过。

首先是分析自己：是否需要参加相应的辅导与培训；是否需要学习某些相关的知识和技能；是否需要通过一定时间的社会实习以获取职业经验。

接着是寻找能提供职业生涯设计辅导、培训各种知识与技能、能获取职业经验的渠道，并进行具体的规划。下面通过三个案例来设计。

个案1：我就想当一名大学会计教师

个体背景：小颜职高毕业后考上高职营销专业，在大学期间参加会计专业自学考试，希望将来能当一名大学的会计老师。她的毕业实习单位是在杭的一家大公司。由于小颜工作出色，因此，公司非常希望她留下来，作为正式员工。

小颜最终会成为一名大学的会计老师吗？她又如何去实现？请写出你的意见。

个案 2：当公务员是我的最佳选择

个案背景：方敏的职业选择是当公务员，到政府机关做会计。但考国家公务员对一个高职毕业生来说，实在是太困难了。很多职位的公务员必须是大学本科以上学历才有机会或资格考试。方敏要想实现自己的理想，你能给他一个好的建议吗？

个案 3：做营销比做会计更适合我

个案背景：小波是某高职院校会计专业学生，在大学期间担任班级团支书、学校团委委员等社会工作，具有较强的协调、沟通及组织能力，在假期通过社会实践也获得了许多营销方面的经验积累，其兴趣、能力和个性都适合搞营销，而不是会计。

小波应该做出怎样的选择，要实现其职业目标，必须制定怎样的职业通道？你的建议是什么？

上述个案中，他们在了解自己的前提下，找出各自的职业倾向：

小颜 ——→ 当一名大学会计教师

方敏 ——→ 当公务员(政府部门会计)

小波 ——→ 做营销管理

根据找出的职业倾向，有针对性地了解职业及相应的要求和必须具备的条件：

大学会计教师 ——→ 会计专业，硕士以上学位，具有教师的基本素质。

公务员 ——→ 会计专业或相关专业，大部分岗位招聘本科学位，具有公务员的基本素质。

营销管理 ——→ 具有从事该职业的专业能力和综合能力，具有相关的执业证书。

根据对职业及职业环境的评估，他们再次评估是否与自己的职业价值观、兴趣、能力、个性特征符合，确定各自的职业目标及发展方向，然后设计自己的职业通道与行动计划。

个案追踪 1：

小颜有了自己的职业倾向后，着手了解教师职业必须具备的基本素质和条件，如学历要求、大专院校对会计教师的需求情况，以及市场对该职业的竞争程度等。然后与自己的自身条件、价值取向对比，分析是否符合。很明显在学历要求上是不符合的，怎么办？制订职业通道与行动计划：在大专期间读完自学考试会计专业本科；首选职业高中，从事会计教学；在职读研究生；再冲大专院校。

个案追踪 2：

方敏高职三年毕业后，先参加专升本的考试，读本科。两年后获得本科学历，如愿通过了公务员的考试，在公检法部门做会计工作。

个案追踪 3：

在相关教师的指导下，他利用学院的各种资源，阅读了大量有关营销方面的书籍和资料，选修了营销专业的一些课程和专业知识，获取了营销职业的相关证书，把会计所学到的专业知识作为搞营销的资源来使用，获得了很多就业的机会和成功的机会，现任省某集团有限公司杭州分公司的经理。

（二）如何制订行动计划

在大学期间根据你的职业目标，设计好职业通道，要制定行动计划，并立即行动。比如：大一做什么，大二做什么，大三做什么。

高职院校的学制一般为 3 年，在每一学年中，高职学生的学习重点与心理特征都有所不同。他们在不断地了解自己，不断地探索和调整自己的职业方向。在大学三年中，设计自己的职业生涯，并按照每个阶段的不同目标和自身成长特点，制订有效的实施方案非常必要。

1. 第一学年：探索期

"我是谁？"

"我处于什么样的位置？"

"我最擅长做什么？"

"我这个专业有些什么样的职业选择？"

"外面社会是什么样的？"

"我这个专业除了从事本专业外还能做些什么？"

你刚开始大学生活，不必过多地考虑自己将来要做什么。这一阶段主要的目标是自我发现，扩展自己的职业视野，有职业生涯认知和规划。首先，从一个高中生或职高生成为一名大学生，需要完成角色转换，进入新的学习和生活环境，有一个适应过程。第二，对专业有一个新的认识，开始接触职业和职业生涯的概念。学校也相应开设"大学生职业生涯"课程，有了职业生涯设计的理念和意识。开始关注自己未来希望从事的职业或与自己所学专业对口的职业，进行初步的职业生涯设计。同时，开始学习写简历。第三，开始熟悉环境，建立新的人际关系，提高交际沟通能力，在职业探索方面会向高年级学生，尤其是大三的毕业生询问就业情况等。第四，积极参加各种各样的社团活动，增加社会活动能力和组织管理能力等。第五，在学习方面，开始进行专业知识和基础知识的学习，应该尽可能多地积累知识和能力，发展自己的兴趣爱好等，为未来的职业选择打基础。

2. 第二学年：定向和准备期

"我有好几个职业目标，哪个才是最适合我的呢？"

"我应该为获得这个职位做些什么准备呢？"

"从入学到现在，我的兴趣发生了怎样的变化，我的能力有哪些改变，而这些变化对现在的我有哪些影响呢？"

这一阶段的主要目标是初步确定毕业后的职业方向以及相应能力与素质的培养。首先是认识自己，了解自己的生活目标、价值观、兴趣、能力和个性特征，找出自己的职业倾向。第二，进一步了解职业、企业和就业市场等环境因素，将自己的职业倾向与职业环境进行均衡，找到最佳结合点，确定自己的职业目标和发展方向。第三，提高自身的基本素质，通过参加社团和学生会等组织，培养和锻炼自己的领导组织能力、团队协作精神。第四，检验自己的专业知识与技能。可以尝试兼职、参加与职业或专业有关的假期实习、社会实践活动，并要具有坚持性，最好能在课余时间长时间从事与自己未来职业或本专业相关的工作，提高自己的责任感、主动性和受挫能力，并从不断的总结分析中得到职业的经验。第五，增加硬技能，如英语等级和计算机应用的能力，通过英语、计算机及相关专业资格证书考试，并开始有选择地学习其他专业的知识，考取与职业目标相一致的职业资格证书或通过相应的职业技能鉴定，为未来的职业做准备。

3. 第三学年：冲刺期

"我可以获得哪种工作？"

"我如何找到最适合我的工作？"

"我心仪的这个岗位在简历撰写和面试时要注意些什么？"

"我是应该读本科还是找工作？"

这一阶段的主要目标是成功就业。首先你要在前两年对自己的经营作初步的投资，为最后的这个关键阶段做好充分的准备。接着，开始找工作，准备写简历，参加各种招聘活动，预习或模拟面试。最后，要重视实习机会，通过实习从整体了解企业的工作方式、运行模式、工作流程，以及职业岗位的职责要求和规范，为正式走上工作岗位奠定良好基础。在这个阶段中，重心是找工作，尤其是如何写简历，如何应对面试。如果决定读本科，要做好复习准备，并注意招生考试信息，向有关院校招生办索取招生简章等。

找工作本身就是一种工作。这个工作就是：如何写求职简历，如何应对各种各样的面试。在这个工作过程中你会感受到很多很多……

第一，如何撰写一份精彩简历。 撰写一份精彩的简历很重要，这是因为简历是你找工作的第一步，只有过了简历关，才有面试的机会。撰写一份精彩的简历也很难，因为一般人是当要找工作时，才开始有意识地准备写简历了。也许你是第一次写简历，可能觉得写起来很难，写一份简历要求很多，它要求你真正了解自己、了解职业、了解企业、了解市场等环境因素。很多人都是在大学毕业要找工作时才开始写简历，其实，写简历的时间最好是在大学一年级。以后，每学期根据自己对自我的不断了解，以及不断的进步和成长，反复地更新在线简历。直到毕业时，你的简历就很有目标了，也比较完整和成熟了。因为，在大学几年里，你已经对自己的人生做了规划，也一遍又一遍地进行自我评价，这是你对未来最好的投资。一旦机会来临时，你就知道自己该选择什么，该放弃什么。写简历是找工作的第一步，其目的是让未来的雇主对你有一个清晰简要的了解，看你是否适合该公司的某一工作岗位或某一角色。

我们先看看求职袋里装些啥。求职简历主要有：自荐信、个人简历、学习成绩、各种证书、附件，还有一份材料很需要，即跟踪感谢信。

一是要有目标、有针对性。不要把求职简历写成一种到处撒网的求职信，然后大量复制，到处投递。这是无目标的狂轰滥炸，很少能击中目标。有效的求职简历都具有很强的针对性，或针对公司的某一具体职位而写，或针对学校的某一任教内容而写。特别要提醒的是：在求职简历封面的右上角要清楚写明求职单位和求职岗位，用这种形式来强化求职的针对性。

二是要善于写出能表现自己人格、品质魅力的经历及内容。如果你能在这方面进行挖掘，做点文章，无疑会给你自己的应聘增添一些优势和色彩。你是否具有特殊的经历、优秀的人格品质以及良好的性格等，已经成为当今许多用人单位在录用人员时要考虑的一项重要条件和内容。

三是要写出自己对一些相关问题的看法和态度，或加个小故事或事例。现在用人单位在录用员工时，已不是单单看他会不会干活，而且还要看他有没有思想，有没有头脑，有没有眼光，能不能为本单位的继续发展出点子、想办法。因此，毕业生在写求职简历时，如果能够自然地写出自己对一些相关问题的认识和看法，也可以让用人单位对自己认识事物的能力和水平有所了解。

四是要善于用事实说话。比如，"学习成绩优异"可以写成：大学期间专业所有课程的成绩都在 90 分以上，或每学年都被评为优秀学生等；"写作能力强"可以写成：先后在哪些报刊上发表了多少篇文章；"具有组织和管理能力"可以写成：担任过哪些职务，组织过哪些大型或有创意的活动，取得哪些成效和自己最满意的地方；"有学习能力"可以写成：自己通过学习，获得哪些证书、取得学历资格等具体内容；"善于合作"可以举一些具体的、比较成功的活动或事例。特别要注意的是：在这方面要特别强调自己的能力。

五是要写出自己的特长，并适当地自负一下。用人单位都希望被录用者一专多能，或具有某种显著的特长。所以在写求职简历时，一定要把自己最显著的特长写进去，以增加一些优势，也增加被录用的机会。为了引起招聘方的注意，可将主要特长词句加黑、加粗，便于浏览。怎样亮出你的特长？比如，你擅长书法，在简历的适当部位用手写。如果你是一个比较幽默、诙谐的人，你可以用幽默、诙谐的语调、语气写简历，也许会产生意想不到的效果。

六是要善于逆向思维，胜人一筹。人们往往用一贯的思维方式来处理或应对事件。如果你能善用逆向思维，给招聘者一个新意，或一个吸引眼球的东西，你的机会就多一分。

例如，有一位同学这样写："其实我并不觉得贵公司条件有多好，只是感觉比较适合我的专业，而且觉得最后能不能入选，关键在于实力而不在于运气。"这种写法往往能使招聘者眼前一亮，起到好的效果。

七是要善于利用已有的资源，以展现简历之外的优势。例如，某营销公司在济南高薪招聘一名业务代表和数名业务员，前来应聘的人都领到一份精美而详尽的"公司简介"和一份个人简介性质的履历表。绝大多数应聘者办事效率特别高，眼疾手快就填好自己的履历表，争先恐后地递交上去，这时有一个女士既文静又庄重，认真地看完公司简介，并和招聘人员聊了一会儿就走开了。第二天下午，她又出现在招聘现场，她递交了一份打印规整的"济南地区同类产品的优劣对比和对应措施"。结果不言而喻，这位女士不但顺利地当上了济南地区的业务代表，三个月之后，又荣升为华东地区的营销总管。

八是要将附件及附信当做你的作品。除简历以外的附件及附信等都是你的作品，要把你的作品展现出去，并让招聘者认识到你是有备而来的。这会使你的简历显得与众不同，你就能多一分机会。

好的简历没有统一的格式，简历就好比是个人的一张名片，它可以直观地体现出个人的成长轨迹，传递的信息包括个人的教育背景、工作经历、个人的职业观、价值观等。一份完整的简历，一般包括以下内容：

(1) 个人资料。在个人资料中要列出姓名、性别、出生年月、家庭住址和学校住址、联系电话和 Email 地址等。

(2) 教育背景。中学、大学就读的学校、专业、学位以及自己的特长等情况。根据应聘的职位，列出所学的课程，把重点放在与应聘的工作岗位有关系的具体课程上。

(3) 知识、技能和水平。包括计算机等级水平、外语水平、专业技能水平、个人荣誉等。

(4) 工作经历与实习。如果你没有从事过具体工作，写工作经历就很难，但你可以写一些与工作经历类似的内容，如社会活动，社会实践等。一般是先写近期，然后往前推依次写出。最好写你经历中所用到的工作能力和工作业绩。

(5) 其他。比如你的个人爱好、兴趣、个性特征等。

自制简历范例：

❏ **个人资料**

姓名：＿＿＿＿＿＿　性别：＿＿＿＿＿＿　出生年月：＿＿＿年＿＿月＿＿日

民族：＿＿＿＿＿＿　籍贯：＿＿＿＿＿＿　健康状况：＿＿＿＿＿＿＿＿

电话：(手机)＿＿＿＿＿＿　(宅)＿＿＿＿＿＿　Email：＿＿＿＿＿＿＿＿

地址：＿＿＿＿＿＿＿＿＿＿＿＿　邮编：＿＿＿＿＿＿＿＿

❏ **教育背景**

＿＿＿＿＿年至＿＿＿＿＿年＿＿＿＿＿＿＿＿学校学习＿＿＿＿＿＿＿＿专业

＿＿＿＿＿年至＿＿＿＿＿年＿＿＿＿＿＿＿＿学校学习＿＿＿＿＿＿＿＿专业

＿＿＿＿＿年至＿＿＿＿＿年＿＿＿＿＿＿＿＿学校学习＿＿＿＿＿＿＿＿专业

❏ **知识结构**

主 修 课：＿＿＿＿＿＿＿＿＿＿＿＿＿＿＿＿＿＿＿＿＿＿＿＿

专业课程：＿＿＿＿＿＿＿＿＿＿＿＿＿＿＿＿＿＿＿＿＿＿＿＿

选 修 课：＿＿＿＿＿＿＿＿＿＿＿＿＿＿＿＿＿＿＿＿＿＿＿＿

实 　 习：＿＿＿＿＿＿＿＿＿＿＿＿＿＿＿＿＿＿＿＿＿＿＿＿

❏ **专业技能**

比如：国家心理咨询师资格证书、注册会计师资格证书等。

❏ **外语水平**

比如：通过国家大学英语六级考试、公共英语三级考试、专业英语四级考试等。

❏ **计算机水平**

比如：通过国家计算机二级考试、浙江省计算机一级考试等。

❏ **个人荣誉**

比如：获学院优秀学生、省英语演讲比赛第一名等。

❏ **工作经历与实践**

_____年至_____年_____公司_____工作

_____年至_____年_____公司_____工作

_____年至_____年_____公司_____工作

❏ **个性特征**

比如：爱好运动，喜欢打网球。爱旅游，已经游历国内许多城市的名胜古迹以及亚洲、欧洲部分国家。

第二，如何应对面试。面试是一种在特殊场合下进行的人际交往过程。对一个刚从大学毕业的学生来说，可谓是一种挑战。面试没有一个固定的模式，也没有一个统一的标准答案。可以说，它是一种智慧的较量。如果你具备实力而又有面试的技巧与策略，那么，你在这场较量中获取的机会和成功就多。

除了要做好面试前的一些准备外，更重要的是在面试过程中要注重以下几个方面。

一是要打造好第一印象。第一印象很重要。你的外表与肢体语言给对方留下的是第一印象。包括合适的着装、举止优雅自然、目光交流、面部表情以及微笑等。严格地说，第一分钟很重要。因为第一分钟的"初始效应"给面试官的影响是很深刻的。

这里可以教你一招，或者说一些技巧：①进门先握手。要暗示对方：我有信心，我肯定属于这里。因为，你的手势、力度、手心有没有出汗、手脏不脏，都会给对方传递出你是不是自信的有效信息。面试官是否喜欢你这个人，他在最初的30秒而不会是40秒，就判断出来了。②礼貌问候。一般来说，第一句话可以是问候、请示或自我介绍，要根据当时的实际情况灵活掌握，不能弄巧成拙。创造良好的开端，可以给主考人留下良好的印象。③用热情的目光和微笑的表情进行目光交流，让对方记住你，并同时创造一个轻松的气氛。④着装要得体。面试时，不可小视着装的影响。因为服装是10秒钟之内给人的第一印象，面试官会根据你的穿着来初步判断你的性格，因此，要根据面试公司和职位特点着装。不能太个性化，当然，如果你的着装风格与你应聘的职位着装要求相差甚远，这也说明你不适合这份工作。

二是要从容、自信。包括有自信心、善于运用语言与面试官进行有效的交流、正视面试官提出的各种挑战等等。

搜狐 CEO 张朝阳在一次职场上当"班主任"，他要求大家"100%接受自己"，他说中国的大学生都具有竞争实力，但有很多人都怀疑自己的能力。自信太重要，自己的感觉要好，不要去模仿别人，因为你也是一种风格，只有在任何时候对自己充满信心，才会使自己散发出无穷的魅力，别人也会被你感染，也会被你征服。"所有的人都像一个蓄水池，而我们最重要的就是想办法把自己的水龙头给拧开，让自己的能力流露出来，这需要自信。"

面试不是一次考试，面试只是一场交流与对话，所以你要巧妙、充分地向对方展示自己良好的沟通能力。这一点是雇主非常看重的。有的人很能说话，并不表示他或她会沟通，比如抓不住重点、不顾及交流对象等等。真正会沟通，不光是言语的交流，还包括表情、内心、姿势等肢体语言。要强调的是，语言表达方式很重要。在语言沟通方面，说话的内容往往没有说话的方式重要。主考人对应试者的印象与评价，来自"你讲了什么话"方面较少，而对你怎样讲这些话反而较多。因此，在面试过程中，回答问题的内容固然重要，而说话的方式更不容忽视。你在介绍情况、回答问题时，既不能冗长繁琐，又不要混乱晦涩，繁琐混乱会使对方感觉你思想不清，喋喋不休或长篇大论也会使人心中不快，都会产生不良效果。应该尽量做到：①把自己的意思完整地表达出来；②要条理清楚，层次分明，合乎逻辑思维；③语言简练，没有废话；④语速适中，不急不缓，平时说话快的要尽量把语速降低下来；⑤声音大小适中，太小显得信心不足，太大会使主考人员感到很不自在，说话的声音只要让主考人员听清就行了，声音太大让人听起来感到不舒服，甚至使有觉得你在有意"构造"说话的内容。

应懂得基本的礼仪和规矩。如不随意打断对方的说话；如对于薪金问题，一般在面试时不要轻易主动问及，但当面试官提出这个问题时，你应该自信地正视挑战。要有挑战性和创新性，思维不能太规范，要跳出既定的框架。

要尽量展现自己的素养，注意细节。有一个人去应聘工作，随手将走廊上的纸屑捡起来，放进了垃圾桶，被路过的面试官看到了，他因此得到了这份工作。原来，获得机会或赏识很简单，有良好的习惯和素养就可以了，就这么简单。

在面试结束时，你可以向面试官询问你在面试过程中哪些方面可以改进的，还要注意些什么，并表示感谢。要重视最后的道别，这会给对方的产生好的印象。面试后，切记寄一封感谢信给面试官。

三是要学会自我保护，包括回避一些个人的弱点与不足、提出正当理由等。比如当对方问你"向我讲讲你的优点或缺点"时，你要千万小心应对，不要"诚实"地描述自己的缺点，要善于将一些其实是优点的事描述成所谓的缺点，比如可以讲你"过于追求完美"、"期望值比较高"等。要注意保护自身利益。比如向应聘者收取报名费、扣留身份证和学历证书，或留下身份证复印件等要求均应予以礼貌地拒绝。因为这些行为对于招聘单位来说都是法律禁止的。特别要强调的是，保护自己的身份证。因为身份证是公民最好的身份证明，里面那串长长的信息号码记录着一个独一无二的你。在现实生活中离不开身份证，求职时也一样。在应聘面试时，对方只有核对身份证的权利，没有必要留存身份证复印件，如果特殊情况需要身份证复印件存档时，应当在身份证的复印件明显处做上记号或标志，以防被别人拿走再次复印。如果应聘无望，不要怕麻烦，最好索回自己的身份证复印件，以免后患。

面试失败怎么办？不要把面试当做一次考试，面试不存在失败与成功，而只是一场交流与对话。

罗伯特·斯科布尔参加微软的面试，他的一句话，使人影响非常深刻："如果微软没有录用你，则意味着你在这里干不好。知道这一点很好，你肯定不想从事一项根本不可能取得成功的工作。至少我知道我不愿意。"这句话对你同样很有用。

(三)如何做好第一份工作

好不容易得到一份工作，你肯定很想把它做好。面对一个新环境，接受一份新工作，你要做的事很多。从某种意义上讲，进入一个新的工作环境，你就获得了一个新的机遇和挑战，找到了展示自己的一个舞台。接下来就看你怎样表演了。

1. 尽快适应新环境

你必须熟悉工作环境。这包括要了解你的公司发展的历史、实力、现状、前景规划等，也许你在应聘前就对该公司有所了解，可能只是一个大概的框架，不是具体的、详细的，现在需要你很清楚地了解。如公司是怎样创立的，在发展过程中经受过哪些风风雨雨，有哪些传统习惯，公司目前的工作重心是什么，公司的发展定位是什么等等。了解公司的文化、核心价值观以及工作氛围，同时尽可能多地了解公司的宗旨、经营理念、经营方针、经营范围、市场战略等。这点非常重要，如果你的价值观、处事风格、人格品质与公司的文化、价值观相融合，则说明你可能在这个环境中比较容易实现自己的目标。了解公司的组织结构和体系，了解工作场所及设施。层次结构以及有多少个部门，这些部门与你所在的岗位有哪些联系，哪些是直接的，哪些是间接的。了解公司的规章制度及相关法律法规，什么是被要求的，什么是要自觉遵守的，知道自己怎么做才符合公司的要求，使自己更快地适应环境。

你必须熟悉工作岗位。这份工作你得尽快上手，你可能会发现有一些专业的知识与技能是需要补充的，有些要求是要从头做的。如：你从事教师工作，你必须参加培训考教师资格证书、参加岗前培训等。首先要学会学习，只有具备会学习的能力，才能学会不断思考，不断创新，在激烈的竞争中立足。你可以边学边做，可以向同行、前辈学习，可以参加一些相关的培训班学习等，通过各种渠道充实自己。同时，你在这个岗位上，要了解公司以及上司对你的工作期望，如工作态度、工作要求、价值观、行为方式等。了解这些能帮助你尽快地与公司或你的上司的要求保持一致。

2. 学会合作，融入团队

接受你的新伙伴。在一个全新的环境中，你接受了这份工作，也就意味着你还要接受与你一起工作的人。与不同性格、不同爱好、不同想法的人在一起工作，这对你来说可能有点难，因为自我设想中的职业及环境与现实生活中的实际情形常常会有相差、矛盾甚至冲突。美国心理咨询专家歇尔女士作了一个比喻："好像过去所有针对你需求的体贴都结束了，你将进入一个完全不是为了容纳你而设计的竞技场。在工作世界中，尽管你仍如稚龄幼儿般，但椅子是成人尺寸。而你被期望要尽早适应，'孩子'或'学生'的身份已经不复存在。"所以，你要尽快地了解周围人的特殊爱好、个性特征等，有接受和认同感。

让自己成为一个受欢迎的人。你要接受新伙伴，同样，也要让别人接受你，让自己成为一个受欢迎的人。也许，你天生就是一个受欢迎的人，但在现实生活中，这太难得了。因为每个人的成长环境不同，接受的教育不同，个性、爱好都有差异。你可以从自己做起，可以尝试从很小的方面做起，如了解他们的兴趣爱好，以便与他们交流感兴趣的话题，与他们一起参加感兴趣的活动，分享你有趣的经历和新闻故事等；适时地送给他们一些心理滋补品，如真诚的赞美、由衷的欣赏等词语；随时给他们带来一点小小的惊喜，如发送一份电子邮件、发一个短信问候或者祝贺。做个有心的、热情的、友善的、有幽默感的、乐于助人的人。这样的人也一定是一个受欢迎的人。

学会合作，融入团队。加入到一个新的集体之中，你的人际关系又展现新的一页。有一个好的人际关系和良好的环境氛围，有助于你在职业生涯的旅途中有一个好的开端。大学是个性张扬的加工厂，在工作环境中更注重的是团队合作。因为一个企业是个大拼盘，需要每个组成部分的优秀并且配合默契，才能将每个资源有效地、最大限度地挖掘和利用起来，实际利益的最大化。这个利益包括个人利益和团队整体利益。

3. 将自己的目标与企业目标结合起来

善于运用目标来管理自己。你的出发点必须是根据你自己的职业目标，现在你已经为确定这些目标做了大量的准备工作，明确自己需要的是什么，要去做的是什么。有时，在一个岗位上或一个职业中，每天要做的是一件件很具体、很细微的工作，似乎与你的最初目标相距甚远，这时，你应该调整思路，想一想：我在一段时间里要达成的目标是什么。比如，半年内我想实现什么目标，一年内我想实现什么目标，3 年、5 年内我想实现什么目标。然后集中精力去做好一两件事。在这个过程中，很重要的是，要增强自己实现愿望的强度，自我激励，立刻行动。切勿目标多多，想法遍地开花，每天依旧，没有行动。你可以先做你自己认为最有把握的事，把愿望变成明确的目标。考虑你想要实现的目标对你下一个目标有什么联系，有哪些意义？要通过做哪些事情才能完成目标？你每天需要做些什么？每天中的哪段时间可以被利用？让运用目标来管理自己成为一种习性。渐渐地你就会朝着你的最终目标驶进。

将个人目标与企业目标有效结合。你也必须了解你公司的目标，因为你与你的公司合作的本质是承认你自己的目标不是单独存在的，而是在实现公司目标的同时，来实现自己的目标。但你千万不能从实现公司或他人的目标开始，只有在设计好自己的职业目标之后，你才会有调整方向的余地和自由。

每个人的职业生涯发展是一个动态的过程，也是一个漫长的过程。在这个过程中，自我探索、自我发展、自我把握起着至关重要的作用。当你获得了更高的学历，当你有了一定的工作经验时，或者说，当你有了一定的生活阅历以后，你的价值观、兴趣和能力会发生一些变化，你的性格也会随着成长的经历以及环境的变化更趋向成熟完美。所以要随着自我的不断变化和社会的发展做出适时恰当的调整。不断调整和修正职业发展的方向是职业生涯的任务。

4. 使你的职业目标更清晰，逐渐向你的职业目标靠拢

成功的职业生涯设计需要时时审视内外环境的变化，并且调整自己的前进步伐。目标的存在只是为你的前进指示一个方向。而你是它的创造者，你可以在不同时间不同环境下修正它，让它更符合你的人生目标。

反馈、修正、调整自己的职业生涯，不仅是在自身的价值观、兴趣和能力的不断发展和提高的基础上进行，而且是在自身品质的不断提升的基础上进行。所以提升自身品质是一个人如何经营好人生的关键。那么，如何提升自身品质，我们将在下一篇专门从如何培养情商、人际沟通与交往、有效应对与管理压力、提升自我价值等方面阐述。

现在根据你确定的职业目标，请设计你的职业通道与行动计划：

1. 你的职业通道是： _____

2. 你的行动计划是： _____

3. 你立即行动吗？ _____

如果你现在已经做到这一步，那你就是一位非常优秀的学生了。因为你已经有目标了，它能使你充实而有方向感。一旦机会来临时，你就能果断地、有目标地选择适合自己的职业，并能获得更多的成功机会。

我们当前确定的职业目标，不是一成不变的，它会随着你学历的提升、阅历的增加、能力的提高以及社会发展、职业环境的变化、信息反馈等而调整、修正、提升你的在线目标，最终向你的职业目标靠拢。这里要强调的是，全方位地提高自身价值很重要，如何提高自身价值我们在第八章专门讲述。

三、搜寻你的职业锚

在确定职业目标及发展方向时，有一个概念非常重要，那就是"职业锚"。职业锚是美国著名职业指导专家施恩教授提出的一个概念，在个人职业生涯设计中起着十分重要的作用。

(一)职业锚的概念

职业锚是指当一个人不得不做出选择的时候，无论如何都不会放弃的职业中的那种至关重要的东西或价值观，实际上就是人们选择和发展自己的职业时所围绕的核心。作为职业锚核心内容的职业自我观由三部分内容组成：①自省的动机与需要，以实际情境中的自我测试和自我诊断的机会以及他人的反馈为基础；②自省的才干与能力，以个人工作环境中的实际成功为基础；③自省的态度与价值观，以自我与雇用组织和工作环境的准则和价值观之间的实际遭遇为基础。可见，职业锚是"自省的才干、动机和价值观的模式"，是自我意向的一个习得部分。职业锚实际上就是人们选择和发展自己的职业时所围绕的中心。如果你能清晰地思考并明确地回答：你想干什么？你能干什么？你为什么要干？这三个问题，说明你找到自己的职业锚了。

实际上，在寻找和选择适合自己的职业目标、设计自己的职业生涯过程中，每个人都是在根据自己的态度与价值观、动机与需要、天赋与能力以及个性等逐渐形成一个自我概念，并在成长与经历过程中形成较为清晰的职业倾向，然后寻找到自己的职业锚。但也有人从不知道自己的职业锚，也许一辈子都尚未寻找过，这是很可悲的。

(二)职业锚的类型

施恩根据自己对麻省理工学院毕业生的研究，提出了以下五种职业锚：技术/职能型、管理型、自主/独立型、安全/稳定型、创造型。

1. 技术/职能型职业锚

具有较强的技术/职能型职业锚的人，往往不愿意选择那些带有一般管理性质的职业。相反，他们总是倾向选择那些能保证自己在既定的技术/功能领域中不断发展的职业，有特有的工作追求、价值观和晋升方式。

2. 管理型职业锚

管理型职业锚与技术/职能型职业锚完全不同，表现出成为管理人员的强烈动机。他们的职业经历使得他们相信自己具备被提升到那些一般管理性职位上去所需要的各种必要能力以及相关的价值观倾向，必须承担较高责任的管理职位是其最终目标。当追问他们为什么相信自己具备获得这些职位所必需的技能的时候，许多人回答说，他们之所以认为自己有资格获得管理职位，是由于他们认为自己具备以下三个方面的能力：①分析能力(在信息不完全以及不确定的情况下发现问题、分析问题和解决问题的能力)；②人际沟通能力(在各种层次上影响、监督、领导、操纵以及控制他人的能力)；③情感能力(在情感和人际危机面前只会受到激励而不会受其困扰和削弱的能力，以及在较高的责任压力下不会变得无所作为的能力)。

3. 创造型职业锚

麻省理工学院的有些学生在毕业之后逐渐成为成功的企业家，在施恩看来，这些人都有这样一种需要："建立或创设某种完全属于自己的东西——一件署着他们名字的产品或工艺、一家他们自己的公司或一批反映他们成就的个人财富等等。"

4. 自主/独立型职业锚

施恩发现，麻省理工学院的有些学生在选择职业时似乎被一种自己决定自己命运的需要所驱使着，他们希望摆脱那种因在大企业中工作而依赖别人的境况。因为当一个人在大企业中工作的时候，他的提升、工作调动、薪金等诸多方面都难免要受别人的摆布。这些毕业生中有许多人还有着强烈的技术或职能导向，然而他们不是到某一个企业中去追求这种职业导向，而是决定成为一位咨询专家，要么是自己独立工作，要么是作为一个相对较小的企业的合伙人来工作。具有这种职业锚的其他一些人，则成了工商管理教授、自由撰稿人或小型零售组织的所有者等等。

5. 安全/稳定型职业锚

施恩的研究发现，麻省理工学院还有一小部分毕业生极为重视长期的职业稳定和工作的保障性，他们似乎比较愿意去从事能够提供保障的工作、有体面的收入以及可靠的未来生活的职业。这种可靠的未来生活通常是由良好的退休计划和较高的退休金来保证的，对于那些地理安全性更感兴趣的人来说，如果追求更为优越的职业，意味着将要在他们的生活中注入一种不稳定或保障较差的地域因素的话，那么他们会觉得在一个熟悉的环境中维持一种稳定的、有保障的职业对他们来说是更为重要的。对于另外一些追求安全型职业锚的人来说，安全则是意味着所依托的组织的安全性。他们可能优先选择到政府机关工作，因为政府公务员看来还是一种终生性的职业。这些人追求的就是安全/稳定型职业锚。

（三）搜寻你的职业锚

职业锚理论对大学生职业生涯设计带来了许多启示：

首先，职业生涯设计要进行自我定位。自我分析、自我评估、自我定位是职业生涯设计的首要环节，它决定着个人职业生涯的方向，也决定着职业生涯设计的成败。求职之前先要进行职业生涯设计，而职业生涯设计必须先要弄清自己想干什么、能干什么，自己的兴趣、才能、学识适合干什么。可通过自我分析与可靠的量表工具的测量，评估自己的职业倾向和职业目标，这是职业生涯设计的基础。

其次，职业生涯设计是一个持续不断的探索过程。职业锚的探索也不是一开始就能寻找到的，你的第一份工作，往往就不是你一生想从事的职业。如著名作家余华，他的第一个职业是牙科医生，著名节目主持人曹可凡、著名作家毕淑敏也是学医的，他们都是通过个人与工作情境之间相互作用，经过若干年的实际工作后才搜寻到自己的职业锚。但有些屏障会影响你职业锚的发现，如你的职位。当你有了一定的职位，比如当上了副市长、厅长或某个处长时，这个职位就成了你寻找职业锚的屏障；如你的智力，有时也会影响你寻找和选择职业生涯，因为在短时间内你可以发挥得不错，似乎找到了适合自己的职业，但时间久了，你会感到越来越没有激情、郁闷，甚至有挫折感，不能给你带来长久的快乐和满足感。为了使自己的职业发展向正确的职业轨道行驶，少走弯路，少付成本，在职业生涯设计中应早做准备，尽快地明确职业锚。

赶快搜寻你的职业锚吧！先请你回答下面三个问题：

1. 你想干什么？
2. 你能干什么？
3. 你为什么干？

根据你回答的内容，再结合五种职业锚的描述，最符合你的是哪一种？

1. 最符合：＿＿＿＿＿＿＿＿＿＿＿＿＿＿＿＿＿＿＿

2. 其次是：＿＿＿＿＿＿＿＿＿＿＿＿＿＿＿＿＿＿＿

3. 第三是：＿＿＿＿＿＿＿＿＿＿＿＿＿＿＿＿＿＿＿

你能为下列案例中的同学解答困惑吗？

我是浙江财经学院大二的一名学生，昨晚听了你的讲座受益匪浅。可还是觉得解决不了我现在所面临的问题。

大一刚进来的时候，我当时的目标是很明确的。在一年半的时间内，我完成了我的目标。拿到了我所想要拿到的一些证书，像大学英语六级等。这一个学期，我发现自己好像处于一个十字路口，出国、考研，还是选双专业？考研？可是我最大的梦想还是出国，出国读硕士。出国的话，也有很大的问题，就是经济问题。这是一个非常大的坎，我也想过先在国内工作一到两年，解决一点经济问题后，再找机会出去。现在，学校提供双专业的课程，家里人希望我选会计专业作为第二专业或者去考一张注册会计证。学了会计，有一个好处，就是一毕业就可以找到一份算是高薪的工作。可是，我发现自己对会计不是很感兴趣，对金融和计算机是很感兴趣的，也想出国学这方面的课，我所动心的是那份工作所提供的报酬，可以解决我想出国的经济难题。现在我是否应该选会计作为我的双专业或去考张注册会计证呢？非常难，难就难在其实自己对会计不是非常有兴趣的，以后也不想做这方面的工作。我现在学的专业是电子商务，是自己想学的专业。因为还是对计算机比较感兴趣的。

另外，是选会计作为第二专业呢，还是直接参加辅导班去考证？我学过会计学，也有一定的基础，看过 CPA 考试的内容。除了会计，还有其他四门课。这四门课除了审计是开课的，其他似乎都没有。而如果想拿学位的话，需要选修其他很多跟会计不是很相关的经济方面的课。这对我的精力好像是一种浪费。毕竟我选了那专业，也是为了去考那张证书。

希望老师在看了我现在所面临的问题后给予一些建议。

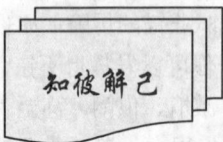

个案：要成为职业经理人，我该准备什么？

知彼解己

我是今年刚毕业的大学生，专业是连锁经营与管理。我的理想是成为一名超市或零售业职业经理，但我现在遇到一些困难。由于家人的坚决阻挠，我放弃了进入一些著名的大型超市工作的机会，来到家人为我安排的家乡工作，这里工作量很少，常常无所事事，所以我就用这些时间坚持学英语，同时一直在关注沃尔玛等超市的动态。现在有这么几个问题请教您：

1. 我在学校期间已经通过英语六级，现在仍坚持学英语，我对自己的英语能力还是有一定的信心的，我将来想到一些外资企业工作，我是否还需要再考关于英语的什么证书？

2. 由于单位要改革，需要将一些正式职工放到生产一线工作，我们这些刚到的也就必然前往。可能到了生产一线，我的学习时间会更少。考虑到我的个人兴趣和职业计划，在生产一线，我的专业即无用武之地，我也学习不到什么，我是否现在该辞去这份工作去找另外的工作？还是在这里边干边找呢？希望你能给我的跳槽提一些建议。

3. 对于职业经理人，我想听听你对这个职业的一些建议，尤其在知识的结构上，我是否该考虑深造一些经济管理等方面的知识，有关需要积累该方面的工作经验。现在的各种培训很多，但对各种名目繁多的培训班，我不知道哪一些是可靠的和对我今后的发展有用的，也不太清楚究竟学什么才能实现我的这个理想。我该为成为一名职业经理人做些什么准备呢？

个案分析：

你的个人职业目标及发展方向很清楚，很多人像你一样，有自己的职业理想，这在个人职业生涯的发展过程中是很重要的一步，这很好。对于你目前的处境有两个问题摆在你面前：一是想跳槽来改变现在不满意的工作环境；二是要成为职业经理人该做什么准备。至于你学英语也是为了有很大的发展空间，为做职业经理人做准备。

对于第一个问题，假设我们建立的目标是符合个人实际情况和特点的，但仅仅有这一个条件还不够充分，还没有找到最佳点，因为，个人对将要从事的工作和职业的了解是保证能否实现目标的一个关键因素。你提到的问题很好，尤其是希望成为一个职业经理人需要做些什么准备。实际工作中，不仅仅是职业经理人，对任何一个职业，在个人将其定为自己的职业目标和发展方向时，都需要对它有比较全面的了解，综合自己的特点、专业和经验来进行判断。同时，可以在发展过程中更有效地利用机会和各种资源。第二个问题，要成为职业经理人，光有专业知识和技能是不够的，更重要的是综合职业素质。应该在职业素质上下工夫。关于培训，你可以有针对性地选择一些短期的培训班，比如，如何建立目标和项目、时间管理等。当然，到外资企业工作，在语言上有一定的要求，这主要是在交流方面的需要。目前社会上提供的各种语言考试和证书，目的也是要能够反映个人的语言水平和能力。外资企业真正需要的也是实际的应用能力。如你自信在外语上可以应付，就不必为考证而考证。

信息广角

霍兰德职业兴趣测验量表

如果你已经考虑好或选择好了自己的职业生涯，或者说已经确定职业目标和发展方向，本测验将使你的这种考虑或选择具有理论基础，或者为你提供其他合适的职业生涯；如果你至今还未确定职业目标，本测验将进一步帮助你根据自己的情况选择一个适当的职业生涯。本测验共有七个部分，每部分测验都没有时间限制，但请你尽快按要求去做。

第一部分　您心目中的理想职业（专业）

对于未来的职业（或升学进修的专业），你得早有考虑，它可能很抽象、很朦胧，也可能很具体、很清晰。不论是哪种情况，现在都请您把自己最想干的 3 种工作或最想读的 3 种专业，按顺序写下来。

1. ＿＿＿＿＿＿＿＿＿＿＿＿＿＿＿＿＿＿＿＿＿＿＿＿＿＿＿＿＿＿

2. ＿＿＿＿＿＿＿＿＿＿＿＿＿＿＿＿＿＿＿＿＿＿＿＿＿＿＿＿＿＿

3. ＿＿＿＿＿＿＿＿＿＿＿＿＿＿＿＿＿＿＿＿＿＿＿＿＿＿＿＿＿＿

第二部分　您所感兴趣的活动

下面列举了若干种活动，请就这些活动判断你的好恶。喜欢的，请在"是"栏里打"√"；不喜欢的，请在"否"栏里打"×"。请按顺序回答全部问题。

R：实际型活动

活动	是	否
1. 装配修理电器或玩具	是□	否□
2. 修理自行车	是□	否□
3. 用木头做东西	是□	否□
4. 开汽车或摩托车	是□	否□
5. 用机器做东西	是□	否□
6. 参加木工技术学习班	是□	否□
7. 参加制图描图学习班	是□	否□
8. 驾驶卡车或拖拉机	是□	否□
9. 参加机械和电气学习班	是□	否□
10. 装配修理机器	是□	否□

统计"是"一栏得分计＿＿＿＿

A：艺术型活动

活动	是	否
1. 素描/制图或绘画	是□	否□
2. 参演话剧/戏剧	是□	否□
3. 设计家具/布置室内	是□	否□
4. 练习乐器/参加乐队	是□	否□
5. 欣赏音乐或戏剧	是□	否□
6. 看小说/读剧本	是□	否□
7. 从事摄影创作	是□	否□
8. 写诗或吟诗	是□	否□
9. 进艺术（美术/音乐）培训班	是□	否□
10. 练习书法	是□	否□

统计"是"一栏得分计＿＿＿＿

I：调查型活动

1. 读科技图书和杂志　　　　　　　　　　　　　是□　　否□
2. 在实验室工作　　　　　　　　　　　　　　　是□　　否□
3. 改良水果品种，培育新的水果　　　　　　　　是□　　否□
4. 调查了解土和金属等物质的成分　　　　　　　是□　　否□
5. 研究自己选择的特殊问题　　　　　　　　　　是□　　否□
6. 解算术或玩数学游戏　　　　　　　　　　　　是□　　否□
7. 物理课　　　　　　　　　　　　　　　　　　是□　　否□
8. 化学课　　　　　　　　　　　　　　　　　　是□　　否□
9. 几何课　　　　　　　　　　　　　　　　　　是□　　否□
10. 生物课　　　　　　　　　　　　　　　　　　是□　　否□

　　　统计"是"一栏得分计_____

S：社会型活动

1. 学校或单位组织的正式活动　　　　　　　　　是□　　否□
2. 参加某个社会团体或俱乐部活动　　　　　　　是□　　否□
3. 帮助别人解决困难　　　　　　　　　　　　　是□　　否□
4. 照顾儿童　　　　　　　　　　　　　　　　　是□　　否□
5. 出席晚会、联欢会、茶话会　　　　　　　　　是□　　否□
6. 和大家一起出去郊游　　　　　　　　　　　　是□　　否□
7. 想获得关于心理方面的知识　　　　　　　　　是□　　否□
8. 参加讲座会或辩论会　　　　　　　　　　　　是□　　否□
9. 观看或参加体育比赛和运动会　　　　　　　　是□　　否□
10. 结交新朋友　　　　　　　　　　　　　　　　是□　　否□

　　　统计"是"一栏得分计_____

E：事业型活动

1. 说服鼓动他人　　　　　　　　　　　　　　　是□　　否□
2. 卖东西　　　　　　　　　　　　　　　　　　是□　　否□
3. 谈论政治　　　　　　　　　　　　　　　　　是□　　否□
4. 制订计划、参加会议　　　　　　　　　　　　是□　　否□
5. 以自己的意志影响别人的行为　　　　　　　　是□　　否□
6. 在社会团体中担任职务　　　　　　　　　　　是□　　否□
7. 检查与评价别人的工作　　　　　　　　　　　是□　　否□
8. 结交名流　　　　　　　　　　　　　　　　　是□　　否□
9. 指导有某种目标的团体　　　　　　　　　　　是□　　否□
10. 参与政治活动　　　　　　　　　　　　　　　是□　　否□

　　　统计"是"一栏得分计_____

C：常规型(传统型)活动

1. 整理好桌面和房间　　　　　　　　　　　　　　　　是□　否□
2. 抄写文件和信件　　　　　　　　　　　　　　　　　是□　否□
3. 为领导写报告或公务信函　　　　　　　　　　　　　是□　否□
4. 检查个人收支情况　　　　　　　　　　　　　　　　是□　否□
5. 参加打字培训班　　　　　　　　　　　　　　　　　是□　否□
6. 参加算盘、文秘等实务培训班　　　　　　　　　　　是□　否□
7. 参加商业会计培训班　　　　　　　　　　　　　　　是□　否□
8. 参加情报处理培训班　　　　　　　　　　　　　　　是□　否□
9. 整理信件、报告、记录等　　　　　　　　　　　　　是□　否□
10. 写商业贸易信　　　　　　　　　　　　　　　　　　是□　否□

　　统计"是"一栏得分计_____

第三部分　您所擅长或能胜任的活动

下面列举了若干种活动，其中你能做或大概能做的事，请在"是"栏里打"√"；反之，在"否"栏里打"×"。请回答全部问题。

R：实际型活动

1. 能使用电锯、电钻和锉刀等木工工具　　　　　　　　是□　否□
2. 知道万用表的使用方法　　　　　　　　　　　　　　是□　否□
3. 能够修理自行车或其他机械　　　　　　　　　　　　是□　否□
4. 能够使用电钻床、磨床或缝纫机　　　　　　　　　　是□　否□
5. 能给家具和木制品刷漆　　　　　　　　　　　　　　是□　否□
6. 能看建筑设计图　　　　　　　　　　　　　　　　　是□　否□
7. 能够修理简单的电气用品　　　　　　　　　　　　　是□　否□
8. 能修理家具　　　　　　　　　　　　　　　　　　　是□　否□
9. 能修理收录机　　　　　　　　　　　　　　　　　　是□　否□
10. 能简单地修理水管　　　　　　　　　　　　　　　　是□　否□

　　统计"是"一栏得分计_____

A：艺术型能力

1. 能演奏乐器　　　　　　　　　　　　　　　　　　　是□　否□
2. 能参加二部或四部合唱　　　　　　　　　　　　　　是□　否□
3. 独唱或独奏　　　　　　　　　　　　　　　　　　　是□　否□
4. 扮演剧中角色　　　　　　　　　　　　　　　　　　是□　否□
5. 能创作简单的乐曲　　　　　　　　　　　　　　　　是□　否□
6. 会跳舞　　　　　　　　　　　　　　　　　　　　　是□　否□
7. 能绘画、素描或书法　　　　　　　　　　　　　　　是□　否□

8. 能雕刻、剪纸或泥塑　　　　　　　　　　　　　是□　　否□

9. 能设计板报、服装或家具　　　　　　　　　　　是□　　否□

10. 写得一手好文章　　　　　　　　　　　　　　　是□　　否□

　　　统计"是"一栏得分计_____

　　　I：调研型能力

1. 懂得真空管或晶体管的作用　　　　　　　　　　是□　　否□

2. 能够列举三种蛋白质多的食品　　　　　　　　　是□　　否□

3. 理解铀的裂变　　　　　　　　　　　　　　　　是□　　否□

4. 能用计算尺、计算器、对数表　　　　　　　　　是□　　否□

5. 会使用显微镜　　　　　　　　　　　　　　　　是□　　否□

6. 能找到三个星座　　　　　　　　　　　　　　　是□　　否□

7. 能独立进行调查研究　　　　　　　　　　　　　是□　　否□

8. 能解释简单的化学现象　　　　　　　　　　　　是□　　否□

9. 理解人造卫星为什么不落地　　　　　　　　　　是□　　否□

10. 经常参加学术性会议　　　　　　　　　　　　　是□　　否□

　　　统计"是"一栏得分计_____

　　　S：社会型能力

1. 有向各种人说明解释的能力　　　　　　　　　　是□　　否□

2. 常参加社会福利活动　　　　　　　　　　　　　是□　　否□

3. 能和大家一起友好相处地工作　　　　　　　　　是□　　否□

4. 善于与年长者相处　　　　　　　　　　　　　　是□　　否□

5. 会邀请人、招待人　　　　　　　　　　　　　　是□　　否□

6. 能简单易懂地教育儿童　　　　　　　　　　　　是□　　否□

7. 能安排会议等活动顺序　　　　　　　　　　　　是□　　否□

8. 善于体察人心和帮助他人　　　　　　　　　　　是□　　否□

9. 帮助护理病人和伤员　　　　　　　　　　　　　是□　　否□

10. 安排社团组织的各种事务　　　　　　　　　　　是□　　否□

　　　统计"是"一栏得分计_____

　　　E：事业型能力

1. 担任过学生干部并且干得不错　　　　　　　　　是□　　否□

2. 工作上能指导和监督他人　　　　　　　　　　　是□　　否□

3. 做事充满活力和热情　　　　　　　　　　　　　是□　　否□

4. 有效利用自身的做法调动他人　　　　　　　　　是□　　否□

5. 销售能力强　　　　　　　　　　　　　　　　　是□　　否□

6. 曾作为俱乐部或社团的负责人　　　　　　　　　是□　　否□

7. 向领导提出建议或反映意见　　　　　　　　　　是□　　否□

8. 有开创事业的能力 是□ 否□

9. 知道怎样做能成为一个优秀的领导者 是□ 否□

10. 健谈善辩 是□ 否□

    统计"是"一栏得分计_____

    C：常规型能力

1. 会熟练地打印中文 是□ 否□

2. 会用外文打字机或复印机 是□ 否□

3. 能快速记笔记和抄写文章 是□ 否□

4. 善于整理保管文件和资料 是□ 否□

5. 善于从事事务性的工作 是□ 否□

6. 会用算盘 是□ 否□

7. 能在短时间内分类和处理大量文件 是□ 否□

8. 能使用计算机 是□ 否□

9. 能搜集数据 是□ 否□

10. 善于为自己或集体做财务预算表 是□ 否□

    统计"是"一栏得分计_____

第四部分　你所喜欢的职业

    下面列举了多种职业，请逐一认真地看，如果是你有兴趣的工作，请在"是"栏里打"√"；如果你不太喜欢、不关心的工作，请在"否"栏里打"×"。请回答全部问题。

    R：实际型活动

1. 飞机机械师 是□ 否□

2. 野生动物专家 是□ 否□

3. 汽车维修工 是□ 否□

4. 木匠 是□ 否□

5. 测量工程师 是□ 否□

6. 无线电报务员 是□ 否□

7. 园艺师 是□ 否□

8. 长途公共汽车司机 是□ 否□

9. 火车司机 是□ 否□

10. 电工 是□ 否□

    统计"是"一栏得分计_____

    S：社会型职业

1. 街道、工会或妇联干部 是□ 否□

2. 小学、中学教师 是□ 否□

3. 精神病医生 是□ 否□

4. 婚姻介绍所工作人员   是□   否□

5. 体育教练   是□   否□

6. 福利机构负责人   是□   否□

7. 心理咨询员   是□   否□

8. 共青团干部   是□   否□

9. 导游   是□   否□

10. 国家机关工作人员   是□   否□

      统计"是"一栏得分计_____

        I: 调研型职业

1. 气象学或天文学者   是□   否□

2. 生物学者   是□   否□

3. 医学实验室的技术人员   是□   否□

4. 人类学者   是□   否□

5. 动物学者   是□   否□

6. 化学者   是□   否□

7. 数学学者   是□   否□

8. 科学杂志的编辑或作家   是□   否□

9. 地质学者   是□   否□

10. 物理学者   是□   否□

      统计"是"一栏得分计_____

        E: 事业型职业

1. 厂长   是□   否□

2. 电视片编制人   是□   否□

3. 公司经理   是□   否□

4. 销售员   是□   否□

5. 不动产推销员   是□   否□

6. 广告部长   是□   否□

7. 体育活动主办者   是□   否□

8. 销售部长   是□   否□

9. 个体工商业者   是□   否□

10. 企业管理咨询人员   是□   否□

      统计"是"一栏得分计_____

        A: 艺术型职业

1. 乐队指挥   是□   否□

2. 演奏家   是□   否□

3. 作家   是□   否□

4. 摄影家   是□   否□

5. 记者   是□   否□

6. 画家、书法家   是□   否□

7. 歌唱家   是□   否□

8. 作曲家   是□   否□

9. 电影电视演员   是□   否□

10. 节目主持人   是□   否□

      统计"是"一栏得分计_____

      C：常规型职业

1. 会计师   是□   否□

2. 银行出纳员   是□   否□

3. 税收管理员   是□   否□

4. 计算机操作员   是□   否□

5. 簿记人员   是□   否□

6. 成本核算员   是□   否□

7. 文书档案管理员   是□   否□

8. 打字员   是□   否□

9. 法庭书记员   是□   否□

10. 人口普查登记员   是□   否□

      统计"是"一栏得分计_____

第五部分 您的能力类型简评

下面两张表是你在 6 个职业能力方面的自我评定表。你可以先与同龄者比较出自己在每一方面的能力，然后经斟酌后对自己的能力作评估。请在表中适当的数字上画圈。4 分代表中等水平，数字越大，表示你的能力越强。注意，请勿全部画同样的数字，因为人的每项能力不可能完全一样。

表A

R型	I型	A型	S型	E型	C型
机械操作能力	科学研究能力	艺术创作能力	解释表达能力	商业洽谈能力	事务执行能力
7	7	7	7	7	7
6	6	6	6	6	6
5	5	5	5	5	5
4	4	4	4	4	4
3	3	3	3	3	3
2	2	2	2	2	2
1	1	1	1	1	1

表 B

R 型	I 型	A 型	S 型	E 型	C 型
体育技能	数学技能	音乐技能	交际技能	领导技能	办公技能
7	7	7	7	7	7
6	6	6	6	6	6
5	5	5	5	5	5
4	4	4	4	4	4
3	3	3	3	3	3
2	2	2	2	2	2
1	1	1	1	1	1

第六部分　统计和确定您的职业倾向

第二至第四部分测试题中，选择"是"的各得 1 分。请将第二部分至第五部分的全部测验分数按前面已统计好的 6 种职业倾向(R 型、I 型、A 型、S 型、E 型和 C 型)得分填入下表，并作纵向累加。

测试	R 型	I 型	A 型	S 型	E 型	C 型
第二部分						
第三部分						
第四部分						
第五部分 A						
第五部分 B						
总　分						

请将上表中的 6 种职业倾向总分按大小顺序依次从左到右排列：

＿＿＿型　　　＿＿＿型　　　＿＿＿型　　　＿＿＿型　　　＿＿＿型　　　＿＿＿型

最高分＿＿＿＿＿　　　您的职业倾向性得分＿＿＿＿＿　　　最低分＿＿＿＿＿

第七部分　您所看重的东西——职业价值观

这一部分测验列出了人们在选择工作时通常会考虑的 9 种因素(见所附工作价值标准)。现在请您在其中选出最重要的两项因素，以及最不重要的两项因素，并将序号填入下边相应空格上。

最重要：＿＿＿＿＿＿＿　　　次重要：＿＿＿＿＿＿＿

最不重要：＿＿＿＿＿＿＿　　　次不重要：＿＿＿＿＿＿＿

附　工作价值标准

1. 工资高，福利好

2. 工作环境(物质方面)舒适

3. 人际关系良好

4. 工作稳定有保障

5. 能提供较好的受教育机会

6. 有较高的社会地位

7. 工作不太紧张、外部压力少

8. 能充分发挥自己的能力特长

9. 社会需要与社会贡献大

至此，以上全部测验完毕。

现在，将你测验得分居第一位的职业类型找出来，对照下表，判断一下自己适合的职业类型。

职业索引——职业兴趣代号与其相应的职业对照表：

R(实际型)：木匠、农民、操作 X 光的技师、工程师、飞机机械师、鱼类和野生动物专家、自动化技师、机械工(车工、钳工等)、电工、无线电报务员、火车司机、长途公共汽车司机、机械制图员、修理机器、电器师。

I(调查型)：气象学者、生物学者、天文学家、药剂师、动物学者、化学家、科学报刊编辑、地质学者、植物学者、物理学者、数学家、实验员、科研人员、科技作者。

A(艺术型)：室内装饰专家、图书管理专家、摄影师、音乐教师、作家、演员、记者、诗人、作曲家、编剧、雕刻家、漫画家。

S(社会型)：社会学者、导游、福利机构工作者、咨询人员、社会工作者、社会科学教师、学校领导、精神病工作者、公共保健护士。

E(事业型)：推销员、进货员、商品批发员、旅馆经理、饭店经理、广告宣传员、调度员、律师、政治家、零售商。

C(常规型)：记账员、会计、银行出纳、法庭速记员、成本估算员、税务员、核算员、打字员、办公室职员、统计员、计算机操作员、秘书。

下面介绍与你 3 个代号的职业兴趣类型一致的职业表。对照的方法如下：首先根据你的职业兴趣代号，在下表中找出相应的职业，例如你的职业兴趣代号是 RIA，那么牙科技术人员、陶工等是适合你兴趣的职业。然后寻找与你职业兴趣代号相近的职业，如你的职业兴趣代号是 RIA，那么，其他由这三个字母组合成的编号(如 IRA，IAR，ARI 等)对应的职业，也较适合你的兴趣。

RIA：牙科技术员、陶工、建筑设计员、模型工、细木工、制作链条人员。

RIS：厨师、林务员、跳水员、潜水员、染色员、电器修理、眼镜制作、电工、纺织机器装配工、服务员、装玻璃工人、发电厂工人、焊接工。

RIE：建筑和桥梁工程、环境工程、航空工程、公路工程、电力工程、信号工程、电话工程、一般机械工程、自动工程、矿业工程、海洋工程、交通工程技术人员、制图员、家政经济人员、计量员、农民、农场工人、农业机械操作员、清洁工、无线电修理工、汽车修理工、手表修理工、管工、线路装配工、工具仓库管理员。

RIC：船上工作人员、接待员、杂志保管员、牙医助手、制帽工、磨坊工、石匠、机器制造、机车(火车头)制造、农业机器装配、汽车装配工、缝纫机装配工、钟表装配和检验工、电动器具装配工、鞋匠、锁匠、货物检验员、电梯机修工、托儿所所长、钢琴调音员、印刷工、建筑工人、卡车司机。

RAI：手工雕刻员、玻璃雕刻员、制作模型员、家具木工、皮革品制作工、手工绣花工、手工钩针纺织工、排字工、印刷工、图画雕刻工、装订工。

RSE：消防员、交通巡警、警察、门卫、理发师、房间清洁工、屠夫、锻工、开凿工人、管道安装工、出租汽车驾驶员、货物搬运工、送报员、勘探员、娱乐场所的服务员、起卸机操作工、灭害虫者、电梯操作工、厨房助手。

RSI：纺织工、编织工、农业学校教师、某些职业课程教师(诸如艺术、商业、技术、工艺课程)、雨衣上胶工。

REC：抄水表员、保姆、实验室动物饲养员、动物管理员。

REI：轮船船长、航海领航员、大副、试管实验员。

RES：旅馆服务员、家畜饲养员、渔民、渔网修补工、水手长、收割机操作工、搬运行李工人、公园服务员、救生员、登山导游、火车工程技术员、建筑工人、铺轨工人。

RCI：测量员、勘测员、仪表操作者、农业工程技术、化学工程技师、民用工程技师、石油工程技师、资料室管理员、探矿工、煅烧工、烧窑工、矿工、保养工、磨床工、取样工、样品检验员、纺纱工、炮手、漂洗工、电焊工、锯木工、刨床工、制帽工、手工缝纫工、油漆工、染色工、按摩工、木匠、建筑工人、电影放映员、勘测员助手。

RCS：公共汽车驾驶员、一等水手、游泳池服务员、裁缝、建筑工人、石匠、烟囱修建工、混凝土工、电话修理工、爆炸手、邮递员、矿工、裱糊工人、纺纱工。

RCE：打井工、吊车驾驶员、农场工人、邮件分类员、铲车司机、拖拉机司机。

IAS：普通经济学家、农场经济学家、财政经济学家、国际贸易经济学家、实验心理学家、工程心理学家、心理学家、哲学家、内科医生、数学家。

IAR：人类学家、天文学家、化学家、物理学家、医学病理学家、动物标本剥制者、化石修复者、艺术品管理者。

ISE：营养学家、饮食顾问、火灾检查员、邮政服务检查员。

ISC：侦察员、电视播音室修理员、电视修理服务员、验尸室人员、编目录者、医学实验技师、调查研究者。

ISR：水生生物学者、昆虫学者、微生物学家、配镜师、矫正视力者、细菌学家、牙科医生、骨科医生。

ISA：实验心理学家、普通心理学家、发展心理学家、教育心理学家、社会心理学家、临床心理学家、目标学家、皮肤病学家、精神病学家、妇产科医师、眼科医生、五官科医生、医学实验室技术专家、民航医务人员、护士。

IES：细菌学家、生理学家、化学专家、地质专家、地理物理学专家、纺织技术专家、医院药剂师、工业药剂师、药房营业员。

IEC：档案保管员、保险统计员。

ICR：质量检验技术员、地质学技师、工程师、法官、图书馆技术辅导员、计算机操作员、医院听诊员、家禽检查员。

IRA：地理学家、地质学家、声学物理学家、矿物学家、古生物学家、石油学家、地震学家、声学物理学家、原子和分子物理学家、电学和磁学物理学家、气象学家、设计审核员、人口统计学家、数学统计学家、外科医生、城市规划家、气象员。

IRS：流体物理学家、物理海洋学家、等离子体物理学家、农业科学家、动物学家、食品科学家、园艺学家、植物学家、细菌学家、解剖学家、动物病理学家、作物病理学家、药物学家、生物化学家、生物物理学家、细胞生物学家、临床化学家、遗传学家、分子生物学家、质量控制工程师、地理学家、兽医、放射性治疗技师。

IRE：化验员、化学工程师、纺织工程师、食品技师、渔业技术专家、材料和测试工程师、电气工程师、土木工程师、航空工程师、行政官员、冶金专家、原子核工程师、陶瓷工程师、地质工程师、电力工程师、口腔科医生、牙科医生。

IRC：飞机领航员、飞行员、物理实验室技师、文献检查员、农业技术专家、动植物技术专家、生物技师、油管检查员、工商业规划员、矿藏安全检查员、纺织品检验员、照相机修理员、工程技术员、计算机程序员、工具设计员、仪器维修工。

CRI：簿记员、会计、记时员、铸造机操作工、打字员、按键操作工、复印机操作工。

CRS：仓库保管员、档案管理员、缝纫工、讲述员、收款人。

CRE：标价员、实验室工作者、广告管理员、自动打字机操作员、电动机装配工、缝纫机操作工。

CIS：记账员、顾客服务员、报刊发行员、土地测量员、保险公司职员、会计师、估价员、邮政检查员、外贸检查员。

CIE：打字员、统计员、支票记录员、订货员、校对员、办公室工作人员。

CIR：校对员、工程职员、海底电报员、检修计划员。

CSE：接待员、通讯员、电话接线员、卖票员、旅馆服务员、私人职员、商学教师、旅游办事员。

CSR：运货代理商、铁路职员、交通检查员、办公室通信员、簿记员、出纳员、银行财务职员。

CSA：秘书、图书管理员、办公室办事员。

CER：邮递员、数据处理员、办公室办事员。

CEI：推销员、经济分析家。

CES：银行会计、记账员、法人秘书、速记员、法院报告人。

ECI：银行行长、审计员、信用管理员、地产管理员、商业管理员。

ECS：信用办事员、保险人员、各类进货员、海关服务经理、售货员、购买员、会计。

ERI：建筑物管理员、工业工程师、农场管理员、护士长、农业经营管理人员。

ERS：仓库管理员、房屋管理员、货栈监督管理员。

ERC：邮政局长、渔船船长、机械操作领班、木工领班、瓦工领班、驾驶员领班。

EIR：科学、技术和有关周期出版物的管理员。

EIC：专利代理人、鉴定人、运输服务检查员、安全检查员、废品收购人员。

EIS：警官、侦察员、交通检验员、安全咨询员、合同管理员、商人。

EAS：法官、律师、公证人。

EAR：展览室管理员、舞台管理员、播音员、驯兽员。

ESC：理发师、裁判员、政府行政管理员、财政管理员、工程管理员、职业病防治员、售货员、商业经理、办公室主任、人事负责人、调度员。

ESR：家具售货员、书店售货员、公共汽车驾驶员、日用品售货员、护士长、自然科学和工程的行政领导。

ESI：博物馆管理员、图书馆管理员、古迹管理员、饮食业经理、地区安全服务管理员、技术服务咨询员、超级市场管理员、零售商品店店员、批发商、出租汽车服务站调度员。

ESA：博物馆馆长、报刊管理员、音乐器材售货员、广告商、售画营业员、导游、(轮船或班机上的)事务长、飞机上的服务员、船员、法官、律师。

ASE：戏剧导演、舞蹈教师、广告撰稿人、报刊专栏作者、记者、演员、英语翻译。

ASI：音乐教师、乐器教师、美术教师、管弦乐指挥、合唱队指挥、歌星、演奏家、哲学家、作家、广告经理、时装模特。

AER：新闻摄影师、电视摄影师、艺术指导、录音指导、丑角演员、魔术师、木偶戏演员、骑士、跳水员。

AEI：音乐指挥、舞台指导、电影导演。

AES：流行歌手、舞蹈演员、电影导演、广播节目主持人、舞蹈教师、口技表演者、喜剧演员、模特。

AIS：画家、剧作家、编辑、评论家、时装艺术大师、新闻摄影师、男演员、文学作者。

AIE：花匠、皮衣设计师、工业产品设计师、剪影艺术家、复制雕刻品大师。

AIR：建筑师、画家、摄影师、绘图员、环境美化工、雕刻家、包装设计师、陶器设计师、绣花工、漫画工。

SEC：社会活动家、退伍军人服务官员、工商会事务代表、教育咨询者、宿舍管理员、旅馆经理、饮食服务管理员。

SER：体育教练、游泳指导。

SEI：大学校长、学院院长、医院行政管理员、历史学家、家政经济学家、职业学校教师、资料员。

SEA：娱乐活动管理员、国外服务办事员、社会服务助理、一般咨询者、宗教教育工作者。

SCE：部长助理、福利机构职员、生产协调人、环境卫生管理人员、戏院经理、餐馆经理、售票员。

SRI：外科医师助手、医院服务员。

SRE：体育教师、职业病治疗者、体育教练、专业运动员、房管员、儿童家庭教师、警察、引座员、传达员、保姆。

SRC：护理员、护理助理、医院勤杂工、理发师、学校儿童服务人员。

SIA：社会学家、心理咨询者、学校心理学家、政治科学家、大学或学院的系主任、大学或学院的教育学教师、大学农业教师、大学工程和建筑课程的教师、大学法律教师、大学数学/医学/物理/社会科学/生命科学的教师、研究生助教、成人教育教师。

SIE：营养学家、饮食学家、海关检查员、安全检查员、税务稽查员、校长。

SIC：描图员、兽医助手、诊所助理、体检检查员、监督缓刑犯的工作者、娱乐指导者、咨询人员、社会科学教师。

SIR：理疗员、救护队工作人员、手足病医生、职业病治疗助手。

SAC：理发师、指甲修剪师、包装艺术师、美容师、整容专家、发式设计师。

SAE：听觉病治疗者、演讲矫正者。

SAI：图书馆管理员、小学教师、幼儿园教师、学前儿童教师、中学教师、师范学院教师、盲人教师、智力障碍人教师、聋哑人教师、学校护士、牙科助理、飞行指导员。

(信息广角内容摘自朱冽烈、胡军生等编著的《大学生求职测评手册》，谨表感谢。)■

你怎样经营？

——经营模式

第七章

积累经营资源，为职业做准备

如何经营你的人生，是每一个人经营自己必须考虑的基本问题。怎样经营自己？形成自己的经营模式、积累经营资源是基础。你的职业目标和发展方向一旦确定，就要开始着手为成功就业、为从事某一职业或胜任某一职业岗位、为职业变更或职业迁移、为职业可持续发展做准备。这是你经营好自己的基本功。要了解你将要从事的职业岗位有哪些要求，应具备哪些职业能力，需要积累哪些经营资源，目前你距离这些要求还有多远，你已有的资源是哪些，还缺哪些资源，应从哪里开始着手，怎样努力。只有先理清这些问题，才能朝着目标前进，实现自己的职业理想。

一、何谓"经营资源"

如果问你为什么要上大学，很多人会说，为了找一份好工作。那么，如何找到一份好工作呢？这就要看你积累了多少可运用和支配的经营资源，为职业做了哪些准备。

从近几年的招聘情况看，用人单位比较关注的是你在大学期间的成长经历、成长速度、成长效率，是否注重自身的积累和提升，包括知识、技能、动机、自我认识、价值观、态度、行为和个性特征等。在招聘的面试中经常会出现与专业"毫不相干"的若干问题，如情商、学习能力和思维能力等内容。比如：

1. 如果我国不能生产网球，一年需要进口多少个网球？

2. 如果你到我们公司做会计，有许多新的业务出现，财务主管不知道如何处理，你会怎么处理这些新的经济业务？

3. 当曾经伤害过你的一位同学或同事发信息告诉你，他找到了一份好工作或晋升了职务，你是什么反应？

4. 你如何尽快融入一个新的团队？如果团队中的某一成员与你有冲突，怎样与他沟通？

……

在就业形势非常严峻的当前，你如果拥有的经营资源越多、越丰富，你的就业机会就越多，你获取的成功机会就越多，并最终成为"赢家"。大学生就业中的"马太效应"也同样存在。

《圣经》中有这样一个故事：

一位主人将要远行到国外去，临走之前，将仆人们叫到一起，把财产委托他们保管。主人根据每个人的才干，给了第一个仆人 5 个塔伦特(注：古罗马货币单位)，给第二个仆人 2 个塔伦特，给第三个仆人 1 个塔伦特。

拿到五个塔伦特的仆人把它用于经商，并且赚到了 5 个塔伦特。同样，拿到 2 个塔伦特的仆人也赚到了 2 个塔伦特。但是拿到 1 个塔伦特的仆人却把主人的钱埋到了土里。过了很长一段时间，主人回来与他们算账。拿到 5 个塔伦特的仆人，带着另外 5 个塔伦特来到主人面前，说："主人，你交给我 5 个塔伦特，请看，我又赚了 5 个。"

"做得好！你是一个对很多事情充满自信的人，我会让你掌管更多的事情。现在就去享受你的土地吧！"同样，拿到 2 个塔伦特的仆人，带着另外 2 个塔伦特来了，他说："主人，你交给我 2 个塔伦特，请看，我又赚了 2 个。"

主人说："做得好！你是一个对一些事情充满自信的人，我会让你掌管很多事情。现在就去享受你的土地吧！"最后，拿到 1 个塔伦特的仆人来了，他说："主人，我知道你想成为一个强人，收获没有播种的土地，收割没有撒种的土地。我很害怕，于是把钱埋在了地下。看那里，那里埋着你的钱。"

主人斥责他说："又懒又缺德的人。你既然知道我想收获没有播种的土地，收割没有撒种的土地，那么你就应该把钱存在银行家那里，让我回来时能连本带利地还给我。"

然后他转身对其他仆人说："夺下他的 1 个塔伦特，交给那个赚了 5 个塔伦特的人。"

"可是他已经拥有 10 个塔伦特了。"

"凡是有的，还要给他，使他富足；但凡没有的，连他所有的，也要把他夺去。"

这个故事出自于《新约·马太福音》，它的寓意是贫者越贫，富者越富。

知名社会学家罗伯特·莫顿在 20 世纪 60 年代首次将"贫者越贫，富者越富"的现象归纳为"马太效应"。

"马太效应"发生在我们身边的例子比比皆是，无论是本科院校，还是高职院校毕业的大学生例子都很多。有些学生毕业时会同时获得好几个 offer，而有的则一个 offer 也没有，甚至毕业后几年都在做"啃老族"。

这就是我们经济学上所说的"资源优势"。什么是资源？所谓资源就是为做某件事情所具有的条件。拥有丰富的资源意味着拥有更强的抗风险能力，也意味着拥有更加优势的地位和更强大的潜力。经营资源就是你在经营自己的人生中必须具有的要素。要素的多少、是否丰富直接影响到你人生的成功和幸福。在经营自己的人生中，在毕业就业中你体现的优势资源是什么？应该积累哪些资源，具备怎样的资源才能"富者越富"，才能获取更多的就业机会，并使自己的职业可持续发展，才能经营好自己的人生？

如果问你读大学究竟读什么，你会怎么说呢？浙江大学自动化系的一年级学生张卫东亲历了一次"大学之道"的调查，走访了 10 位熟悉的本科生，5 位研究生，5 位你能求教的老师，向他们真心求教"大学之道"。在接受访问的这些学生中多数对大学教育缺乏理解，有些茫然。调查的结果得出，大学之道有七道：向大师学风范；学会与人相处；收获思想和情感；挑战自我潜力；学会自立、自信、自强；张扬个性的"加工厂"；学会"淘"资源库。我也常常会问学生类似的问题，你为什么要上大学？读大学究竟读什么？很多学生这样回答我：读好专业，找一份好工作。这没有错，但很多学生不理解，能找到一份好工作只是其中的一部分。更重要的是大学教育能使你的生活更有质量，能使你的心智更成熟，能使你的人生更有方向感。当你遇到挫折与失败时，就能更自如地应对。实际上，上大学是一种投资，是一种个人能量的投资。我们每个人都能从这种投资中获得无穷的力量。

二、选择与积累经营资源

经营人生必须具备的资源有很多，人不可能什么都要学，什么都学专。因为人的一生中时间、精力、财力等都是有限的资源。怎样把有限的资源用到无限的需要之中，我们就要面对选择。如何选择你需要的资源，并进行有效的积累，这就要根据你的职业目标和发展方向，根据你将要从事的职业岗位等因素决定。经营资源与具体职业或行业相关，是特定职业最需要的知识与技能，如律师的法律专业知识、表达能力等，会计的专业知识与核算技能等。一般人把它理解为胜任某一职业岗位的知识和技能。其中，知识是指一个人拥有的关于某一具体领域的各种信息或情报，是对某一职业领域有用信息的组织和利用。技能是指完成一项具体的体力或脑力工作的能力，将事情做好的能力。岗位任职能力是经营自己最基本的资源。

对于胜任某一职业岗位的知识和技能你可以有所选择，但对于职业胜任能力，对于你的职业发展，对于你人生的成功，除了知识和技能外，还有自我认识、动机、价值观、态度、行为、个性特征等基本要素。而这些要素都是每个人努力要积累的经营资源。因为，知识和技能是外显的、可见的，是容易被感知和后天培养的，也是对胜任者基础素质的要求，是有效执行工作所必须的，而且非常容易观察和衡量。而自我认识、动机、价值观、态度、行为、个性特征是内隐的、深藏的，是不容易被感知并且难以培养的，也是决定个体的行为及表现的关键因素。这些隐藏在表象背后的深层次特征，是主体自我系统的核心动力因素。个体潜能最终能否发挥，在一定程度上取决于深层次特征与实际具备的知识和技能水平的相符与协调。可以说，隐藏的胜任力在诸多情境中影响着主体对行为的选择、思维模式和情绪反应、对完成任务将要付出的努力、面临挑战时的坚韧性等。[①] 隐藏的胜任力是一个立体的时间性概念，其职能和作用会随着职业的发展和职位变动而不断变更。也就是说，真正决定人生成功的是隐藏的这些深层次因素。

自我认识、动机、价值观、态度、行为、个性特征这些深层次素质的高低，决定着高职学生在动态变化的职业生涯中的综合能力。无论是在与专业对应的职业岗位，还是

---

① A. 班杜拉著. 思想和行动的社会基础——社会认知论. 上海：华东师范大学出版社，2000. pp. 552—554

当职业岗位发生变更或者职业环境发生变动的时候，高职学生不会因为原有专业知识和技能的老化或尚未学过而束手无策，而是能在变化了的职业和工作环境里积极寻求自己新的坐标，从而获得新的知识和技能，而且还会有一个更大的发展和上升的空间。所以，作为未来生产、建设、服务和管理第一线的人才，积累深层次素质尤为重要。

如果从职业胜任力的概念理解职业能力和职业素质，其内涵是一致的。素质一词来自于"competency"，一个管理领域的名词，对这个单词的翻译方法有很多：能力、权能、资质、素质、胜任资格等。根据管理理论中素质研究的开创者哈佛大学教授麦克利兰(David McClelland)的观点，素质是一个人或个体的基本特性，它与高效率和高效的工作业绩有密切联系。基本特性说明素质是一个人的一种相当深刻和持久的个性，它可以预测个体在各种工作中的选择行为。在国内一般把"competency"译作"胜任力"。麦克利兰认为素质包括 5 个组成部分：①动机。推动一个人为达到一定目标而采取行动的内驱力。②个性特征。个性、身体特征以及对外部环境与各种信息所表现出来的一贯反应。③自我认识。一个人对自己的看法，即自我认同的内在本我，对自己身份的认识或知觉。④知识。一个人拥有的关于某一具体领域的各种信息或情报，对某一职业领域有用信息的组织和利用。⑤技能。完成一项具体的体力或脑力工作的能力，将事情做好的能力。

下面我们把这些隐藏在表象背后的深层次素质具体化。

1．自我认识

在自我认识的各个不同方面中，个人效能的自我认识或知觉或许对人们的日常生活最具有影响力。自我效能是指个体组织和执行某个目标活动所达到的水平或从中表现出来的能力。在实践中，这种能力是一种潜在的主观因素，而不是一个确定值。所以，对个体的行为等机能活动产生影响的，不是这种能力本身，而是主体对它的感受，即自我效能感。自我效能感是一种重要的行为决定因素，它对行为的影响，在一定程度上独立于支持行为的各种技能(Locke, Frederick, Lee & Bobko, 1984; Schunk, 1984)。高职学生拥有专业知识和技能，并不等于在多种环境中都能够很好地运用这些专业知识和技能。正是由于这个原因，具有专业知识和技能的人，或者同一个人在不同的情境中，会有不同的行为表现，有时做得很好，有时做得很差。职业能力的充分发挥，既需要相关的知识和技能，也需要有效运用知识和技能的自我效能信念。班杜拉认为，作为自我调节机制的自我反馈系统是最独特的人类特征，因为它使个体能够反思和评价自身经验和思想，从而改变思想和以后的行为。个体所拥有的有关自身能力和努力结果的信念在很大程度上影响着个体将来行为的方式，而知识和技能一般没有预测功能。[①] 所以，自我效能信念是其行为和动机的关键因素。

2．动机

动机是推动一个人为达到一定目标而采取行动的内驱力。动机对行为的作用有三

---

① A. 班杜拉著. 思想和行动的社会基础——社会认知论. 上海：华东师范大学出版社，2000. pp. 552—554.

个方面：一是诱发作用，它驱使人们产生某种行为；二是选择和导向作用，它指导人们做出相应的选择，促使行为趋向目标；三是激励作用，动机对行为起着维持和加强的作用，强化行为以达到目的。行为结果对动机具有反作用，动机会因为良好的行为结果而加强，使该行为重复出现，也会因坏的结果而削弱以至消失，使行为不再进行。动机是诱发、指导和维护个体行为的力量源泉，是个体内部的驱动力和内在的愿望。不同的人具有不同的动机，不同的动机有不同的行为选择。比如，会计人为维护企业管理当局的利益和个人的某种利益，可以选择对当局和个人有利而对其他契约人或公共不利的会计方法，如各种会计寻租行为；也可以选择规范、公平的会计方法。不同的行为选择决定了维护某些人利益还是维护公众利益，其结果完全不同。

3. 价值观

价值观是每个人判断是非善恶的信念体系，它不但诱导个体追寻自己的理想，还决定一个人生活中的各种选择。价值观能够以多种方式影响个体行为。一种方式是借助对诱因的偏好起作用，人们对赞许、金钱、物质、社会地位和从控制中获得自由赋予不同的价值。如有的人认为权力、金钱最为重要，就认为这些最有价值；有的人认为社会地位和控制欲望最重要，就认为这些最有价值；有的人认为自尊、品德以及对企业的贡献最重要，就认为这些最有价值。价值观影响个体行为是因为有价值的诱因能够激励确保获取这些诱因的行动，而没有价值的诱因就不能激励行动。当人们认为某些成果赋予的价值越高而又自己有能力取得这些成果时，就会付出更多的努力。价值观也决定了人们对事物价值的取舍。在这个意义上，个体的任何行为，都是自身价值观的流露。价值观决定一个人的一生，如果一个人有良好的价值观，就能对职业负责，对社会、企业和个人具有较高的责任心。如果一个人的价值观是扭曲的、邪恶的，那么，在其他方面的造诣越深，他对社会的危害就越大。因此，树立诚信、自尊、品德以及对企业和社会贡献的价值观是人生最为重要的。

4. 态度

态度是个体对特定的人、观念或事物的稳固的，由认知、情感和行为倾向三个成分组成的心理倾向。态度是行动的前提，态度受价值观的指导，态度是为人处世的基本原则。李开复在《做最好的自己》一书中讲到，一个人最为重要的态度有6种：

(1) 积极主动是所有人生态度中最重要的，排在第一位。积极主动的人拥有一颗积极主动的心，善于规划和管理自己的事业，为自己的人生做出最为重要的抉择。因为没有人比你更在乎你自己的事业，没有什么东西像积极主动的态度一样更能体现你自己的独立人格。要让自己成为积极主动的人，有7个步骤：调整自己的态度，乐观面对人生；远离被动的习惯，从小事做起；对自己负责，把握自己的命运；积极尝试，邂逅机遇；充分准备，把握机遇；积极争取，创造机遇；积极地推销自己。

(2) 同理心是在人际交往过程中，能够体会他人的情绪和想法、理解他人的立场和感受并站在他人的角度思考和处理问题的能力。它是分工协作的现代社会中个人发展和成功的基石。具备同理心要做到6点：我怎样对待别人，别人就怎样对待我；想要得到他人的理解，就要首先理解他人；别人眼中的自己，才是真正存在的自己；只能修正自己，不能修正别人；真诚坦白的人，才是值得信任的人；真情流露的人，才能得到真情回报。

(3) 自信是成功的关键。自信就是要在认识自己的基础上充分相信自己：相信自己可以在面对困难与挑战的时候，将自己最大的潜能释放出来，相信自己可以在理想和兴趣的引导下坚定不移地走向成功。获取自信有 6 个步骤：尊重自己，鼓励自己；赞美自己，从潜意识做起；用言行激发自信；从成功里获得自信，从失败里增加自觉；制定具体目标，由自觉达到自信；发挥优势，放飞自我。

(4) 自省就是自我反省，自我提高。懂得自省的人才能跟上时代的步伐，不断成长，并且更容易得到他人的信任。如何做到自省？要勇于承认错误，主动接受批评；不断追求进步，"足够好是不够的"；听取他人意见，接受"良师"指点；事后认真反省，努力改变自己。

(5) 勇气就是在挑战面前勇往直前、永不言败的精神力量。最重要的勇气包括：不畏失败，敢于尝试；承认错误，从失败中学习；远离恐惧，挑战困难；勇于放弃已经获得的东西。

(6) 胸怀。有胸怀才会成功，因为胸宽则能容、能容则众归、众归则财聚、财聚则业兴。真正的成功者都拥有海纳百川的胸襟和气概。有胸怀的人通常会在务实、宽恕、自律、尊重、涵养等 5 个方面表现出超乎寻常的能力和品质。①

5. 行为

行为是自我认识、动机、价值观、态度在具体行动中的反映，行为是每个人自己与自己、自己与他人、自己与社会接触和沟通的必然结果，行为是社会衡量一个人的外在指标。李开复认为与 6 种态度相对应的行为也有 6 种：

(1) 追寻理想。理想是引领人生的灯塔；没有理想，就没有坚定的方向；没有方向，就没有充实的生活。每一个成功的人都有对理想的责任感和对人生的使命感，这也是他们能够走向成功的最重要的内因之一。所以，追寻理想是指引成功的"罗盘"。如何找到自己的理想或人生目标呢？有 5 个建议：人生目标要有价值；人生目标要尽量摆脱名利羁绊；人生目标要能够成为自己的智囊；人生目标可以让自己从心底感动；人生目标既富有挑战性，又不脱离实际，既放眼未来，又明确具体。

(2) 发现兴趣。兴趣是点燃激情的火种，激情是成功的原动力，而激情源自兴趣。听从你的内心才能找到兴趣，才能最大程度地激发热情和你所有的潜力，从而让艰辛的过程变为一种享受。如何真正找到自己的兴趣所在，有 5 个建议：选你所爱；爱你所选；把握选择的机会；忠于自己的兴趣；找到最佳结合点。

(3) 有效执行。执行力包括计划的能力、追求的毅力和执行的魄力。计划的能力就是能够设定明确目标，分析差距，把总体目标简化为阶段目标，以循环方式反复修

---

① 李开复. 做最好的自己. 北京：人民出版社，2005. pp. 220—228.

正，使用合理的时间管理方法，最终达到自己的目的地。追求的毅力就是能够坚定方向、锲而不舍，有耐力、负责任，执著而不退缩，也不怕挫折。毅力是一种每个人都需要的良好习惯。执行的魄力就是能把事情做起来，并努力争取完成它。执行力的 8 要素：周密的计划；明确的目标；差距分析；循环修正；坚强的毅力；良好的习惯；管理时间；多管齐下。有效执行是迈向成功的阶梯。

(4) 努力学习。学习的目的不在于获取文凭，而在于它是实现理想、追随兴趣的必由之路，是在整个人生过程中不断更新自己，以便与时代发展保持同步。最值得学习的是那些足以受益终生的思想、方法、经验乃至学习本身的快乐。

(5) 人际交流。戴尔•卡耐基说："一个人事业的成功只有 15%取决于他的专业技能，另外的 85%要依靠人际关系和处世技巧。"人际关系包括处理冲突的能力、建立关系的能力、说服与影响他人的能力、团队合作与协调的能力、倾听与沟通的能力等等。在与人交往的过程中，要学会悉心倾听、将心比心，严于律己、宽以待人，要坚持真诚的原则，真心帮助他人而不求回报，对朋友的不足能诚恳地提出批评意见，对不同的观点能直己见，既不当面奉承别人，也不在背后诋毁别人。这就是"同理心"态度的升华。

(6) 合作沟通。指的是一群有能力、有信念的人在特定的团队中，为一个共同的目标相互支持、合力奋斗的过程。团队合作的 4 个准则：①团队至上、互相互助。即愿意与其他成员坦诚地分享自己的忧虑、弱点、风险、目标和动机，团队整体的成功才意味着个人的成功。②共同目标。即让团队成员一起参与目标的选择和确定过程，一旦达成一致就必须接受并支持它。③个人品质。即做坦诚的人，深信团队至上的道理，有海纳百川的胸怀。④团队领导。即与团队成员一起构筑团队的愿景、目标、运作规则和团队文化，培养团队意识，用服务者、合作者的心态，帮助团队成员完成其个人目标。

6. 个性特征

个性是一个人在特定的社会环境中形成的一种较稳定的心态和行为特征。不同的个性，其行为动机、行为方式和行为结果也不同。个性主要包括性格和气质。性格，是一个人比较稳定的对现实的态度和习惯化了的行为方式。它是个性中经常地、习惯地、鲜明地表现出来的心理特征，是个性中最能表征一个人的个性差异。比如，有的人在工作中敢于坚持原则，有的人则胆小怕事，怕得罪人。由于性格不同，在同样的环境下，或处理同样的事件，不同的人也具有不同的行为选择，表现出行为的偏差。气质，是指个人心理活动的稳定的动力特征。心理活动的动力特征主要指心理过程的速度和稳定性、心理过程的强度、心理活动的指向性。如有的人稳定、冷静、办事有条理且工作细心，有耐心。而有的热情、激进，行动敏捷且精力充沛。气质的差异，会使人的精神、情绪和行为表现出明显的差异。

上述每一个要素都是高职学生就业、职业发展以及人生和谐发展的基本素质，是经营好人生必须具备的资源。

　　当然，这些资源的积累不是一年半载或通过几个培训就能培养起来的，它是一个长期的系统工程，并与每一个人的成长环境和成长过程有关。但目前你至少已经有这个意识，知道经营自己需要选择什么资源，需要积累哪些资源。

三、配置与利用经营资源

(一)资源的配置与利用问题

　　如果是经营企业，经营者必须将资源进行有效配置和利用，以发挥其最大的效用，才能使企业的成本最小，收益最大，实现利润最大化。同样的道理，我们每个人经营自己的人生，也要将有限的资源进行合理的、有效的配置和利用，才能经营好自己，做最好的自己。一个人的资源往往是有限的，但有的人不懂得善于运用和配置，使得本来就有限的资源，又白白地浪费掉。如果你懂得善于运用资源，并善于配置资源，把资源效用最大化，就能实现人生目标的最大化。

　　如何将有限的资源进行合理、有效的配置与利用？从你目前的大学学习，到毕业找工作，在某一职业岗位任职，以及变换职业等，每一个阶段每一个过程都要考虑到这个问题。我们从前面提到的 4 个面试题来进行分析。

　　第一个面试题：如果我国不能生产网球，一年需要进口多少个网球？

　　这是用人单位在看完一份学生简历后抛出的一个问题。该学生的主课成绩中"经济学基础"为 86 分，是所有课程中分数最高的，也是当时全班最高分。用人单位问这个问题不会在乎你的具体答案是多少，他们看重的是你的思维方式。学过经济学的同学都知道，经济学的两大理论框架中，均衡理论是其中之一。要进口多少个网球必须知道我国每年需求量为多少，只有当需求与供给均衡时，不会浪费有限的资源，才能实现最优。要看看你思考这个问题的整个思维过程，看你的思维方式改变没有，学过经济学与没有学过的人其思维方式是有差异的。可见，用人单位不会看重你考试分数，看重的是你真正学到了什么。在管理学上，经常用这样一个案例：三个年轻人分别向爱人求婚。学文学的说："亲爱的，当浪漫的秋风伴着细雨吹来，我是否等到了爱情的累累硕果。"学经济的说："当我们在一起，将是世界上成本最小、收益最大的组合，请你答应我吧。"学法律的说："我经过周密的调查取证，最后得出结论：我们是最合适的。如果你三天内不作答复，将视为同意，自动放弃反驳的权利。"结果，三个年轻人都成功了。其实，人与人的差异，在一定意义上是一种观念与思维方式的差异。

　　第二个面试题：如果你到我们公司做会计，有许多新的业务出现，财务主管不知道如何处理，你会怎么处理这些新的经济业务？

　　这是一位高职学生在第一轮面试中遇到的问题。当时，对这一问题不知道如何应答，就说自己不知道，只能问财务主管。之后，他又接到第二轮面试的通知，这个学生马上问老师道：如果再出现这样类似的问题，该怎样回答。其实这个问题是用人单位看你应对变化的能力和学习能力。首先，出现新的经济业务是经济快速发展的必然结果，因此，要及时补充新知识，调整知识结构。其次，如果财务主管不知道如何处理新的经济业务时，应在不违背法律法规和会计准则的前提下，以优化管理和效益最大化的原则来处理新的经济业务。这样的回答，用人单位会感受到你主动学习的能力和积极的应变能力。

第三个面试题：当曾经伤害过你的一位同学或同事发信息告诉你，他找到了一份好工作或得到了晋升，你是什么反应？

在一次面试中，用人单位不问任何问题，只问到这样一个问题。当时有个学生不知所措，显然是毫无准备，只回答道："我只能为他高兴。"用人单位接着问："那你其实心里是不高兴的，你也不希望他找到比你好的工作，或者说晋升比你高的职位，是吗？"这个学生无语。如果你的回答是"我很为他高兴"，但内心并不高兴，这时，在你的眼神中就会流露出来，因为眼睛是心灵的窗户，你心里怎么想，你的眼睛怎么遮也遮不住，在你的眼神中自然而然就流露出来。怎么办呢？很简单，只有当你的心里是真正为他高兴时，你的眼神流露的才是与心里一致的，才是真实的。很多人说我做不到。的确，说说简单其实还真不简单。怎样才能做到呢？中山大学一位从事哲学研究的教授说过这样的话："每个人的生命过程中，都将遇到三种人：一种是无怨无悔不求回报地关心你、爱护你、帮助你的人；一种是伤害你、欺骗你、利用你的人；一种是既不曾伤害你、欺骗你，但也不曾予你以关怀与无私帮助的人。你闭上眼睛回忆，谁是你心目中的第一种人、第二种人、第三种人？在你心目中，哪种人数量最多？哪种人数量最少？第一种人是给你博大的爱，也让你无时无刻不感受到爱的人；第二种人是促使你成长，却经常让你感受到痛苦和怨恨的人；第三种人是你的人生旅途中不可或缺的陌生又熟识的人，他们可能在你的生命旅途中转化为第一种人，也有可能成为第二种人，这取决于你自身的努力……要记住，只有当第一种人的数量在你心中呈几何倍数增长，达到'辉煌'，而第二种人数目却逐渐趋近于零时，你才会离幸福生活越来越近！反过来，当你出现在他人心目中的第一种人行列里的次数越多，成为他人心目中的第二种人的次数愈少，你离成功的人生才会越来越近！"这番话会帮助你改变认知。第二种人是促使你成长的人，曾经伤害过你的人找到一份好工作或得到晋升，他给你的是一种冲击，是一种动力，促使你更加努力，你应该从心里感谢他。如果是这样的认知方式，你在回答上述问题时，就会真诚而由衷地说："我为他高兴，同时，也为自己的未来加油！"这个问题，用人单位看重的是你的基本品质、素养、情商是否高。

第四个面试题：你如何尽快融入一个新的团队？如果团队中的某一成员与你有冲突，怎样与他沟通？

这个问题是用人单位看你是否有团队合作精神和人际沟通能力，是近几年出现频率较高的一个问题。面对一个新的团队你如何尽快融入，我们已在第六章有过专门的叙述，此处不再复述。处理冲突的能力是处理好人际关系的重要组成部分，如果团队中的某一成员与你发生冲突，首先你要明确，这是个人与个人之间的冲突，而不是你与团队之间的冲突。造成个人与个人之间冲突的内容和形式是多种多样的，原因也各不相同。团队中每一个人的生活成长背景、受教育程度、年龄和文化等各有差异，其价值观、个性、认知等方面也不同，导致对问题的认识和理解出现差异，同时，还会影响双方的有效沟通。第二，你就要分析这种冲突是何种原因引起的，因为冲突有积极的冲突和消极的冲突。积极的冲突是具有建设性的，比如冲突之后能够消除误会和消除团队的某些分裂因素，使团队成员在工作中取得一致的意见，并重新形成团结的气氛；冲突之后能够调整原有的组织结构的不完善，并产生新的组合；冲突之后能够将原有的不适宜的工作目标或制度修改，代之以合适的目标或制度；冲突之后能够提高管理水平和解决未来冲突的能力；冲突能打破习惯性思维，促使不同意见、观点的争鸣，从而使人们的认识深化等。对于积极性的冲突，不能只想着如何去避免，或一味地去压制它，应该去正视它。在处理冲突时要有诚意，并运用恰当的技巧，双方就可以达到有效沟通的目的。如果一个团队经不起冲突压力的考验，那么这个团队也就没有生命力，就不可能健康运作和发展。消极的冲突是具有破坏性的，比如冲突的结果是使双方意见分歧扩大，并导致冲突双方关系恶化，互不信任，甚至互相攻击，使团队不能处于正常的工作状态；冲突之后常常会造成人、财、物等资源的错误分配，给整体效益带来损失等等。对于消极的冲突你则要分析双方冲突的焦点在哪里。冲突常常表现在双方的目标、价值观、行为期望上的不一致或不相容而产生的分歧或矛盾。如果冲突的焦点是目标和行为期望的不一致，可以转移或调整目标和行为期望；如果是价值观不同导致的冲突，要达到有效沟通的难度就比较大，沟而不通时只能放下这份沟通，构建新的人际沟通。

请你思考：在上述 4 个问题中要运用到哪些资源？这些资源又如何有效地配置？学习能力、思考能力、分析能力、解决问题的能力、团队合作与人际沟通能力、自我情绪管理与处理能力等怎样进行有效地配置？这几个问题，都是在找工作时体现出来的资源配置和利用问题。同样，在你目前的大学学习中，当你在某一职业岗位上要发挥和展示你的能力时，当你的职业发生变更或迁移时，也会出现资源配置和利用问题。你可运用和支配的资源有多少，如果可运用和支配的资源多，又能合理、有效地配置和利用，你应对的能力就强，就更自信，就能获得更多的就业和成功的机会。

（二）资源的均衡问题

经营人生的所有资源都是相互关联、彼此影响的。我们举会计岗位为例。如果一个会计从业人员的职业能力非常强，但没有一个诚信的价值观，那么，他就会做出不诚信的事。在会计处理上会任意歪曲、篡改会计数据，提供虚假会计信息，制造各种会计造假行为等。如果会计人没有良好的动机，其内在驱动力会驱使他选择各种不同的行为。如果会计人的动机、价值观都没有问题，技能也过硬，但他的职业态度有问题，比如，没有积极的心态、没有胸怀、没有勇气等，在遇到迷茫、困难和挫折时，他就会无能为力。如果专业知识和技能都不错，但不能充分地发挥，能力展示不出，这与他的自我效能感有关。人的性格和气质不同，在行为中也会表现出差异。比如，有的人敢于坚持原则，有的人则胆小怕事，怕得罪人。有的人稳定、冷静，办事有条理且工作细心，有耐心，而有的热情、激进，行动敏捷且精力充沛。

会计岗位是这样，其他职业岗位也同样。每一个职业岗位所需要的资源是不同的，但你在什么岗位工作，你就必须具备什么资源，才能做好工作，胜任这一岗位。

真正要想达到成功，就必须完整、全面地考虑各种经营要素，并使自己在各个要素中达到最佳点，实现均衡状态。我们在考虑选择和积累资源时，不能一味追求某一方面的资源，或考虑到是否有用。现在有许多学生大都很现实，学东西首先是考虑有没有用，有用的就学，没有的就不学。其实，很多经营资源是在逐渐积累的过程中形成的，有的甚至是不经意的。王石是一位成功的企业家，他创建的万科是我国房地产行业的龙头老大。他在博客上这样留言："我在年轻的时候并不清楚将来能做什么，只是有好奇心和好胜的欲望，尽管许多事情并不是情愿去做，但能够认真做好所从事的行业和保持着旺盛的求知状态，无论是当兵、当工人、工程技术员还是机关工作人员，尽心尽力。曾理想当一个周游四大洋的水手、外科医生、战地记者……但从来没想到会成为一名成功的企业家。事后，才感觉到，创业前的一切努力，都是给今天成功打下了坚实的基础。"

如何达到完整和均衡的状态，关键在于如何选择和积累。这又要回到我们前面讲过的问题，看你是否会选择，是否善于积累。例如，当你的职业发生变更或变换工作时，有多种职业等待你选择时，需要盘点你的所有资源，你的优势资源是什么，已有的资源有哪些，这些资源在什么职位上能发挥优势。同时，需要综合考虑和分析你做出的每一种选择背后的利弊，从而选择最适合你的职位，找到最佳结合点。

你能为下列案例中的同学解答困惑吗？

老师：您好！开学两个多月我感觉自己还是很迷茫，对很多事情都缺乏足够的认识。就拿我最近心烦的事来说，我不知道在大学里到底是应该着重培养能力还是着重学习知识，我本来是想参加自考的，我觉得就大专的文凭还不够。可是最近我渐渐地发现能力才是最重要的，文凭只是块敲门砖，进入公司后老总还是要看你的能力，没有能力是不可能长久呆下去的。如果我在这三年中参加了自考，那必然会占有我大部分的时间，我还有时间培养我的能力吗？而且三年过后我不敢肯定我真的能拿到本科文凭，毕竟自考也不是那么简单的。还有一点我不太敢肯定，那就是自考本科的文凭社会的承认度高不高。

我记得老师曾说过，自考跟培养能力是不起冲突的，可是我不太信，我觉得两者只能选其一。还有最致命的一点就是我各方面的能力都很欠缺，我是一个不善于表现自己的人，即使自己有想法也不去说也不去做，性格很内向，不太善于交际，而且我的胆子很小。这就是我的性格，从小养成的，很难改变。

老师我真的很苦恼，希望你能给点意见，帮我在漫无边际的大海上指明方向！

个案：我是继续从事会计审计工作还是应该换个职业？

知彼解己

我今年 25 岁，从中央财经大学国际经济与贸易专业毕业已经两年。这两年，我在浙江宁波市的一家会计师事务所从事审计工作。工作很辛苦我倒不怕，但收入不高，而我又因家庭原因非常看重这份薪水。因为对薪水的不满意，最近我辞职来到上海。我是一个勤奋、好学、自律的人，基本情况应该还不错：我已经获得了注册会计师和国际注册内部审计师的证书，英语六级，口语不错，计算机应用水平也绰绰有余。辞职后我在上海投了很多简历，想应聘更高一级的会计职位，但都杳无音信。我怀疑自己的阅历还不够，经验还不足。但要我做一个普通的会计或审计我又不太愿意。现在在我面临两个问题：

一是我要从事更高一级的会计、审计等职位，如财务经理或主管等。我该怎样规划我的职业生涯？

二是我一直认为我不应该只从事一种职业，想换个职业，可我现在又只会做财务审计方面的工作，请问我是否应该换个职业？

个案分析：

从你目前已有的资源看，你已经为自己的职业生涯做了很好的设计和规划。这很不简单。你已经为成为一名财务经理或主管选择和积累了不少的资源，如获得了注册会计师、国际注册内部审计师等，有两年的会计事务所工作经历，同时还有较好的英语基础。现在的问题是，你有了这些资源，为什么投出的简历没有回音？分析其原因有多方面的，可能是你目前与企业的要求或者说一个财务经理的要求还有差距，也可能是企业这个岗位的应聘者竞争很激烈，还有可能是市场的其他因素等等。从你个人的角度来说，进行职业规划可以更好地帮助你实现职业目标，从一个财务经理必须具备的能力和素质考虑，分析一下自己还需要学习和积累哪些知识和能力。如果有机会先到一些小的企业做财务主管，也是一个不错的选择。

至于你面临的第二个问题，你首先要盘点一下自己的经营资源，自己的优势。如果你选择的职业是与你目前的工作有关联的，是在你的个人职业生涯和发展方向的范围内的，而且能够把你已有的优势资源用上，如管理、市场营销等工作，这是可以去尝试的，对你的职业发展会有帮助。如果你想换的职业是与会计工作相差甚远的，你的优势就会变成劣势，还是应该慎重考虑为好，也显得有些盲目。

信息广角

你的情绪稳定吗？

主试者：艾森克

测试目标：情绪稳定性

测试说明

情绪的稳定性及其适应性，是衡量一个人心理是否健康的重要因素之一。下面的问卷对情绪稳定性进行了因素析取，并在此基础上编制了一个包含 7 个方面的情绪稳定性评量表。

下面给出 210 个问题，请你逐一回答。尽量用"是"、"否"回答。如果不能确定"是"或"否"，就选择"？"。此外，不要过多思考每个题目的细微意义，最好凭着第一印象回答。

测试题

1. 认为你能像大多数人那样行事吗？
2. 你似乎总碰到倒霉事。
3. 你比大多数人更容易脸红吗？
4. 有时一个思想总在你脑中反复出现，你想打消它，但是办不到。
5. 你有想戒除而戒不掉的嗜好吗？如吸烟。
6. 你是否总是感觉良好并精力充沛？
7. 你常常为自罪感而烦恼吗？
8. 你是否觉得你有点儿骄傲？
9. 早上醒来时，你是否经常感到心情抑郁？
10. 即使在犯愁的时候，你也极少失眠吗？
11. 你时常感到闹钟的嘀哒声十分刺耳，难以忍受吗？
12. 对于那种看上去你很在行的游戏，你想学会它并享受其乐趣吗？
13. 你是否食欲不佳？
14. 在你实际上没有错的时候，你是否常常寻找自己的不是？
15. 你常常觉得自己是失败者吗？
16. 总的说来，你是否满意你的生活？
17. 你通常比较平静，不容易被烦扰吗？
18. 在阅读的时候，如果发现标点错误，你是否觉得很难弄清句子的意思？
19. 你是否通过锻炼或限制饮食有计划地控制体形？
20. 你的皮肤非常敏感和怕痛吗？
21. 你是否有时觉得你的生活是令你父母失望的？
22. 你为你的自卑感而苦恼吗？
23. 在生活中，你是否能发现许多愉快的事？
24. 你是否有时觉得你有许多无法克服的困难？
25. 你是否有时强迫自己洗手，尽管你明明知道你的手很干净？
26. 你是否相信你的性格已由童年时的经历所决定，所以你无法改变它？
27. 是否时常感到头脑发晕？
28. 你是否觉得自己犯了不可饶恕的罪过？
29. 总的来说，你是否很自信？

30. 有时你不在乎将来怎样吗？

31. 总是感到生活非常紧张？

32. 你有时为一些细微平常的小事总缠绕在思想中而烦恼吗？

33. 不管别人怎么说，你总是按自己的决定行事吗？

34. 你比多数人更容易头痛吗？

35. 你常有对自己的所作所为进行忏悔的强烈愿望吗？

36. 你是否常常希望自己是另外一个人？

37. 平时你感到精力充沛吗？

38. 你小时候害怕黑暗吗？

39. 你是否热衷于某种迷信仪式？

40. 你觉得控制体重困难吗？

41. 你是否有时感到面部、头部、肩部抽搐？

42. 你是否常觉得别人对你非难？

43. 当众讲话是否使你感到很不自在？

44. 你是否曾经无缘无故地觉得自己很悲惨？

45. 你是否常常忙忙碌碌似乎有所求，实际上不知所求？

46. 你常担心抽屉、窗子、门、箱子等东西是否锁好吗？

47. 你是否相信上帝、命运等超自然的力量控制你的生老病死？

48. 你很担心自己得病吗？

49. 你是否相信此时此刻所得到的幸福，最终不得不偿还？

50. 如果可能的话，你将在许多方面以身试法自己吗？

51. 你觉得自己的前途乐观吗？

52. 面对艰难的任务，你是否会发抖、出汗？

53. 上床睡觉之前，你常按程序检查所有的电灯、用具和水管关好没有吗？

54. 如果事情出了差错，你是否常把它归结为运气不佳，而不是方法不当？

55. 即使你认为自己仅仅是着凉了，你也一定要去看病吗？

56. 你很关心自己是否比周围大多数人都生活得更好吗？

57. 在一般情况下，你是否觉得自己颇受大家的欢迎？

58. 你是否有过自己不如死了好的想法？

59. 即使知道对你不会有伤害，你也对一些人或事担惊受怕吗？

60. 你是否小心翼翼地在家里储存一些食品或粮食，以防食物短缺？

61. 你是否曾感到有一种坏念头支配着你？

62. 你是否常感到精疲力竭？

63. 你是否常做过一些使你终生遗憾的事？

64. 对于你的决定，你是否总是充满信心？

65. 你常感到沮丧吗？

66. 你比其他人更不容易焦虑吗？

67. 你特别害怕和厌恶脏东西吗？

68. 你是否常感到自己是某种无法控制的外力的受害者？

69. 你被认为是一个体弱多病的人吗？

70. 你常常无缘无故地受到责备和惩罚吗？

71. 你是否觉得自己很有见地？

72. 对你来说，事情总是没有希望吗？

73. 你常无缘无故地为了一些不现实的东西担心吗？

74. 在外面，如果遇到火灾，你是否先计划怎样逃脱？

75. 做事前，你是否总是设计一个明确的计划而不是碰运气？

76. 你家里有一个小药箱来保存你以前看病剩余的各种药物吗？

77. 如果有人训斥你，你往心里去吗？

78. 你是否常为一些你做过的事情感到惭愧？

79. 你和多数人一样爱笑吗？

80. 多数时间里你都为某些人或事感到忧心忡忡吗？

81. 你是否会因为东西放错了地方而烦躁难受？

82. 你曾经用扔硬币或类似完全凭几率的方法来做决策吗？

83. 你非常担心你的健康吗？

84. 如果你发生了意外事故，你是否觉得这是对你的报应？

85. 当你注视自己的照片时，你是否感到窘迫，并抱怨人们总不能公平地对待你？

86. 你常常毫无原因地感到无精打采和疲倦吗？

87. 如果你在社交场合出了丑，你能很容易忘却它吗？

88. 对于你所有的花销，你都详细记账吗？

89. 你的所作所为是否常与习俗和父母的希望相悖？

90. 强烈的痛苦和疼痛使你不可能把注意力集中在你的工作上吗？

91. 你是否为你过早的性经验而后悔？

92. 你家里是否有些成员使你感到自己无能？

93. 你常受到噪音的打扰吗？

94. 坐着或躺下时，你很容易放松吗？

95. 你是否很担心在公共场所里传染上细菌？

96. 当你感到孤独时，你是否努力去友善待人？

97. 你是否经常为难以忍受的搔痒而烦恼？

98. 你是否有某些不可宽恕的坏习惯？

99. 如果有人批评你，你是否感到非常不快？

100. 你是否常觉得自己受到生活的不公平待遇？

101. 你很容易为一些意想不到的人的出现而吃惊吗？

102. 你总是很细心地归还借物吗？哪怕钱少得微不足道。
103. 你是否感到你不能左右你周围发生的事情？
104. 你的身体健康吗？
105. 你常受到良心的折磨吗？
106. 人们是否把你作为他们利用的对象？
107. 你是否认为人们实际上并不关心你？
108. 安静地坐着呆一会儿，对你来说困难吗？
109. 你是否常常事必躬亲？
110. 你很容易被人说服吗？
111. 你的家人是否多有肠胃不适的毛病？
112. 你是否觉得你虚度了自己的青春？
113. 你是否喜欢提一些关于你自己作为一个人的价值的问题？
114. 你常常感到孤独吗？
115. 你过分地担心钱的问题吗？
116. 你宁肯从马路旁的栏杆下面过去，也不愿意绕道而行吗？
117. 你常感到生活难以应付吗？
118. 当你不舒服时，别人是否表示同情？
119. 你是否认为自己不配得到别人的信任和友情？
120. 当人们说起你的优点时，你是否觉得他们在恭维你？
121. 你是否认为自己对世界有所贡献并过着有意义的生活？
122. 你是否很容易入睡？
123. 你不拘小节吗？
124. 你做的多数事情都能使他人愉快吗？
125. 你长期便秘吗？
126. 你总是考虑过去发生的事情，并惋惜自己没能做得更好？
127. 你是否有时因怕别人嘲笑或批评而隐瞒自己的观点？
128. 你觉得世界上没有一个人爱你吗？
129. 在社交场合中，你很容易感到窘迫吗？
130. 你是否把废旧的物品留着，以便将来派上用场？
131. 你相信你的未来掌握在你手中吗？
132. 你曾经得过神经衰弱吗？
133. 你内心是否隐藏着某种内疚，而且担心总有一天必定会被别人知道？
134. 在社交场合你是否感到害羞，并且自己意识到这种害羞？
135. 你认为把一个孩子带到世界上来是一件很艰难的事情吗？
136. 如果事情没有按照预定的计划进行，你是否容易感到手足无措？
137. 房间里很乱时，你是否感到很不舒服？

138. 你是否和别人一样有意志？

139. 你常感到心悸吗？

140. 你相信恶有恶报吗？

141. 对于你遇到的人，你是否感到自卑，尽管客观上你并不比他差？

142. 一般讲，你是否成功地实现了你的生活目标？

143. 你常为噩梦所惊醒，而且吓出一身大汗吗？

144. 若某人的狗舔了你的脸，你感到恶心吗？

145. 由于总有一些事情干扰，使你不得不改变计划，因此，你觉得定计划是白白浪费时间？

146. 你总是担心家里人会生病吗？

147. 如果你做了某些受道德谴责的事，你能否很快地忘掉，并放眼未来？

148. 通常你觉得你能实现你想要达到的目标吗？

149. 你常容易感伤吗？

150. 当你和别人谈话，特别是想给人留下深刻印象时，你的声音是否会变得颤抖？

151. 你是不是那种万事不求人的人？

152. 你更喜欢那种由他人决策，并告诉你该怎么做的工作吗？

153. 甚至在暖和天你也时常手脚冰凉吗？

154. 你常通过祈祷请求得到宽恕吗？

155. 你对你的相貌感到满意吗？

156. 你是否觉得别人老是碰到好运气？

157. 在紧急情况下你能保持镇静吗？

158. 你是否把所有的约会和同一天所必须做的事都记在本上？

159. 你是否感到变换环境是徒劳的？

160. 你常感到呼吸困难吗？

161. 当你听到下流故事时，你感到窘迫吗？

162. 对于你不喜欢的人，你是否保持缄默？

163. 你感到有很长时间你无法驾驭你周围的环境了吗？

164. 当你想到自己所面临的困难时，你是否有时觉得紧张和不知所措？

165. 在你拜访别人，进门之前，是否总要整理一下头发和衣服？

166. 你是否常觉得难以控制你的生活方向？

167. 我是否认为因轻微的不舒服，如咳嗽、着凉、感冒去看病是浪费时间？

168. 你是否时常感到好像做错了什么事情，尽管这种感觉没有确实根据？

169. 你是否觉得为了赢得别人的关注和称赞而做事非常困难？

170. 回首往事，你是否觉得受了欺骗？

171. 受到羞辱使你难受很长时间吗？

172. 和别人说话时，你是否总是试图纠正别人的语法错误，尽管礼貌上可以不允许这样做？

173. 你是否觉得现在的事情如此变幻莫测，以致简直找不出规律？

174. 如果你得了感冒，你是否马上上床休息？

175. 你是否由于你的老师没有充分备课而对他感到失望？

176. 你是否常常把自己设想得比实际上更好？

177. 你和别人一样生活得快乐吗？

178. 你能够通过描述自己来认识自己吗？

179. 你是否把自己打扮成一个完美的人？

180. 你总是有明确的生活目标吗？

181. 早上你是否常看看你舌头的颜色？

182. 你是否常回忆过去，觉得自己以前对待别人太不好？

183. 你是否有时觉得你从来没做任何好事？

184. 你是否经常感到你是生活中多余的人？

185. 你是否为可能会发生的事而操不必要的心？

186. 当烦恼的事情使你无法入睡时，你是否按时起床？

187. 你是否常常感觉别人在利用你？

188. 你每天都称体重吗？

189. 你是否期望上帝在来世惩罚你的罪过？

190. 你是否常常怀疑你的性能力？

191. 你的睡眠通常是不规则的吗？

192. 你是否常常无缘无故地变得很激动？

193. 保持整洁有序对你来说是至关重要的吗？

194. 你是否有时受广告的影响而买一些你实际上并不想买的东西？

195. 你是否常常为噪音而烦恼？

196. 如果在人际交往中遇到挫折，你总是责备自己吗？

197. 你有起码的自尊心吗？

198. 即使当你和其他人在一起时，你也常感到孤独吗？

199. 你曾经觉得你需要服一些镇静剂吗？

200. 如果你的生活日程被一些预料之外的事情所打乱，你感到非常不快吗？

201. 你是否通过占卜算卦来预测自己的未来？

202. 你是否感到有块东西堵在喉咙里？

203. 你是否有时对你自己的性欲望和性幻想感到厌恶？

204. 你认为你的个性对异性有吸引力吗？

205. 在多数时间里，你内心感到宁静和满足吗？

206. 你是一个神经质的人吗？

207. 你是否常常花大量的时间整理书稿，这样你可以在需要的时候知道它们在哪儿？

208. 你是否总是由别人来决定你看什么电影或节目？
209. 你有过忽冷忽热的感觉吗？
210. 你能很容易地忘掉你所做错的事吗？

评分方法

上面 210 道题中包含 7 个分量表，每 30 题为一个量表，分别从自卑感、抑郁性、焦虑、强迫性、自主性、疑心病症和自罪感 7 个方面评价一个人的心理健康状态。根据下面给出的 7 个记分表计分。记分表中的数字是问卷中的题目号，题号后有"+"号表示该题回答"是"得 1 分，回答"否"不得分；题号后有"－"号表示该题回答"否"则得 1 分。凡是回答"不好说"的一律记 0.5 分。将各题得分加起来就是你在该量表上的得分。

1. **自卑感**

1+	8－	15－	22－	29+	36－	43－	50－
57+	64+	71+	78－	85－	92－	99－	106+
113－	120－	127－	134－	141－	148+	155+	162－
169－	176－	183－	190－	197+	204+		

2. **抑郁性**

2－	9－	16+	23+	30+	37+	44－	51+
58－	65－	72－	79+	86－	93－	100－	107－
114－	121+	128+	135－	142－	149－	156－	163－
170－	177+	184－	191－	198－	205+		

3. **焦虑**

3+	10－	17－	24+	31+	38+	45+	52+
59+	66－	73+	80+	87－	94－	101+	108+
115+	122－	129+	136+	143+	150+	157－	164+
171+	178+	185+	192+	199+	206+		

4. **强迫性**

4+	11+	18+	25+	32+	39+	46+	53+
60+	67+	74+	81+	88+	95+	102+	109+
116－	123+	130+	137+	144+	151+	158+	165+
172+	179+	186+	193+	200+	207+		

5. **自主性**

5－	12+	19+	26－	33－	40－	47－	54－
61－	68－	75+	82－	89+	96+	103－	110－
117－	124－	131+	138+	145－	152－	159－	166－
173－	180+	187－	194－	201－	208－		

6. 疑心病症

6−	13+	20+	27+	34+	41+	48+	55+
62+	69+	76+	83+	90+	97+	104−	111+
118+	125+	132+	139+	146+	153+	160+	167−
174+	181+	188+	195+	202+	209+		

7. 自罪感

7+	14+	21+	28+	35+	42+	49+	56+
63+	70−	77+	84+	91+	98+	105+	112+
119+	126+	133+	140+	147−	154+	161+	168+
175+	182+	189+	196+	203+	210−		

表

情绪不稳定性	平均线	情绪适应性
自卑感 6 7 8 9 10 11 12 13 14 15 16 17 18 19 20 21		自尊 22 23 24 25 26 27 28 29 30
抑郁性 7 8 9 10 11 12 13 14 15 16 17 18 19 20 21 22		愉快 23 24 25 26 27 28 29 30
焦虑 30 29 28 27 26 25 24 23 22 21 20 19 18 17 16		安详 15 14 13 12 11 10 9 8 7 6 5 4 3 2 1
强迫性 25 24 23 22 21 20 19 18 17 16 15 14 13 12 11 10		随意性 9 8 7 6 5 4 3 2 1
依赖性 5 6 7 8 9 10 11 12 13 14 15 16 17 18 19 20		自主性 21 22 23 24 25 26 27 28 29
疑心病症 21 20 19 18 17 16 15 14 13 12 11 10 9 8 7 6		健康感 5 4 3 2 1
自罪感 23 22 21 20 19 18 17 16 15 14 13 12 11 10 9 8		无自罪感 7 6 5 4 3 2 1

测试分析

你可以将你在 7 个量表上的得分标记在上面的剖析图之中。剖析图中间的竖线是设计者所采用的平均水平。如果你的得分基本落在中线附近或基本落在竖线右侧，那么你的情绪是比较稳定的，心理健康状态也是好的；如果你的得分多数落在竖线左侧，那么，你的情绪就存在着某种程度的不稳定，你的心理健康状态就可能存在一些问题。具体而言：

1. 自卑感

高分者：对自己及自己的能力充满自信，认为自己是有价值的、有用的人，并相信自己是受人欢迎的。这种人非常自爱，不自高自大。

低分者：自我评价低，自认为自己不被人喜爱。

2. 抑郁性

高分者：欢快乐观，情绪状态良好，对自己感到满意，对生活感到满足，与世无争。

低分者：悲观厌世，易灰心，心情抑郁，对自己的生活感到失望，与周围环境格格不入，感到自己在这个世界上是多余的。

3. 焦虑

高分者：容易为一些区区小事而烦恼焦虑，对一些可能发生的不幸事件存在着毫无必要的担忧，杞人忧天。

低分者：平静、安详，并且对不合情理的恐惧、焦虑有抵抗能力。

4. 强迫性

高分者：谨小慎微，认真仔细，追求细节的完美，规章严明，沉着稳重，容易因脏污不净、零乱无序而烦恼不安。

低分者：不拘礼仪，随遇而安，不讲究规则、常套、仪式、程序。

5. 自主性

高分者：自主性强，尽情享受自由自在的乐趣，凡事自己做主，把自己视作自己命运的主人，以现实主义的态度去解决自己的问题。

低分者：常缺乏自信心，自认为是命运的牺牲品，受周围其他人或事件的摆布，趋附权威。这种情况男性略为突出一些。

6. 疑心病症

高分者：常常抱怨躯体各部分的不适感，过分关心自己的健康状况，经常要求医生、家人对自己予以同情。

低分者：很少生病，也不为自己的健康状况担心。

7. 自罪感

高分者：自责、自卑，常为良心的折磨所烦恼，不考虑自己的行为是否真正应受到道德的谴责。

低分者：很少有惩罚自己或追悔过去行为的倾向。通常说来，一定的自罪感是有意义的，但过分的自责被认为是神经症的特点。

（"信息广角"内容摘自刘津编著的《生存测试手册》，谨表感谢。）■

第八章
经营模式与个人品牌

拥有了经营资源，你怎样塑造个人品牌？构建自己的经营模式，形成自己的运行机制，最终提升自我价值是关键。如何经营实际上是一个自我实现的过程。你做出多少次的选择也就有多少次趋向自我实现的运动。

一、塑造个人品牌

职业生涯的本质就是人们的自我概念与外界环境的现实合为一体的过程，而驱动这一过程的根本性动机就是人们自我概念的实现与完成。每个人的职业生涯发展是一个动态的过程，也是一个漫长的过程。在这个过程中自我探索、自我发展、自我把握起着至关重要的作用。

成功的职业生涯设计需要时时审视内外环境的变化，并且调整自己的前进步伐。目标的存在只是为你的前进指示一个方向。而你是它的创造者，你可以在不同时间不同环境下修正它，让它更符合你的人生目标。当你获得了更高的学历，当你有了一定的工作经验时，或者说，当你有了一定的生活阅历以后，你的价值观、兴趣和能力会发生一些变化，你的性格也会随着成长的经历以及环境的变化更趋向成熟完美。所以要随着自我的不断变化和社会发展做出适时恰当的调整。不断调整和修正职业发展的方向，逐渐向你的职业目标靠拢，甚至与你的人生目标结合起来的过程是自我品牌建立的过程。同时，良好的个人品牌也会伴随你的进步而成长、丰富、提升。

（一）为什么要塑造个人品牌

经营自己就像经营一个企业一样。品牌是企业的生存法则，这个法则同样也适合经营人生。品牌对于企业来说，是常用的一种手段，用来告知客户可以期待什么样的产品和服务；是企业与客户之间交易沟通的常用桥梁，能够带来长期互惠的关系；是企业及其客户价值观的体现，通过这种手段，企业能够让其产品的过硬质量得到认可等等。品牌对于企业的效应，同样也可以对于个人。美国管理学者彼得斯有一句被广为引用的话：21世纪的工作生存法则就是建立个人品牌。

1. 什么是品牌

用美国著名营销专家菲利普·科特勒的话讲：品牌就是一个名字、名词、符号或设计，或是上述的总和，其目的是要使自己的产品或服务有别于其他竞争者。美国品牌策划大师大卫·爱格对品牌有另一种解释：品牌像人一样具有个性，而且具有感情效果，是产品、企业、人和象征的综合。美国顶尖品牌咨询师戴维和卡尔对品牌的理解是，在经济活动中，品牌的概念有很准确的定义：品牌是买主或潜在买主所拥有的一种印象或情感，描述了与某组织做生意或者消费其产品或服务时的一种相关体验。将品牌的概念放在个人角度去考虑就是：你的品牌是他人持有的一种印象或情感，描述了与你建立某种关系时的全部体验。①

2. 塑造良好的个人品牌对你来说有什么好处

也许你正在烦恼，父母总是不能理解你，与他们难以沟通；也许你正在困惑，自己学习和工作这么努力但机会总不属于我；也许你将要毕业，已成为就业大军中的一员，正在为找工作犯愁；也许你已经感到就业机会总是眷顾别人，有的同学获得了几个 offer，而你则一个机会都没有……塑造个人品牌，尤其是出色的个人品牌会帮助你解决上述种种问题，并使你能活出自己的价值，得到他人和社会的更多认可和信任，成就更加真实的自我。因为，品牌是一种关系。你与职业的关系，你怎样确定自己的职业目标，这通过你的选择和行为方式表现出来。你与工作的关系，这通过你的处事态度和方式表现出来。你与家人、同事、朋友的关系，这通过你的为人态度和方式表现出来。通过种种关系的产生，你的品牌形象就存在于他人头脑中的印象。通过你与他人的不断接触，这种印象就会演化并加深，品牌关系就会成形。这不只是因为你的处事为人，和做事做人的态度以及工作能力，而且是因为你的人生目标、价值观和信念。品牌关系一旦形成，你会感到生活越来越有意义，生活质量越来越高，人生的路越来越宽。因为，事实上你对自己更加真实了，真实的你已经完整地展示出来了。这应该是人生成功的实质所在吧。

（二）如何塑造个人品牌

1. 个人品牌的特征

如何塑造个人品牌，这得了解个人品牌具有的特征。首先，个人品牌具有独特性。你与他人有许多不同，人与人之间最大的不同是价值观和思维方式。你的价值观就是你在生活和工作中，你在为人处事时恪守的原则。如果你的价值观与家庭、同事、企业保持一致，那么生活就会成为一种和谐的体验，事实上，只有恪守自己基本的价值观，才能获得这种和谐。你的价值观会在你的品牌中体现。第二，个人品牌具有相关性。你的人生目标与价值观是与众不同的，显示出独特性。那么你的人生目标是否能实现，你的价值观是否能体现出来，还与他人及环境相关。比如你想做一个帮助他人或助人成长的人，那么你的对象是谁？他们真正需要什么？他们真正看重什么？只有了解他们的需求，才能实现你的愿望和目标。第三，个人品牌具有一致性。你的独特

---

① [美]戴维·麦克纳利等著. 赵恒译. 个人品牌. 北京：中信出版社，2003. p. 5.

性和相关性的相互作用会使你的个人品牌产生一定的力量，但你的价值观和做人做事前后不一致，会让你的品牌受损，以至会使你自己受损，影响你整个人生的经营过程和经营成果。所以，作为一种品牌，始终如一的行为会使你赢得更多的认可和信任，会使你更具影响力。

2. 塑造个人品牌的思路

大学阶段是塑造个人品牌的关键阶段。很多出色和成功的个人品牌都是在大学阶段就开始孕育和培养的。尽管每个人的品牌各不相同，但至少要有意识和思路去塑造自我品牌。

第一，塑造个人品牌要有目标。你准备为自己塑造怎样的品牌，这要与你的职业目标和发展方向联系起来。你将成为怎样的人，要成为自己想要成为的人你应该做什么，怎样去做。有了目标，个人品牌的建立才有方向，才能根据自身和职业的具体情况规划和设计，采取相应的措施，才有可能实现预期的自我品牌目标。

第二，塑造个人品牌要建框架。①你在职业发展中的角色是什么：是一名教师，是一个企业销售员，是一名公务员，还是职业经理人？②在生活中的角色是什么：是一个妻子、丈夫，是父亲、母亲，是女儿、儿子，是朋友、良师益友？在前面我们已经说过，品牌是一种关系，即你对应于他人的关系是什么。③你在各种关系中做事的原则是什么：是诚实守信，是认真、仔细、负责，是求实、严谨、有条理，是不断学习，有创造性、敢于挑战，是足智多谋、善于合作、有事业心等；④你与他人是如何交往和沟通的：是真诚、热情、乐于助人，是通情达理，是宽容、开朗、快乐，是精力充沛，是关心他人、富有同情心等。

第三，塑造个人品牌要会管理。个人品牌塑造是一个系统工程，个人品牌的形成是一个慢慢培养和积累的过程，也是一个不断发展和完善的过程。在这个过程中要不断地总结和反馈，建立管理机制。管理好自己的品牌，以实现长期健康而有效的发展。

二、构建经营模式

你将以什么样的方式经营人生？个人品牌和个人魅力将以怎样的形式展现？这实际上是个经营模式问题，每个人都不一样。你将为自己构建怎样的经营模式？根据目前大学生面对的"四座大山"，即学习与发展的问题、人际交往与沟通问题、情感问题和贫困问题。我们有选择地从三个方面展开。即如何培养自己的情商、如何提高人际沟通与交往的能力、如何有效应对与管理压力。

（一）培养你的情商

1. 什么是情商

美国心理学家丹尼尔·戈尔曼(Daniel Goleman)在《情感智商》一书中这样定义：情商是一个人最重要的生存能力，是一种发掘情感潜能、运用情感能力影响生活的各个层面和人生未来的关键性品质。情商又称为情感智商。情感智商(emotional intelligence quotient)是 20 世纪 90 年代初由美国耶鲁大学心理学家彼得·塞拉维(Peter Salovey)和新罕布什尔大学约翰·梅耶(John Mayer)提出的。1995 年 10 月，美国《纽约时报》科学专栏作家、心理学家丹尼尔·戈尔曼写了《情感智商》一书。戈尔曼说："现代社会，工作这个概念正在被'适应性强的技能'所代替。这些技能是人们就业和事业成功所需要的最基本的素质，但人们在描述这些技能时用词并不严谨，一会儿用'个性'、'性格'，一会儿'软技术'或'能力'，而现在，我们对人类的这些才能理解得更准确了，用'情感智商'来表述它们。"

戈尔曼认为，人的能力不仅包括知识、技能、智慧等方面的内容，还应包括情绪、情感、意志等方面的内容。人们要取得事业上的成功，后者能力更重要。所以，也有把它称为"情绪智能"。有很多人以为 EQ 是 Emotional Quotient 一词的缩写，事实上，EQ 是 Emotional Intelligence Quotient 的简称。戈尔曼曾纠正说："我希望使用 EI，而不是 EQ。EI 是 Emotional Intelligence 的缩写，而 EQ 是从 IQ(智力商数)借过来的。情感智商目前还是难以测量的，所以称 EI 较为确切。"不过，EQ 已被广为使用。

戈尔曼把人类的情商概括为 5 个方面：

①了解自我、自我觉知；

②管理自我；

③自我激励；

④识别他人情绪；

⑤处理人际关系。

香港"专业效能管理"的创办人、情绪智能专家李中莹先生认为 EQ 包括两点：

第一点，清楚认识和正确运用情绪去帮助自己。

第二点，了解和分享别人的看法和感受。

微软全球副总裁李开复在"我的人才观"及"给中国学生的一封信"中提到坚守诚信和正直的原则，生活在群体之中，做一个主动的人，挑战自我，直截了当地沟通等做人的道理。李开复说：情商意味着有足够的勇气面对可以克服的挑战，有足够的度量接受不可克服的挑战，有足够的智慧来分辨两者的不同。他十分认同"要建立由品德、知识、能力等要素构成的各类人才评价指标体系"。关于情商，李开复更多谈到要善于与人交流，富有自觉心和同理心。比如，自觉心就是中国人常说的"有自知之明"，对自己的素质、潜能、特长、缺陷、经验等有一个清醒的认识，对自己在社会工作生活中可能扮演的角色有一个明确的定位。而同理心，就是将心比心。情商的要素，包括坦诚、与别人分享你的想法等。

对于智商和情商在人生中的作用，心理学家提出以下公式：

100%成功 ＝20%智商 ＋80%情商

美国一家很有名的研究机构调查了 188 个公司，测试了每个公司的高级主管的智商和情商，并将每位主管的测试结果和该主管在工作上的表现联系在一起进行分析，结果发现，对领导者来说，情商的影响力是智商的 9 倍。智商略逊的人如果拥有更高的情商指数，也一样能成功。目前企业招聘也注重情商的高低。在浙江省 2005 年 6 月全省大中专毕业生招聘会上，卓越公司原打算招 3 名咨询助理，首要条件是情商要高，但当天还没碰到满意的应聘者。杭州卓越企业管理顾问工作室的诸葛晓奇说："心理学家普遍认为，情商的高低对一个人能否取得成功有重大影响，有时作用甚至要超过智力水平。实际上，现在一些外资企业和大公司都用这种新的面试方法——EQ(情商)考查，判断应聘者是否符合要求。因为实际工作中，情商很重要。"情商高的人，会在被拒绝和挫折与失败中继续寻找机会，表现出自己独具特色的风格。

2．如何培养情商

丹尼尔·戈尔曼认为：EQ 可以通过学习而获得，但可能需要很长时间。

李中莹[①]认为，EQ 可以在很短的时间内培养出来，他把情商的内容分为两点以及两个技巧：

第一点，清楚认识和正确运用情绪去帮助自己。这一点是针对个人的。

"清楚认识"说来容易，做起来难。"正确运用"就是明白每种负面情绪的正面意义，发挥它而使你的人生有更多的成功、快乐。愤怒的正面意义是"给我们一份力量去改变一个我们不能接受的情况或现实"。如果企图运用这份力量改变世界或其他人，是不会有什么理想效果的。可是，如果我们运用这份力量去改变自己，例如提升、创新突破，则情况会有所变化。"帮助自己"包括使自己更积极、更有斗志，进而达到推动自己的效果。这点包括了丹尼尔·戈尔曼的前 3 个内容，即认识自己的情绪、处理自己的情绪、推动自己。

做到这一点的技巧，李中莹统称为"自我情绪处理技巧"。

第二点，了解和分享别人的看法和感受。这一点是针对个人与他人的相处与沟通的关系。

"了解和分享"是指本人用理性(左脑)去了解，用感性(右脑)去分享。"别人的看法"是对方理性(左脑)的看法，"感受"是对方感性(右脑)的情绪感受。简单地说，就是两人的理性和感性同时参与。做到了这点，也就做到了"同理心"。这点包括了丹尼尔·戈尔曼的后两个内容，并有所超出，即识别他人情绪、处理人际关系。

做到这一点技巧，李中莹统称为"他人情绪处理技巧"。

应该说，个人的品质培养是一个长期工程，而个人的魅力培养，即技巧培养是可以在短期内奏效的。

如何培养自己的情商可以从情商的内容中去领悟。

第一，做个积极主动的人。

用积极的心态去面对人生中各种事件的发生。情商由于又称情绪智能，所指的就是情绪反应，以及对情绪的控制与管理能力。情商不是情绪的发泄，是对情绪的察觉

---

① 李中莹. 重塑心灵. 北京：知识出版社，2002. pp. 225—226.

与善用。当产生正面的、积极的情绪时，就要充分去享受，去拥有。一旦产生负面的、消极的情绪，你要能正视并及时处理、控制与管理情绪。这是能否做个积极主动的人的关键。对于负面的、消极的情绪，你应该用积极的心态去思考，去分析这种情绪是如何产生的。如果是因别人的过错给你带来的，要有宽广的胸怀去包容、去融化。如果是自己的某种原因而带来的，你则要分析这种情绪对工作和生活将会产生怎样的影响，应该怎样去改变这种局面。当然，这不是简单的一二三，而要从你的价值观和人生目标以及思考问题的思维方式来解决和处理负面的、消极的情绪。

第二，学会真诚地、将心比心地与人沟通和交往。

真诚是彼此沟通与交往的基础。如果能将心比心地进行沟通与交往，可以在了解对方的同时，让对方也尽可能了解你。这是有效进行人际沟通与交往的关键。

第三，学会分享，学会感激，学会赞美，学会微笑。

学会分享自己的快乐与成功，分担别人的忧愁与困惑。感激是一种美好的情感，是事业上的原动力和内驱力，是人的高贵之所在。感激父母会怀孝心，感激他人会有爱心，感激事业会有忠心，感激生命、生活，大自然会使你的灵魂得以净化，会有圣心。对一切美好的事物心存感激，可以获得人生力量。赞美别人，会使你自己更美。对于赞美，一定要真诚、善意，不要吝啬。同样对于别人对你的赞美，要学会照单全收。努力微笑吧！这里要送给女同学一件礼物，或者说一个法宝：如果你今天忘了化妆，或来不及化妆，那你最好的办法就是微笑，微笑比你化妆更奏效。下面是摘自《读者》的一首诗，和大家一起分享。

微 笑

一个微笑，花费很少
价值却很高
给的人幸福
收的人谢报

一个微笑，仅有几秒
而留下的回忆
终生美好

没有人富
富到对它不需要
也没有人穷
穷到给不出一个微笑

有了它家庭充满幸福

有了它生意兴隆荣耀
它还是朋友间交流的暗号

它使劳累者疲劳顿消
它为失意者重燃希望的火苗
对悲伤者它犹如太阳
要化解烦恼它是良药

它既拿不来也偷不去
它不出租也买不到
只有做礼品它才有效

人人都需要微笑
而没有人
比一个忘记微笑的人
对它更为需要

应该笑口常开
因为我们无论是奉献还是得到
最好的礼物都是微笑

如果匆忙中我忘记对你微笑
请原谅我
而善良淳厚的你
能否给我一个你的微笑

永远微笑吧
在人生的旅途上
最好的身份证就是微笑

（二）如何与人沟通和交往

人际沟通与交往实际上是一个人的情商体现。美国心理学家丹尼尔·戈尔曼教授对于情商的后两个内容，即对他人情绪的识别就是指体尝他人情绪情感的人际关系能力，他将其称之为移情；处理人际关系就是指一个人受社会欢迎的程度、领导权威、人际互助效能等，是调控与他人相处的情绪反应技巧。

所以，情商所指的不仅仅是情绪反应，还有人际关系的运作。高情商的人，不仅在个人品质上独具风格，也能接受和欣赏别人的风格。在人际沟通与交往方面都能善于运用语言表达自己；善于倾听对方，真诚而又将心比心；善于运用与别人握手的态度、眼神以及身体中由内而外洋溢出的活力来达到心灵上的沟通。

1. 人际关系沟通的方式与效果

我们在日常的工作和学习中，运用的沟通方式有很多，如面谈、写信、留纸条、发电子邮件、手机发信息、通过同学或朋友转达、眼神、手势、动作等等。这些方式不外乎为三种方式：文字、声调和肢体语言。一位美国心理学家认为这三种沟通效果为：文字 7%，声调 38%，肢体语言 55%。

这些沟通方式中，通常是运用文字与语言进行沟通，但沟通的效果有时总不尽人意。其实，肢体语言在沟通中起重要作用。倾听是最有效的一种肢体语言和沟通方式。

有这样一则故事：一位母亲因声带发炎，医生一再叮嘱不能说话，如果说话后果不堪设想。她有一个正在读初三的儿子，儿子在这之前学习一直不很努力，成绩不太好，老师认为她的儿子是学习不认真，学习态度有问题。自从读初三开始，儿子慢慢懂得和理解父母的心情，学习也开始投入用心了，每次作业按时独立地完成，考试成绩也明显提高。但老师还是老印象。一天放学后，儿子回到家就发泄对老师的不满，认为老师冤枉他，说他抄袭别人的作业，他的作业明明是自己独立完成的。这时，他的母亲由于不能说话，只好一边听儿子说，一边点头。儿子看到妈妈这样理解他，双手从后面搂在他妈妈的脖子上，将头靠在他妈妈的肩膀上，大声地哭了起来。这时，妈妈还是因为不能说话，只能一个劲的给儿子递餐巾纸，帮儿子擦眼泪。儿子想想妈妈今天真好，真的很理解他，就把所有的委屈全吐了出来。一边哭着，一边对妈妈说，自从上初三开始，他就暗暗下决心，一定要认真听课，独立完成作业，全身心投入学习，与好的同学拼高低，争取考上重点高中，不让父母失望。此时的妈妈很惊讶，突然明白了什么似的，发现自己的儿子长大了，已经懂事了，自己也一直不了解儿子，没有和儿子好好地沟通与交流过，感到很惭愧、很内疚。妈妈转过身来，竖起大拇指，用会神的目光，拍拍儿子的肩膀。此时的儿子脸上露出了笑脸，说着，我没事了，请妈妈放心，然后又回到自己的房间去做作业了。

想必这位母亲一定很感谢这次声带的发炎，给她一次倾听儿子心声的机会。如果在平时，没有等儿子把话说完，母亲的声音远远超过儿子，儿子会把想说的话说完吗？更谈不上吐心声。在人际沟通中，倾听是何等的重要，其沟通效果也极其明显。

2. 如何处理人际关系

人际关系是最复杂的，彼此不知道对方是怎么想的。经常听人说，什么关系都好处理，就是人际关系最难处理。然而我们每天都要面对沟通与交往，在家里你要与父母沟通，在学校里你要与同学、老师沟通，在企业里你要与同事、上下级沟通，在生活中还要与朋友以及不相识的人沟通。如何处理人际关系，如何学会沟通与交往，在你的成长过程中，几乎很少接受这方面的教育和专门的辅导或训练，而这也正是我们的教育中忽视的地方。所以，一旦当一个人要独立地去面对人际关系时，出现的问题就会很多。目前，大学生中人际沟通与交往就是一大问题。

(1)你可以比较理性地选择人际沟通的最佳模式。在经济学中，假设人是理性的、自利的经济人。经济人的行为选择是利己而不损害他人，这是一种假设，是一种理想的模式。事实上，个人和企业在行为选择策略上，都是在通过对方的目标和行动去思考，并且在分析对方的目标和行动的基础上做出决策。这样产生几种选择模式：①利人利己；②利人损己；③损人利己；④损人损己；⑤利己不损人；⑥不损人不损己。人际关系的处理也同理。利人利己，这是一种较高境界的人际关系，是善于合作、令人愉悦的关系，也就是彼此互惠互利，达到双赢的目的。当然，这是以诚信、成熟、豁达的品格为基础的。损人损己，这是一种最不理性的人际关系，但有人会选择，如嫉妒心理产生的各种行为。大多数人在人际关系的处理中，选择利己不损人的行为比较多，也有选择利自己损害他人的行为。这6种模式你选择哪一种？从经济学的角度来分析人的行为选择，也许能帮助你选择最佳的人际沟通与交往策略。

(2)你可以给人际关系开个账户，在每个户头上储蓄情感。给父母储蓄的是你的孝心、爱心、感激不尽的恩情；给朋友储蓄的是尊重、真诚、友善、热情、信赖；给对手或者敌人储蓄的是宽容、大度、处事的风格、做人的品质。我们通常说，储蓄健康，健康会增值。同样，储蓄情感，情感也一样增值。情感账户不能透支，很多人都忽略这一点。

(3)你可以力争有效地双方互动、双向沟通。就像教学，如果是单向式授课，教学效果不明显，只有教学互动，双向式授课，才能取得较好的教学效果。有效沟通，不只是强调单向沟通，而是双向的、互动的。当你用不同的方式表达自己的意向时，对方做出的或给予的各种方式的反馈，如说话、写纸条、点头、目光回应、骂人、不理你等，都是回应的方式。要培养设身处地的"换位"沟通习惯。换位思考是有效沟通的基础，也是交流的原则。

(4)沟而不通怎么办？香港中文大学社工系社会福利专业博士生龙迪曾发表过"沟通不是万灵药"一文，写得非常好，他能帮助你解困。下面是摘自2003年11月13日《中国青年报》的文章内容：

不少人认为，人际关系出了毛病主要是由于双方的沟通存在问题。于是，寄希望于双方加强沟通和交流。然而，有时沟通并不是促进两个人相互理解的万灵药。

按照词典的解释，沟通是指"使双方能通连"。而在人与人之间架起"通连"的桥梁并非单方面的机械行动。当双方的想法和情绪放在一起，发生"化学反应"，可能成为阻碍沟通的障碍。

如果你假定，解决冲突的最佳方式就是让对方了解自己的想法和感受，你就会拼命地向对方游说自己的立场，而把对方的观点和感受放在一旁。如果对方根据同样的假定来诉说，你们之间就会形成自说自话的表白，并不能增加彼此的理解。

也许对方完全明白你的想法，但就是不愿意让步和妥协。这时，最好的办法不是继续游说，而是试图探索对方"不投降"的理由，或者准备接受"沟而不通"的现实。其实，好的关系并非总是"追求真理"，更需要胸襟和原谅。

如果你假定，你和别人的关系有问题必定是他的错，你就听不到对方合理的地方，而是不停地重申自己的观点，证明自己正确而对方错误。这样，沟通的努力变成了不断升级的自我辩解和争吵。

促进彼此理解的前提，需要首先放下"谁对谁错"的假定。但事实上，谁愿意在别人的指责中放下自己的防御，反思多种可能性呢？

如果你总是想要所有的人都理解自己、喜欢自己，你就不能容忍关系中存在"张力"。实际上，在人的一生中，并非所有的人际冲突都可以解决。因为关系总是双方的，对方起码有一半的权利。你想与对方建立好的关系，对方也完全有权利不想改善与你的关系。而对这种情况，不少人好像遭受了灭顶之灾。但其实不必！在一生中，难道你只有一桩人际关系吗？难道除了这个人就没有别人愿意与你交往？就没有别人值得你去交往？

达到相互理解的重要前提不是沟通技巧，而是双方是否愿意理解对方，是否愿意原谅对方。现代社会的人际关系是多层面的，不存在一个标准版本。当你与某人的关系出现张力时，你可以根据自己的意愿选择是否需要为沟通做出努力，是否接受对方的解释，是否原谅对方的冒犯。

当然，对方也有选择的权利。有时，尽管你付出了很大努力，可是人家就是不理你。不少人为此感到屈辱、委屈。其实，人家或不愿或无力接受你，是他的选择，并非一定是你的过错，你为什么觉得没面子，为别人的选择承担责任？

我们不能指望在一个关系中满足人生的所有需要。可以暂时放下这个看似没有希望的关系，去建设新的关系。不过，生活总是奇妙的，有时，等待本身就足以令一桩濒死的关系起死回生。

（三）如何有效应对与管理压力

压力是把双刃剑。有压力能出成绩，有业绩。但压力超出了你的承受范围时，就会出现一系列问题。社会发展越快，人们的工作和生活节奏越快，压力就越大。

1. 认识压力

对你来说，压力指的是什么？也许你会这样回答：

我希望找到一份好工作。

我希望能争取拿奖学金。

我没有足够的钱买房子。

我希望有一个男/女朋友。

我希望赚足够的钱让家人过上好日子。

家里人对我总是不满意。

……

为了解高职学生的压力水平，我们分别于 2005 年 10 月、2006 年 2 月在一所高职院校的大一、大二年级学生中进行问卷调查，采用国际通用的压力感知量表，即中文版知觉压力量表(Chinese Perceived Stress Scale, CPSS)：14 条目；中文健康问卷：12 条目；中文版问题解决评价问卷(Chinese Problem Solving Inventory, CPSI)：35 条目。参加调查的学生共 396 人，其中男生 117 人，女生 279 人。调查结果：近 50%的学生存在健康危险性压力状况；近 23%的学生存在心理障碍，其中，高压力学生中存在心理障碍的达到 32%、低压力学生中存在心理障碍的也有 10%多；高压力学生解决问题的能力较差，低压力学生解决问题的能力较强。

对高职学生压力源的研究显示，引起高职学生压力的因素较多，其中就业压力是一个重要的影响因素。首先，我们根据学生在大学期间可能发生的事件所带来的各种压力进行排列，参照美国心理学家霍尔姆斯·瑞赫所研究编制的量表，针对大学生的生活事件列出了家庭压力、生理压力、学习压力、人际交往、环境变化等 5 个因子 30 种可能变动的生活事件及相应的心理压力分值，设置了"大学生压力测试"量表，对 396 名该院的高职学生进行问卷调查，结果有 394 名学生选择了"就业或择业"这一事件，比例占 99.5%，是比例最高的一项。说明学生的压力中就业压力是一个重要的影响因素。

有研究表明，大学生日常生活事件压力指数高居第二。杨心德等人对综合性大学、专业学院、专科学校和职业技术学院的 1273 名在校大学生进行测试，运用大学生日常生活事件压力指数表，结果表明：除父母去世是我国大学生压力最大的生活事件(压力指数为 100)外，就业压力指数为 99，位于第二。

近几年高职毕业生的就业率也表明高职学生的压力主要来自就业。据统计，高职毕业生的初次就业率从 2003 年以来，仅为 56%、61%和 62.1%。

拉扎勒斯(Lazarus)的认知压力理论认为，压力的初级阶段是让人找出是否存在压力源。外部刺激首先被评定为是构成伤害还是损失，是构成威胁还是挑战。二级评价阶段是寻找应付资源和应付方法以对付压力源。应对策略有应对问题，如让我现在改变这种状况；或应对情绪，如我现在要放松。其理论的核心概念是评价过程，评价决定反应。反应可以是逃离消极刺激，也可以是发动攻击(积极改善消极情境)，或被动接受消极刺激(如无助)。最后，也有可能重新评价压力情境(可能是以防御性再评价方式)，并得出环境中并不存在危险或威胁的结论。[①] 从拉扎勒斯的认知压力理论中我们进一步明确了高职学生的就业压力来自何方，因为高职学生面对就业，这是一个无法逃避的现实，只有面对挑战。而当学生面对挑战时，其应对的资源不足，使他们感到就业压力很大。

当你的这些期望与你目前所能应对的资源不协调时，在你的生理、情绪、思维、行为等方面会产生各种不同的反应，这就是压力。所以压力可以用图 8-1 来表示。

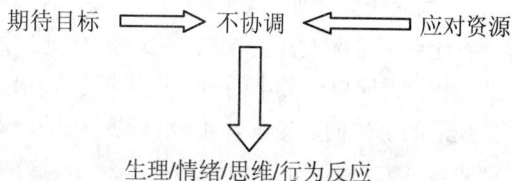

期待目标 ⟹ 不协调 ⟸ 应对资源

⟱

生理/情绪/思维/行为反应

图 8-1　不协调产生压力

① M. 艾森克. 心理学——一条整合的途径. 上海：华东师范大学出版社，2000. pp. 1015—1016.

如果你的期待目标与目前所能应对的资源有差距，但差距不大，这时给你的压力是适度的、恰当的，这种压力是有益的、健康的。通常在心理上的反应是：情绪稳定、自信、精力充沛、乐观向上、有激情，甚至有较强的幸福感等。在生理和躯体上的反应是：精神饱满、高质量睡眠、较好的食欲、生活有规律、张弛有度等。在行为上的反应是：高质量的工作、学习有动力、对事物感兴趣、人际关系良好、善于利用时间、有效控制自己的时间和空间等。

如果你的期待目标超过你的应对能力时，你的心理会产生不舒服，躯体感到不适，行为改变。通常在心理上的反应是：焦虑/紧张/迷惑、疲惫/生气、情绪不稳定/敏感/易激怒、注意力分散、不自信/自信心降低、无精打采、孤独感和疏远感、缺乏激情/创造性等。在生理与躯体上的反应是：心率加快、血压升高、经常头痛、肠胃失调、失眠、肾上腺素和去甲状腺素分泌增加、心脏疾病、肌肉紧张等。在行为上的反应是：拖延工作、工作效率低、酗酒、去医院的次数增多、与家庭和朋友的关系恶化、攻击性行为等。

其实，当曾经为了希望而打拼的你脸上不再有微笑，眼里流露出的也不再是自信和坚定时；当你开始无法完成曾经可以轻松做完的工作，身体与精神上承受无法抑制的疲劳与焦躁，开始彻夜失眠，记忆力衰退，有时甚至有轻生的念头，让你无法正常应对工作或者生活中的更多挑战时，也许你并不知道，压力正一步步侵蚀你美好生活的构想。

压力与健康的概念是融为一体的。世界卫生组织对健康的定义是：健康不仅仅是免于疾病和虚弱，而且是保持身体上、精神上和社会适应方面的完善状态。可以表示如图 8-2。

当然，对压力的反应程度、对压力的承受能力，每个人都不尽相同，要根据自身的情况来分析。生活中有许许多多不同的压力，这些压力对我们的影响程度也不同，有轻度压力、适度压力、高度压力。在轻度压力下，你会觉得放松、平静、舒坦，但久而久之你会变得懒散、没有激情。在高度压力下，你会觉得压抑、紧张、喘不过气来，在心理、生理和行为上会出现改变。适度的压力是最恰当的，给你驱动力，有激情，有活力，使你充分地把自己的能力和潜能发挥和挖掘出来。

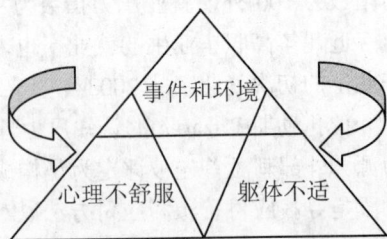

图 8-2　压力与健康的关系

2. 面对压力如何自我调适

首先要培养应对压力的自信心。具体地说，要制定切实可行的目标，关注实现目标的过程，重视自己微小的每一点进步，客观地评价自己，减少对环境或他人的抱怨，掌握灵活的解决问题方法，重视自己过去的成败经验。

应对压力的方法有 3 种：①消除压力。这是最理想的办法，但难度最大。②逃避压力。这是最便捷的办法，但长期效果差。③适应压力。这是最可行的办法，但不能从根本上解决问题。如果将 3 种方法综合起来，用调适压力比较妥当。压力是期待目标与应对资源不协调而产生的生理、情绪、思维以及行为的反应。从压力源分析，压力自我调适的策略为：第一，设定适宜的期待目标；第二，储备足够的应对资源；第三，减少不必要的生理、情绪、思维、行为反应。

当前，对于压力的大量研究表明，认知因素是影响个体感知压力的一个重要中介变量。Hobfoll(1998)指出，个体感到压力主要有3个原因：第一，感到自身优势/应对资源不足；第二，实际外界资源丧失；第三，感到目前的投入无法得到相应的回报。由此得出，提高个体的自我效能意识，增加个体的社会支持感，以及对未来做出可行性计划，有利于缓解个体的压力感。

怎样进行自我调适？

(1)建立合适的目标。你的个人目标是什么？远期目标、阶段目标、近期目标是什么？根据个人的目标，要制定出远期目标、阶段目标、近期目标。

远期目标：一般为3年、5年、10年的目标。符合自己的生活目标、价值观等。陷阱：太具体、太明确。

阶段目标：一般为3个月、半年、1年的目标。与远期目标相符，有实现的可能性。陷阱：与自身的能力不匹配。

近期目标：周行动计划、月行动计划。可以用一个英语单词来说明，即 smart(聪明)目标，它表示明确的(specific)、可衡量的(measurable)、可实现的(attainable)、关键的(relevant)、有时间限制的(timetable)。陷阱：不合理、不具体、不可行。

(2)灵活地解决问题。遇到问题，你一贯的解决策略是什么？如果你是个有效的问题解决者：承认自己不是完美的，能够循序渐进地发现和解决问题，即使一个问题暂时无法解决，也能从失败中汲取经验，为今后解决问题积累经验。如果你是个冲动的问题解决者：遇到问题，急于寻求解决的办法，常常很快做出决定并付之行动，事后因自己欠缺考虑而懊悔不已，下次遇到问题很难从过去的失败中汲取经验。如果你是个退缩的问题解决者：遇到问题容易产生强烈的情绪，并且将注意力过多地集中于自己的情绪感受，常常希望自己最好不要遇到什么麻烦，有时会采用一些逃避的方法来躲避问题，如生病、醉酒等。灵活地解决问题不仅需要线性的、单一的和以问题解决为导向的传统的问题解决习惯，还需要非线性的、复合的和以目标趋近为导向的现代的问题解决趋势，建立起有效解决问题的框架。

(3)克服自我设限的思维方式。要克服自我设限的思维方式，首先要觉察自己的行为、情绪、思维习惯，当压力超出了你的承受能力后，你的行为、情绪、思维习惯是否发生变化；识别抑郁性的思维方式；建立积极的自我对话；尝试着通过帮助别人来帮助自己；用积极的、主动的思维方式，去应对压力下的定势的、消极的思维习惯。

(4)良好的情绪管理。在情商的内容中，已经阐述了情绪管理问题，这里主要指情绪管理中的冲突管理。当你与他人发生冲突时，要学会管理情绪：不要假设对方必须通情达理；不要假设对方和你的价值观是一样的；学会使用沉默；采用开放式的交流，反馈你对对方的言语的理解；与对方共同解决问题，关注具体问题的内容而不是对问题的感受，寻找更多的解决方法。

(5)有效地管理时间。每个人的时间都是有限的，所以要做重要的事，如对你的人生目标、职业发展有价值的，需要去设计与规划的事情；要少做紧急的事，也就是你或别人认为需要立刻解决的事。有效的时间管理，就是每天用很少的时间来处理少量非常重要且需立即解决的紧急、危急事件。心理学家认为，这个时间最多只能占20%，而应将80%的时间用在重要的但不紧急的事情上，从而实现短期与长期的均衡，效益与效率的均衡。

(6)保持健康的生活方式。培养自己的兴趣爱好；增强体育锻炼；养成健康饮食习惯。选择适合自己的锻炼方式，如跑步、快走、游泳、网球、体操、爬山等。健康饮食很重要，饮食要有规律，多吃健康食品，多吃水果和蔬菜等。保持丰富和平衡的生活外，充分的转移注意力是身心得到放松的最佳手段。

总之，要树立压力管理的理念，即注重过程，着眼于长远利益；良好的沟通，赢得支持资源；学习型思考，不断更新理念。这样我们就能变压力为动力，使自己有长足的发展。

三、提升自我价值

有个学生去参加面试后的当天晚上给我打电话，在电话里，她第一句话就问："老师，你说我值多少钱？"我想这一定是用人单位在面试时向她提出的问题。于是说："那你自己认为你值多少钱呢？"这实际上就是一个自我价值的认识问题。

(一)认识自我价值

在人生的道路上，我们会无数次被自己的决定或逆境击倒，甚至被碾得粉身碎骨。如果我们拥有一定的自我价值和人生资源，无论发生什么，无论遇到多大的困难和阻碍，我们永远不会丢失自我，也不会因身份的变化而改变。这就是生命的价值所在。

其实，一个人的自我价值是在成长过程中建立起来的。与成长的环境相关，家庭、学校的教育，父母、老师对孩子的引导，以及父母自身的行为方式对孩子的潜移默化，都起着举足轻重的作用。如果要问：你的自我价值是多少？这很难用文字来表达或描述出来。因为自我价值是他人持有的一种印象或情感，是他人与你建立某种关系时的全部体验，是通过你的所作所为和行事方式表现出来的。在这个过程中，当你意识到自我价值不足时，你就会注重自我价值的提升了。

(二)如何提升自我价值

如何提升自我价值？我们从心理学家提出的以下公式展开分析：

100%成功 ＝ 20%智商 ＋ 80%情商

1. 要提升智商

提升智商 ——→ 学会学习 ——→ 提升能力 ——→ 提升实力 ——→ 提升自信。智商是一种能力，而能力的培养和提升要通过不断的学习。要学会学习，只有学会学习的人，才能不断充实和更新知识；才能善于思考，开阔思维，有所创新；才能获得一种超越本能的力量，从而使自己更自信。

提升智商，提升实力，直至提升自信，这是一条路径。你没有实力，拿什么可以自信？或者说你凭什么去自信呢？所以，提高自己的能力很关键。这不仅是指一般能力和特殊能力，更重要的是职业能力。一般能力称为智力，特殊能力是一个人的潜能，职业能力是多种能力的综合，包括学习能力、合作能力、适应能力、人际交往能力、组织协调能力、管理能力、决策能力、表达能力、动手能力、观察能力、思维能力、创造能力、个人魅力等。凭借你的实力，可以使自己更自信。

自信是人生成功的基础，自信是激发潜能的最佳法宝，自信可以塑造良好的自我形象和气质，自信是一种美妙的生活态度。

《时代青年》曾经刊登这么一个例子：有一位年轻人在大学里上学，有一天他忽然发现，大学的教育制度有许多弊端，便马上向校长提出。他的意见没被接受，于是他决定自己办一所大学，自己当校长来消除这些弊端。

办学校至少需要100万美元。上哪儿去找这么多钱呢？等到毕业再去挣，那太遥远了。于是，他每天都在寝室内苦思冥想如何能有100万美元。同学们都认为他有神经病，做梦天上掉下钱来。但年轻人不以为然，他坚信自己可以筹到这笔钱。

终于有一天，他想到了一个办法。他打电话到报社，说他准备明天举行一个演讲会，题目叫《如果我有100万美元怎么办》。第二天他的演讲吸引了许多商界人士参加，面对台下诸多成功人士，他在台上全心全意、发自内心地说出了自己的构想。

演讲完毕，一个叫菲立普·亚默的商人站了起来，说："小伙子，你讲得非常好。我决定给你100万美元，就照你说的办。"

就这样，年轻人用这笔钱办了亚默理工学院，也就是现在著名的伊利诺理工学院的前身。而这个年轻人就是后来备受人们爱戴的哲学家、教育家冈索勒斯。

其实在生活中，不管你做什么，自信很重要。一个成功者具备的优秀品质是自信、勇气和行动。有了自信，付之行动就更重要。世界的财富在犹太人的口袋里，犹太人的财富在自己的脑袋里，其主要原因之一就是"犹太人不怕做不到，就怕想不到"。

2. 要提高情商

我们已经知道，情商主要包括两大内容，即认识和管理自己的情绪、人际关系运作。

在这里要强调的是：一个自信的人 → 一个能清楚地认识自我情绪、处理自我情绪并管理自己的人 → 一个能悦纳和接受自我的人 → 一个善于沟通与交往的人 → 一个尊重自己又尊重他人的人，同时也是受他人尊重的人。所以只有悦纳和接受自己，才能让别人喜欢和接受你。只有懂得尊重自己的人才能尊重他人，才能受他人的尊重。

提升自信——提高情商——提升自爱——提升自尊——提升自信，这是一个良性循环。提升自爱、自尊，自信是基础。

自爱就是接受自己，悦纳自己。如果一个连自己都不接受自己、不喜欢自己的人，怎么叫别人去接受他、喜欢他呢？台湾艺人凌峰曾经这样说自己：我是一个被大家喜爱的人，我的脸长得扁平，朝鲜族人喜欢；我的颧骨突出、单眼皮，蒙古族人喜欢；我的肤色黑、秃顶，符合喇嘛的形象，藏族人喜欢。所以，所有的人都喜欢我。凌峰是一位幽默大师，在舞台上，他出口成章、妙语连珠，他的幽默、深邃、富有哲理的语言，就是悦纳自己的典范。一个人在生活中，要能够随时发现自己的优点，肯定自己，在自我悦纳的过程中，同时也悦纳周围的人，在一种愉悦的氛围中，人的自信无形中提高，能力无形中增强。

如果说自我接纳是对自己的一种稳定的自我肯定，那么，自尊是一种对自我评价的肯定。自尊是以自信、自爱为基础的。一个尊重自己的人，一定也是懂得尊重他人并受他人尊重的人。尊重与地位的高低、财富的多少没有关系。

3. 要提高综合运用资源的能力

一个人要想取得成功，使自己的人生达到一种最为辉煌的境界，不仅要有足够的智慧、才华，还需要拥有更多的情商资源，并将自己拥有的资源——或称人生资本进行整合和利用，并予以合理配置，有效运营，同时随着自身资源不断变化和环境变化需要，随时调整，不断提升自身价值，重新包装定位，向市场推销，以获取人生最大的回报。

其实，现实生活中有很多这样的现象：有的人具有精湛的知识技能，才华出众，却因人际关系资源不足，得不到有力的援助，或阴差阳错被置于社会较低层次，始终难以找到充分展现自我价值的社会舞台，无法施展宏伟蓝图，可谓怀才不遇，抱恨终生。有的人即便具备了很好的智慧和品质，但整合和利用资源的能力欠缺。每个人拥有的各种资源，应当有合理的结构配置与协调完善。虽然各人的身心爱好、兴趣、受教育程度及人际交往能力等个人素质各有差异，但要在社会中生存并有较好的发展，就应当充分运用自己拥有的各项资源。要善于借鉴、运用他人或社会的资源，即我们通常说的"借力"。个人拥有的资源无论是人力资源还是物力资源总是有限的，但个人可以运用可支配的资源，必要时可借、鉴运用他人或社会的资源等，以达到自己的目的。如正像你遇到好的投资或经营项目，而你又缺乏资金时，你会想到找银行贷款，向亲朋好友求助，以在短期内大量增加可运用资源。又如，在你工作、生活中遇到困难，也总会想到找朋友、亲人帮助渡过难关，这种人际交往资源的借用，是经常出现并卓有成效的。

提高综合运用资源的能力是提升自我价值的又一个重要的环节。

你能为下列案例中的同学解答困惑吗？

李老师：您好！还记得我吗？我就是上次在课堂上成功预测能在一分钟内击掌次数最多的那个男同学。很高兴能听您讲课，使我感受颇深。

老师，我是个很有爱心、喜欢关心别人的人，我没有私心，我对每一个人都能真心地付出。我还会去参加公益活动，有些感人事迹会使我感悟很多，不论是我自己感觉的还是老师告诉我父母的，都认为我和一般人不一样。是的，我们家族也只有我一个男丁，我背负着一个家族的希望，但我真的想做回一个普普通通的人，拥有和别人一样的。

老师，我给你讲一个我自己的故事。你知道吗？我是个情感丰富的男生，我在追求我自己的感情，真的，我的内心感受不同于别人。我需要的是相互关心，相互理解，我需要有人来关心我。我是个很上进的人，喜欢展现自己。也因为这样，我和她认识了，我对这份感情非常珍惜，因为我不会主动去和一个女生说话。她非常能干，是我见到过的最优秀的女生，这点我没有夸张。我原以为我能和她开创自己的一份天地、事业。我和她也走得很近，不分彼此。但暑假的一次身体检查说我心脏不好，可能要动手术，有一定的危险，我怕她会因为失去我难过，便提出分手。后来她也知道了，说愿意陪我一起去面对，我很感动。但事情没有结束，在她生命中出现了另一个他，我和她也越走越远，但我始终放不下她，不由自主地去关心她，可又常常因为看到她和他在一起而不敢正视她，心好凉啊。有时在电话里我会痛哭，可是好像一切都结束了一样，只留下了我，在那人去楼空的舞台上只有我还在等她继续我的那段……每天我都会在操场上跑上十几圈，让自己累得忘记她，在我熟悉的球场上，似乎我进的每个球都是在呼唤她的回头。得到别人的欣赏又怎么样呢？我失去了不该失去的。

我没有因为这样放弃自己，但心中的她时常让我疲惫，虽然我做每一件事情都很有信心，但想想比起她，这些又算什么呢？本来去年过年的时候我可以有一段感情，我的高中同学来找我，我拒绝了她，因此也伤害了我的其他同学，他们不理解我，我因为执著而失去了友情。我没有后悔过，可是我真的需要有人在我最需要的时候给我帮助。

就在昨天我回了次家，并做了身体检查，说我恢复得很好，已经没什么大碍了。我很高兴，又很失落，我现在好像是扔掉了一切，不知道要怎么走接下去的路。往事一去不复返，这我知道，我现在只有继续我自己的目标，但往事对我的打击太大了，我始终走不出那个阴影，老师，我该怎么办？

个案：我究竟适合从事什么类型的工作？

知彼解己

我是经贸学院信息技术系电子商务专业毕业的一名学生，毕业至今，已经工作一年了，可是面对工作一直很困惑。我不知道自己喜欢做什么，自己适合做什么？工作也换了两份，因为不知道自己适合做什么，所以在找工作的时候也一直很烦恼。网上那么多工作，我却不知道如何去选择。我曾经想过做外贸，可是我的英语不过关；我明白自己不适合做销售，因为我不是很会讲话，在与人沟通方面存在问题，但我不知道问题出在哪里，而现在的工作大部分都是销售。事实上，在这一年里，我从事的两份工作都是计算机市场营销方面的工作，在市场营销、售后服务等方面均做了些工作，也积累了一些工作经验。但与公司的要求还有很大的差距，自己越来越感到对工作缺乏热情，甚至产生了厌倦的情绪，面对工作总是开心不起来，更无成就感。我对自己未来的发展方向越来越迷茫，我究竟适合从事什么类型的工作？

我迫切需要一位专业人士给我做指导，我知道您是这个领域比较有威望的，我想做一个专业的职业测试，想知道自己到底适合做什么，那样就可以少走弯路。

从 9 月份辞职后就一直没找到好的工作，所以很急，自己也很烦恼，不知道该怎么办，希望老师能帮助我一下，万分感谢！

案例分析：

尽管在大学期间都有"大学生职业生涯设计"课程和相关的职业指导老师，由于没有工作的经历往往是感受不到的，或者说感受程度是不同的。所以，对大部分人来说，毕业后开始从事工作的一段时间里，都会不同程度地感受到你目前所碰到的问题，只是有的人意识到这样的问题早一些，有的晚一些，这很正常。

针对你的问题，第一，你从事的工作是以你专业为背景的市场销售方面的工作，这与你所学的专业基本上是对应的。在很多情况下，一位刚毕业或毕业时间不长的学生还不可能完全抛开所学专业而以个人的兴趣和个性来考虑工作。因为，你还没有积累很多的经验，还没有更多的优势，而专业是你目前的优势之一。所以，往你的专业方向找工作思路是对的。第二，你可以盘点一下你的兴趣爱好、个性特征以及工作能力，思考你自己真正想拥有的生活目标和生活方式，还有你的价值观等。听听自己内心的声音，这很重要。很多人难以找到适合自己的职业的一个主要原因是什么？就是一辈子都没有去思考过这个问题，为此生活沉重、迷茫、而且无法获得满足。当然，也可以借助量表帮助你更好地了解自己的个性职业倾向、职业兴趣、职业价值观和职业驱动力等各个方面。第三，要做好一份工作有很多因素。除了在学校学到的专业知识与技能，在实际的职业岗位上还需要有运用知识与技能的能力、分析问题和解决问题的能力、对突发事件的应变能力，以及对新环境的适应能力等。要胜任一份工作，除了这些还不够，还需要有自我认识、价值观、态度、行为、个性品质、内在动机等内在素质。具体包括正确地认识自我和认识他人、正确的价值观、具有诚信的价值观等；具有自信、积极、有勇气、有胸怀等态度；具有善于学习、合作沟通、人际交流、追寻理想等行为；具有自我控制和强烈的社会责任心，敬业精神，责任意识，遵纪守法意识，崇尚正义，心地善良，意志坚韧等内在个性品质；成为一个和谐的社会人的内在动机等。你要对自己的各个方面重新认识。

对于你提到的与人沟通方面的问题，是做什么工作都必须要具备的基本素质，尤其是做销售工作。沟通存在问题，有许多原因，也许是你性格方面的原因，也许是你的情商方面的原因，也许是沟通技巧方面的原因。具体的情况要做具体的分析。不要一味地认为是某一方面，如性格造成，这样的认识是不全面的。因为每一职业岗位都有很优秀的不同性格的人。

信息广角

测试 1：测测你的自信心

测试题

1. 从总体上说，你对自己的评价是：
   A) 勉强可以　　　　　　　B) 我能做得更好　　　　C) 我已经尽了最大的努力
2. 你喜欢孤独吗？
   A) 有时　　　　　　　　　B) 时常　　　　　　　　C) 从不
3. 你对自己的运动程度评价如何？
   A) 很好。我每星期至少运动 3 次，我的运动能力也很好
   B) 中等。我偶尔运动
   C) 低。我不喜欢运动
4. 你服用麻醉药或者喝酒抽烟吗？
   A) 从来没有　　　　　　　B) 在参加宴会时会有　　C) 经常
5. 你离家出走过没有？
   A) 有　　　　　　　　　　B) 没有
6. 你有自杀意图吗？
   A) 有过　　　　　　　　　B) 没有
7. 你对自己的外表感觉如何？
   A) 假如我再瘦一些，我会对自己的外表很满意
   B) 只有穿最好的衣服时，才会觉得自己有吸引力
   C) 我对自己的外表很满意
8. 有人告诉你，今天你的服饰和头发非常好，你会：
   A) 对这个人说："你的眼睛有问题吧！"
   B) 对他大方地说谢谢
   C) 忐忑不安，不知道他是在开玩笑，还是真心话
9. 你计划星期六和朋友去打壁球，但他们要去打保龄球，你选择：
   A) 去玩壁球，但却希望自己在保龄球馆
   B) 去保龄球馆
   C) 留在家里，无法决定自己该怎么做
10. 你被提名参加竞选某个社团主席职务，你也希望得到那个职位，但你所有的朋友
    和亲人都认为参与社会工作是浪费时间的事情，你会：
    A) 接受提名，展开竞选活动
    B) 拒绝提名，因为你没有把握获胜
    C) 拒绝提名，因为你不愿意让朋友和亲人们认为你是个无聊分子

11. 当你的爱人送给你一份名贵的定情礼物给你，你会：

   A) 送给他一份同样价值的礼物

   B) 接受礼物，但宁愿他送一份更加名贵的礼物

   C) 接受礼物，但宁愿他送一份较低价的礼物

12. 你的父母介绍你认识他们的朋友，你会：

   A) 向他们看一看，低声说："您好"

   B) 只看了他们一眼，点了点头(你见过太多父母的朋友，你已经毫不在意)

   C) 亲切地微笑，介绍时看着他们的眼睛

13. 当你和上司或者老板讲话时，你的眼睛：

   A) 不敢看着他，左顾右盼

   B) 只偷偷看看他，表示害怕

   C) 与他的眼睛对看，表示自然，不卑不亢

14. 你的好朋友获得了比你高的职位，你会：

   A) 由衷地为他的成功高兴

   B) 你为自己没有得到那份荣誉而生气

   C) 烦扰，认为他没有什么了不起的地方

测查结果

题号 得分 答案	1	2	3	4	5	6	7	8	9	10	11	12	13	14
A	1	3	3	3	1	1	2	1	2	3	3	1	1	3
B	2	2	2	1	3	3	3	1	1	1	1	1	1	1
C	3	1	1	1			1	1	1	3	3	3	3	1

评分方法

33—42 分：高度自信，有明确的目标，也会不断付出努力向目标迈进。

21—32 分：有一定的自信心，但缺乏主动，容易气馁。

15—20 分：自信心较差，对自己的满意度很低。

测试 2：你的生活压力从何而来？

主试者：霍尔姆斯、瑞赫
测试目标：你的生活压力的来源

测试说明

我们的日常生活常常会发生一些或大或小的变故。这些变故或喜，或忧，或愁，都会不同程度地在人们心中留下烙印，造成程度不同的心理压力。如果在一定时间

内的心理压力超过一定数量，我们就需要引起注意，或需要进行合理、主动的自我调适了。

　　美国心理学家霍尔姆斯和瑞赫对人们生活事件的变动进行了研究，并编制出一份生活事件变动量表，列出了 43 种可能变动的生活事件及相应的心理压力的分值。比如把配偶死亡定为 100 分，结婚定为 50 分等，据此我们可以根据一年中生活事件变动的总和数量来测定某个人所承受的心理压力程度。其中有些因素如取得显著成就、结婚等，本来是喜事，只要善于控制情绪，对身心还有有利影响。下面就是生活事件变动量表。针对此表，了解一下哪些因素与你相关，这样你就可以知道自己生活中有哪些压力了。

测试题

生活事件变动	分值	生活事件变动	分值
1. 配偶死亡	100	23. 儿女离家	29
2. 离婚照	73	24. 姻亲纠纷	29
3. 夫妻分居	65	25. 显著的个人成就	28
4. 坐牢	63	26. 妻子开始或停止工作	26
5. 家庭近亲死亡	63	27. 入学或失学	26
6. 个人受伤或患病	53	28. 居住环境剧变	25
7. 结婚	50	29. 个人习惯的改变	24
8. 解雇	47	30. 与上司发生纠纷	23
9. 夫妻重新和好(复婚)	45	31. 工作时间或条件变化	20
10. 退休	45	32. 搬家	20
11. 家庭成员患病	44	33. 转学	20
12. 妊娠	40	34. 文娱活动变化	19
13. 性障碍	39	35. 宗教活动变化	19
14. 家庭出现新成员	39	36. 社会活动变化	18
15. 生意上遭受剧变	39	37. 一般负债	17
16. 经济收入发生剧变	38	38. 睡眠习惯变化	16
17. 亲密朋友死亡	37	39. 家庭收入数目变化	15
18. 改换新工作	36	40. 饮食习惯变化	15
19. 和配偶争吵	35	41. 假期	13
20. 负债累累	31	42. 过节	12
21. 贷款	30	43. 轻度违法	11
22. 工作责任剧增或剧减	29		

评分方法

根据以上表格，结合你一年内生活事件发生和变动的情况，就可以算出其变动的总分值。

测试分析

150 分以下——表明你的心理压力在能承受的范围之内，一般不会有显著问题；

150—300 分——表明你心理压力较大，有致病的可能性，要有精神准备，及早防范；

超过 300 分——表明你心理压力很大，可能会出现较多的焦虑、心烦或失眠、注意力不集中等精神方面的变化，更为重要的是这常可导致一些心身疾病，如消化性溃疡、原发性高血压、甲亢以及一些神经官能症的出现。

建　议

如果你一年内的生活事件变动超过了 300 分，就应引起高度重视，一方面要注意调解自己的情绪反应，使精神不要处于紧张状态，另一方面要向亲朋好友谈及自己的感受，向他求得帮助。如果出现了明显的心理、躯体不适而且自己又难以调整，则应尽快向心理医生求助，以防不测。

（"信息广角"内容摘自刘津编著的《挑战自我》、《生存测试手册》，谨表感谢。）■

参考文献

[1] A. 班杜拉著. 思想和行动的社会基础——社会认知论. 上海：华东师范大学出版社，2000.

[2] [美]Elbert Hubbard 著. 陈书凯编译. 你属于哪种人. 北京：机械工业出版社，2003.

[3] [美]Elwood N. Chapman 著. 韩经纶. 曾辉译. 职业生涯发现方案. 天津：南开大学出版社，2002.

[4] [美]保罗·D. 蒂戈尔等著. 李楠等译. 就业宝典——根据性格选择职业. 北京：中信出版社，2002.

[5] [美]伯纳德·霍尔丹著. 仇海清译. 狗日的工作：知识社会的职业选择与个人自由. 南昌：江西教育出版社，1999.

[6] [美]戴维·麦克纳利等著. 赵恒译. 个人品牌. 北京：中信出版社，2003.

[7] [美]丹尼尔·戈尔曼. EQ2. 上海：上海科学技术出版社，2000.

[8] [美]丹尼尔·戈尔曼. 情感智商, 上海：上海科学技术出版社，2000.

[9] [英]Shirley Jenner 著. 秦岩译. 大学生求职指南：成功人生第一步. 北京：电子工业出版社，2003.

[10] M. 艾森克主编. 心理学——一条整合的途径. 上海：华东师范大学出版社，2000.

[11] 陈社育主编. 大学生职业心理辅导. 北京：北京出版社，2003.

[12] 程社明著. 职业生涯规划(内部培训教材). 2004.

[13] 顾雪英著. 大学生职业指导. 北京：人民出版社，2005.

[14] 韩庆祥，张军. 能力改变命运. 北京：中国发展出版社，2002.

[15] 教育部. 关于全面提高高等职业教育教学质量的若干意见. 2006[16]号文件.

[16] 劳动和社会保障部培训就业司，中国就业培训技术指导中心组织编写. 创新职业指导——新理念. 北京：中国劳动社会保障出版社，2007.

[17] 李凤伟，常桦主编. 就业力——赢在起跑线的七种能力. 北京：中国纺织出版社，2004.

[18] 李开复著. 做最好的自己. 北京：人民出版社，2005.

[19] 李伟编著. 如何认识你自己. 北京：中国盲文出版社，2003.

[20] 李相铉，刘必和著. 于萌译. 经营宪章——三星，与众不同的公司. 太原：北岳文艺出版社，2004.

[21] 李中莹. 重塑心灵. 北京：知识出版社，2002.

[22] 刘津编著. 生存测试手册. 北京：中国发展出版社，2002

[23] 刘津主编. 挑战自我：走出人生的 12 大误区. 北京：海潮出版社，1999.

[24] 罗双平编著. 职业生涯规划. 北京：中国人事出版社，1999.

[25] 马斯洛著. 林方译. 人性能达的境界. 昆明：云南人民出版社，1987.

[26] 尚博著. 个人职业发展规划. 北京：经济管理出版社，2003.

[27] 沈之菲编著. 生涯心理辅导. 上海：上海教育出版社，2000.

[28] 施恩. 职业锚：发现你真正的价值. 北京：中国财经出版社，2004.

[29] 孙健敏主编，徐世勇编著. 压力管理. 北京：企业管理出版社，2004.

[30] 孙铭钟主编. 现代心理学导论. 杭州：浙江大学出版社，1999.

[31] 陶学忠著. 职业情感智力培养. 北京：海潮出版社，2004.

[32] 阎观潮，张玉波编著. 职场起步. 北京：机械工业出版社，2004.

[33] 张建东，钱联平. 大学生就业案例教程. 北京：中国人民大学出版社，2002.

[34] 赵小青著. 你为职业生涯做什么准备. 上海：上海书店出版社，2002.

[35] 朱冽烈，胡军生等编著. 大学生求职测评手册. 北京：中国城市出版社，2002.

[36] Bennett, Neville, Elisabeth, Dunne & Clive, Carre. *Skills Development in Higher Education and Employment*. Buckingham: SRHE and Open University Press, 2000.

[37] Dempsey, P. & Dukes, W. F. Judging complex value stimuli: An examination and revision of Morris's *"Paths of Life." Educational and Psychological Measurement*, 1966, (26): 871—882.

[38] Hobfoll, S. E. *Stress, Culture, and Community: The Psychology and Philosophy of Stress*. New York: Plenum, 1998.

[39] Hodkinson, P. & Sparker, A. C. *Triumphs and Tears: Young People, Markets and the Transition from School to Work*. London: David Fulton, 1996.

[40] Locke, E. A., Frederick, E., Lee, C. & Bobko, P. Effect of self-efficacy, goals, and task strategies on task performance. *Journal of Applied Psychology*, 1984, 69(2): 241—251.

[41] Savickas M. L. Current theoretical issues in vocational psychology: convergence, divergence, and schism, *Handbook of Vocational Psychology: Theory, Research and Practice*. NJ: Mahwah, 1995.

[42] Schunk, D. H. Self-efficacy perspective on achievement. *Journal of Educational Psychology*, 1987, (57): 848—856.

[43] Schwarzer, R. & Taubert, S. Tenacious goal pursuits and striving toward personal growth: Proactive coping. In E. Frydenberg (Ed.). *Beyond Coping: Meeting Goals, Visions and Challenges*. London: Oxford University, 2002.